女声 VOICES OF US

潘多拉的罐子 希腊神话中的女性

PANDORA'S JAR Women in the Greek Myths

[英]娜塔莉·海恩斯 / 著

鹿半 / 译

上海社会科学院出版社
SHANGHAI ACADEMY OF SOCIAL SCIENCES PRESS

目　录
Contents

译名对照表 ··· 001

导　言 ··· 001
第一章　潘多拉 ··· 005
第二章　伊俄卡斯忒 ··· 031
第三章　海伦 ··· 053
第四章　美杜莎 ··· 080
第五章　亚马孙人 ··· 106
第六章　克吕泰涅斯特拉 ····································· 137
第七章　欧律狄刻 ··· 161
第八章　淮德拉 ··· 187
第九章　美狄亚 ··· 213
第十章　珀涅罗珀 ··· 245

尾　声 ··· 269
致　谢 ··· 271
延伸阅读及其他资料 ··· 274

译名对照表

珀尔修斯(Perseus)：斩杀了美杜莎(Medusa)之人。

欧里庇得斯(Euripides)：古希腊剧作家，三大悲剧作家之一。

奥维德(Ovid)：古希腊剧作家。

狄多(Dido)：腓尼基人的女王。

维吉尔(Virgil)：古罗马作家，代表作为《埃涅阿斯纪》(*Aeneid*)

克里斯托弗·马洛(Christopher Marlowe)：和莎士比亚同时代的剧作家。

赫西俄德(Hesiod)：古希腊诗人。

伊拉斯谟(Erasmus)：15世纪和16世纪的荷兰史学家、作家。

普赛克(Psyche)：古希腊神话中的人物。

维奥蒂亚(Boeotia)：古希腊中部的城邦。

卡俄斯(Chaos)：古希腊神话中的混沌之神。

厄洛斯(Eros)：古希腊神话中的爱神。

厄瑞玻斯(Erebus)：古希腊神话中的黑暗之神。

盖亚(Gaia)：古希腊神话中的大地女神。

乌拉诺斯(Ouranos)：古希腊神话中的天空神。

克洛诺斯(Kronos)、瑞亚(Rhea)：天空神和大地女神的孩子。

阿芙洛狄忒（Aphrodite）：古希腊神话中的爱情与美丽女神。

泰坦神（Titans）：古希腊神话中的诸神，泰坦神体系是出现在宙斯一脉之前的。

普罗米修斯（Prometheus）：古希腊神话中的泰坦神之一，因为人间盗取火种而受到惩罚。

赫淮斯托斯（Hephaestus）：古希腊神话中的火神、锻造与砌石之神、雕刻艺术之神。

珀耳塞斯（Perses）：赫西俄德的弟弟。

美惠三女神（the Graces）

劝导女神（Persuasion）

时序女神（Hours）

赫耳墨斯（Hermes）：古希腊神话中的畜牧之神、信使之神。

厄庇墨透斯（Epimetheus）：普罗米修斯的弟弟。

厄尔庇斯（Elpis）：古希腊神话中的希望之神。

纳撒尼尔·霍桑（Nathaniel Hawthorne）：19世纪的美国小说家，代表作为《红字》等。

泰奥格尼斯（Theognis）：古希腊诗人。

帕太农神庙（Parthenon）：位于雅典的古希腊遗迹。

帕涅罗珀（Penelope）：《奥德赛》中的人物，是主角奥德修斯（Odysseus）的妻子。

索福克勒斯（Sophocles）：古希腊三大悲剧作家之一。

萨堤尔（satyr）：古希腊神话中半人半羊的森林之神。

狄俄尼索斯（Dionysus）：古希腊神话中的戏剧之神和酒神。

忒拜三部曲（Theban plays）：即《俄狄浦斯王》《俄狄浦斯在科罗诺斯》和《安提戈涅》，是索福克勒斯的代表作。

阿斯帕齐娅（Aspasia）：与伯里克利同居的女性。

丢卡利翁（Deucalion）：古希腊神话中大洪水的幸存者。

瓦尔蒙（Valmont）：法国作家拉克洛（Laclos）的长篇小说《危险关系》（*Dangerous Liaisons*）的主人公。

伊俄卡斯忒（Jocasta）：俄狄浦斯之母，在荷马版的俄狄浦斯故事中叫作埃庇卡斯忒（Epicaste）。

拉伊俄斯（Lains）：俄狄浦斯之父。

安提法奈斯（Antiphanes）：古希腊喜剧诗人。

埃斯库罗斯（Aeschylus）：古希腊三大悲剧作家之一。

斐洛克勒斯（Philocles）：古希腊诗人，也是埃斯库罗斯的外甥。

阿里斯托芬（Aristophanes）：古希腊喜剧作家。

科林斯（Corinth）、德尔斐（Delphi）、喀泰戎山（Mount Cithaeron）、忒拜（Theban）：古希腊时期的城市。

克瑞翁（Creon）：俄狄浦斯的舅舅，同时是他的内弟。

忒瑞西阿斯（Tiresias）：俄狄浦斯的故事中的盲先知。

波吕玻斯（Polybus）：科林斯国王，俄狄浦斯的养父。

墨洛珀（Merope）：科林斯王后，俄狄浦斯的养母。

卡德摩斯（Cadmus）：忒拜城的所在地，而卡德曼（Cademean）是忒拜城的雅称。

保萨尼亚斯（Pausanias）：古罗马时期的作家，他认为俄狄浦斯的后代均出自一名叫作欧律革涅亚（Eurgeneia）的女子，她是希珀法斯（Hyperphas）的女儿。

波吕涅刻斯（Polynices）和厄忒俄克勒斯（Eteocles）：俄狄浦斯和伊俄卡斯忒的两个儿子。

斯特西克鲁斯（Stesichorus）：古希腊抒情诗人。

安提戈涅（Antigone）和伊斯墨涅（Ismene）：俄狄浦斯和伊俄卡斯忒的两个女儿。

让·阿努伊（Jean Anouilh）：20世纪的法国剧作家。

普里阿摩斯（Priam）：特洛伊国王。

廷达瑞俄斯（Tyndareus）：斯巴达国王。

勒达（Leda）：斯巴达王后。

（伪）阿波罗多洛斯（Pseudo-Apollodorus）：古希腊学者。

涅墨西斯：古希腊神话中的复仇女神。

克吕泰涅斯特拉（Clytemnestra）：海伦的姐妹。

墨涅拉俄斯（Merelaus）：斯巴达国王，海伦的丈夫。

阿伽门农（Agamemnon）：墨涅拉俄斯的弟弟，迈锡尼国王，是特洛伊战争中希腊军的统帅。

卡斯托耳（Castor）和波吕丢刻斯[Polydeuces，也叫作波吕克斯（Pollux）]：海伦的兄弟们，两人经常被合称为狄俄斯库里（Dioscouri）。

忒修斯（Theseus）：古希腊神话中战胜了弥诺陶洛斯（minotaur）的人物。

皮瑞苏斯（Pirithoos）：忒修斯的好友。

珀耳塞福涅（Persephone）：冥后，其罗马名字为"普洛塞庇娜"（Proserpina）。

普鲁塔克（Plutarch）：罗马帝国时代的希腊作家。

埃特拉（Aithra）：忒修斯的母亲。

阿里阿德涅（Ariadne）：忒修斯的恋人。

淮德拉（Phaedra）：忒修斯的妻子。

西西里的迪奥多罗斯（Diodorus Siculus）：古希腊历史学家。

帕里斯[Paris，或称亚历山德罗斯(Alexandros)]：特洛伊的王子。

赫卡柏(Hecabe)：特洛伊的王后。

赫克托耳(Hector)：特洛伊的王子。

安德洛玛刻(Andromache)：赫克托耳的妻子。

阿斯提亚纳克斯(Astyanax)：赫克托耳和安德洛玛刻之子。

忒提斯(Thetis)：海洋仙女，在特洛伊战争中战死的阿喀琉斯(Achilles)之母。

厄里斯(Eris)：掌管纷争与不和的女神。

忒弥斯(Themis)：失序女神。

透克洛斯(Teucer)：特洛伊战争的幸存者、希腊英雄。

帕特罗克洛斯(Patroclus)：阿喀琉斯的密友。

忒勒马科斯(Telemachus)：奥德修斯之子。

伊萨卡(Ithaca)：奥德修斯的故乡。

埃特奥涅斯(Eteoneus)：墨涅拉俄斯的侍卫。

波吕达姆娜(Polydamna)：海伦在埃及的朋友。

祖莱卡(Zuleikha)：波提乏(Potiphar)之妻。

塞米拉米斯(Semiramis)：亚述女王。

卡蒂曼杜娅(Cartimandua)：布里甘特人(Brigantes)的女王，休掉了丈夫维努提乌斯(Venutius)，嫁给了一个名叫维洛卡图斯(Vellocatus)的卫士。

戈耳工三姐妹(three Gorgons)：即斯忒诺(Sthenno)、欧律阿勒(Euryale)和美杜莎，多数古希腊作家认为她们是海神福尔库斯(Phorcys，盖亚之子)与其妹刻托(Cēto)的女儿们。这对兄妹还生下了大量的海怪，比如海蛇厄喀德那(Echidna)、斯库拉(Scylla)。

品达（Pindar）：古希腊抒情诗人。

达那厄（Danae）：珀尔修斯之母。

阿克里西俄斯（Acrisius）：达那厄之父。

波吕德克忒斯（Polydectes）：爱上了达那厄的国王。

赫拉克勒斯（Heracles）：古希腊神话中的大力神。

宁芙（Nymph）：在古希腊神话指那些居于自然界中各处的仙女。

安德洛墨达（Andromeda）：古希腊神话中的人物，因得罪波塞冬之妻而遭到报复。

珀伽索斯（Pegasus）：古希腊神话中的奇幻生物，即飞马。

克律萨俄耳（Chrysaor）：飞马的巨人兄弟。

狄俄墨得斯（Diomedes）：特洛伊战争中的希腊英雄。

迈达斯（Midas）：弗吉尼亚（Phryojia）国王。

库柏勒（Cybele）：迈达斯之母。

西勒努斯（Silenus）：萨堤尔，酒神狄俄尼索斯的密友。

朱迪斯（Judith）：在亚述将军荷罗孚尼（Holofernes）率军围困伯图里亚（Betulia）时冒险杀了他的女性。

阿耳忒弥斯（Artemis）：古希腊神话中的狩猎女神、处女神。

阿斯克勒庇俄斯（Asclepius）：古希腊神话中的医神。

莱斯沃斯的赫拉尼库斯（Hellanikos of Lesbos）：古希腊历史学家。

希波吕忒（Hippolyta）、安提俄珀（Antiope）、彭忒西勒亚（Penthesilea）：亚马孙女战士。

阿瑞斯（Ares）：亚马孙战神，希波吕忒之父。

罗德岛的阿波罗尼奥斯（Apollonius of Rhodes）：古希腊诗人、

作家。

阿尔克墨涅（Alcmene）：赫拉克勒斯之母。

安提俄珀（Antiope）：亚马孙女战士。

门农（Memnon）：埃塞俄比亚王子。

珀琉斯（Peleus）：阿喀琉斯之父。

阿特柔斯（Atreus）：迈锡尼国王，阿伽门农和墨涅拉俄斯之父。

埃涅阿斯（Aeneas）：阿芙洛狄忒之子。

萨尔珀冬（Sarpedon）：宙斯之子。

俄瑞斯忒斯（Orestes）：杀害了其母克吕泰涅斯特拉，其妻子为忒克墨萨（Tecmessa）。

玛卡翁（Machaon）：古希腊神话中的医生。

帕拉斯（Pallus）：一说是雅典娜的别名，另一说是雅典娜的养妹，也就是海神特里顿（Triton）之女的名字。

欧丽泰亚（Oreithyia）：海洋仙女。

摩利翁（Molion）、**珀耳西诺俄斯**（Persinous）、**伊利索斯**（Eilissus）：特洛伊战争中的希腊战士。

波达耳刻斯（Podarces）：希腊人，在特洛伊战争中杀害了亚马孙战士克洛妮（Clonie），后被彭忒西勒亚所杀。

提西福涅（Tisiphone）：古希腊神话中的复仇三女神之一，另外两位女神是阿勒克托（Alekto）和墨盖拉（Megaera）。复仇女神还被总称为厄里倪厄斯（Erinyes）。

忒耳西忒斯（Thersites）：希腊人，在特洛伊战争中经常指责和挑剔统帅阿伽门农，后被阿喀琉斯所杀。

拉俄墨冬（Laomedon）：普里阿摩斯的父亲。

德伊阿妮拉（Deianeira）：赫拉克勒斯的最后一任妻子。

卡珊德拉（Cassandra）：古希腊神话中的特洛伊公主，也是阿波罗的女祭司。

克律塞伊丝（Chryseis）：她和布里塞伊丝（Briseis）都是阿伽门农的女奴。

埃癸斯托斯（Aegisthus）：克吕泰涅斯特拉的情人。

堤厄斯忒斯（Thyestes）：埃癸斯托斯的父亲。

莫伊拉（Moira）：古希腊神话中的命运女神。

梅塞纳斯（Maecenas）：既是罗马皇帝奥古斯都（Augustus）的好友，也是维吉尔的好友兼赞助人。

阿里斯泰俄斯（Aristaeus）：维吉尔笔下的养蜂人。

普洛透斯（Proteus）：古希腊神话中的变形之神。

刻耳柏洛斯（Cerberus）：看守地狱的三头犬。

德律阿德斯（dryads）：森林仙女。

那伊阿得斯（naiads）：水仙女。

许门（Hymen）：古希腊神话中的婚礼之神。

阿尔刻提斯（Alcestis）：古希腊神话中的阿尔戈英雄之一阿德墨托斯（Admetus），极为忠贞，代替丈夫而死，后被赫拉克勒斯复活。

米诺斯（Minos）和帕西法厄（Pasiphaë）：克里特国王和王后，即阿里阿德涅和淮德拉的父母。

埃勾斯（Aegeus）：忒修斯之父，雅典之王。

得墨忒耳（Demeter）：冥后珀耳塞福涅的母亲。

伊德亚（Idyia）：海洋仙女，有一种说法是她和埃厄忒斯（Aeëtes）之女为美狄亚。

埃厄忒斯（Aeëtes）：科尔喀斯国王，太阳神赫利俄斯（Helios）之子，女巫喀耳刻（Circe）的兄弟。

塔罗斯（Talos）：古希腊神话中的青铜巨人。

赫卡忒（Hecate）：古希腊神话中的巫术女神。

珀利阿斯（Pelias）：伊阿宋的叔叔。

卡吕普索（Calypso）：在奥德修斯返乡途中困住他的仙女。

安提诺奥斯（Antinous）和**安菲墨冬**（Amphimedon）都是珀涅罗珀的追求者。

拉埃尔特斯（Laertes）：奥德修斯之父。

导　言

　　雷·哈里豪森（Ray Harryhausen）的电影《诸神之战》（*Clash of the Titans*）中有这样一幕令我和哥哥看得目不转睛：珀尔修斯〔由哈利·哈姆林（Harry Hamlin）饰〕进入了美杜莎的阴暗洞窟，他藏身于柱后，盾牌反射着火光，脸颊上流淌着晶莹的汗水，他举起盾挡在眼前，隔绝美杜莎致命的目光。他通过盾牌上的倒影观察着这个蜿蜒爬行的怪物，她的轮廓被身后的火光映照得分外清晰。这一版的美杜莎长着一条能劈砍的蛇尾和一头经典的蛇发，她手持弓箭，一箭就将珀尔修斯的一名战友射飞。待那人摔落在地，她滑行到光亮处，眼中闪过一抹绿光，对方就地化为石像。

　　美杜莎再发一箭，这次射落了珀尔修斯的盾牌。她的蛇尾簌簌颤动，杀机毕现。正当珀尔修斯想要从剑刃的反光中捕捉她的身影时，第三支箭射了过来。珀尔修斯缓缓转动着手中的剑，等着她一点点靠近。他的上唇已沁出一层密汗。电光火石之间，他挥剑斩下了她的头颅。她的身体仍在蠕动，被斩断的颈腔里流出猩红的血。血流到了珀尔修斯的盾牌上，金属发出了被腐蚀的嘶嘶声。

　　这部电影与《伊阿宋与阿尔戈英雄》（*Jason and the Argonauts*）是我重要的童年回忆，因为每到学校放假，电视上就会反复播放。我并不觉得美杜莎的形象有什么特别之处,因为她不算一个人物,只是一个怪物。谁会同情一个满头蛇发、能把无辜的人变成石头的妖怪呢?

在这些电影的影响下,我后来在学校学习了希腊语,希腊神话少儿版对此亦有贡献[应该是罗杰·兰斯林·格林(Roger Lancelyn Green)改写的海雀版(Puffin edition)①,我哥哥说还有一套北欧神话]。很多年后,我才接触到美杜莎故事的其他版本,才知道她是如何,以及因何变成怪物的。在攻读学位期间,我不断从古希腊作家的作品中发现种种细节,它们与我读过和看过的简化版中所了解到的内容大相径庭。美杜莎并非生来便是一个怪物,特洛伊的海伦并非生来便是个淫妇,而潘多拉也从来不是一个恶女。即使是那些彻头彻尾的反派角色——美狄亚、克吕泰涅斯特拉、淮德拉——也往往比她们最初的形象要细腻得多。大学最后一年,我的毕业论文就是关于希腊悲剧中那些杀子的女性。

过去的几年里,我一直在写小说,讲述希腊神话中那些基本已被遗忘的故事。在这些故事的古希腊版本中,女性往往是核心人物。剧作家欧里庇得斯有8部关于特洛伊战争的悲剧流传至今,其中只有一部《俄瑞斯忒斯》的主角是男性,其他7部均以女性为主角:《安德洛玛刻》、《厄勒克特拉》(Electra)、《赫卡柏》、《海伦》、《伊菲革涅亚在奥利斯》(Iphigenia in Aulis)、《伊菲革涅亚在陶里克人中》(Iphigenia Among the Taureans)以及《特洛伊妇女》。当我开始搜寻想要讲述的故事时,我觉得自己就像电影中的珀尔修斯:在半

---

① 指企鹅出版社旗下的海雀出版社,该出版社专门出版童书。——译者注(如无特别说明,本书脚注皆为译者注)

明半暗中眯起眼睛看向倒影。这些女人其实就隐藏在显而易见的地方——她们在奥维德和欧里庇得斯的作品中,在博物馆珍藏的古希腊陶罐上,在那些失传的史诗的残片和破碎的雕像上。她们就在那里。

然而,真正让我下决心写这本书的,是一次关于一位非希腊出身的女性的讨论。当时我正在广播三台①做节目,主题是迦太基城的创建者——腓尼基人的女王狄多。对我来说,狄多是一个悲剧人物,她克己、勇敢、悲伤。而在我的采访者看来,她是一个恶毒的阴谋家。我说的是维吉尔《埃涅阿斯记》中的狄多,而他谈的则是马洛②的《迦太基女王狄多》。我花了太长时间去研究古代文献,以至于忘记了大多数人对古典作品的认知都来自更现代的作品(对于古典学者来说,马洛就算现代了)。比如说,尽管我认为电影《特洛伊》很糟糕,但这部电影的观众数量可能远超《伊利亚特》的读者数量。

因此,我决定选择10位女性,她们的故事在绘画、戏剧、电影、歌剧、音乐剧等作品中被反复讲述和改编,而我所展示的,是古代世界对她们的评价。我希望人们可以知道,奥维德笔下的女主角们是如何在21世纪的电影中变成毫无存在感的好莱坞娇妻的。而艺术家们又是如何通过重塑海伦来反映他们所处时代的理想之美,同时却让我们失去了荷马和欧里庇得斯笔下那个聪明、风趣,有时甚至令人生畏的女人的。我也将提及一些现代作家和艺术家,他们也和我一样,找回了这些女性,并将她们再次置于故事的中心。

每个神话本身都包含多条时间线:故事发生的时间、首次被讲

---

① 即BBC Radio 3,它是一家由BBC拥有和运营的英国国家广播电台,它于1967年取代了BBC第三节目,播出古典音乐和歌剧,还包括爵士乐、世界音乐、戏剧、文化和艺术。
② 即克里斯托弗·马洛(Christopher Marlowe, 1564—1593),莎士比亚同时代的剧作家。

述的时间以及之后的每一次被重述的时间。神话也许是奇迹的起源,但也是我们的镜子。我们选择讲述哪一个版本的故事,将哪些人物放在舞台中央,又让哪些人物淡出视线:这些选择不仅塑造了神话人物的形象,同时映照出讲述者和阅读者。现在,我们已经在叙事中腾出了空间,来找回那些被遗忘的女性。她们不是反派、受害者、妻子和怪物:她们是人。

第一章
潘多拉

提起潘多拉,我们脑海中可能会浮现出这样一幅画面。她手里拿着一个匣子,或者坐在匣子旁边。她正打开匣子,要么是出于好奇想看看里面有什么,要么是已经知道里面有什么,想把它放出来。匣子里面的东西既抽象又可怕:世界上所有的邪恶正被释放到人间。好在我们都很清楚应该怪谁:那个克制不住好奇心的美丽女子。

这显然是一个与夏娃相呼应的故事。上帝告诉亚当,在伊甸园里可以做任何事,可以吃任何树上的果实,除了那棵智慧树——它就长在亚当伸手可及的地方,上面还盘着一条巧舌如簧的蛇。随后,上帝又创造了夏娃,但并没有告诉她什么能吃,什么不能吃。她应当是从亚当那里听说过,因为当蛇(也是上帝创造的)问她在伊甸园里有没有哪棵树上的果实不能吃的时候,她知道该怎么回答。她答道,所有的都可以吃,唯独那棵树上的果实不行,因为吃了会死。那棵智慧树吗?蛇说道,你们不会死的,只会懂得分辨善恶,就像上帝一样。根据《创世记》,夏娃与亚当分食了果实。蛇是对的,他们没有死,尽管夏娃因听信了蛇的话被处以分娩之苦,而蛇之所以存在并说出那番话,其实完全是上帝的责任。

然而,即使跟夏娃比起来,潘多拉在历史上的待遇也太糟糕了。

夏娃至少是听信了蛇的话,吃下了已经被明令禁止的东西。而潘多拉其实并没有打开盒子,无论是出于好奇还是恶意。事实上,直到赫西俄德的《劳作与时日》(Works and Days)在16世纪被伊拉斯谟翻译成拉丁文时,匣子才出现在她的故事中,这距离赫西俄德的希腊文原本已有两千多年了。伊拉斯谟一直在寻找一个能表达希腊语 "pithos"(意为"罐子")的词。正如古典学者兼翻译家 M. L. 威斯特(M. L. West)所描述的[1],赫西俄德指的是一种高约一米的陶制储物罐。希腊的罐子底部很窄,越往上越宽,罐口很大。这种罐子不太结实:在任何一个古希腊文物的博物馆里,你都会看到这种罐子上有许多裂缝和修补的痕迹,这说明了它们是多么易碎。这类陶罐通常是美丽且装饰华丽的艺术品,但并不适合存放那些会在未来几千年里给人类带来无尽痛苦的邪恶之物。而且,但凡扫过厨房地板的人都会无奈地承认,盖子总有松脱的时候。如今我们至少还有螺旋瓶盖,可潘多拉肯定没有。

　　威斯特猜测,伊拉斯谟可能是把潘多拉和普赛克的故事搞混了。普赛克是希腊神话中的另一个人物,当她被派往冥界完成任务时,确实也带着一个匣子,希腊语为"puxos",通常转写为"pyxis"。这无疑是一个可信的理论。那么,伊拉斯谟到底是混淆了潘多拉和普赛克这两个人物,还是混淆了"pithos"("罐子")和"puxos"("匣子")这两个发音相似的词呢?无论如何,受害者都是潘多拉。因为打开一个匣子可能要下点功夫,但掀开盖子或打碎一个头重脚轻的陶罐则要容易得多。然而,保留在我们文化中的,却是那个怀着恶意打开匣子的潘多拉,尽管这其实是一个被文字篡改过的形象。

　　早在伊拉斯谟(卒于1536年)的版本流传开来之前,潘多拉在绘画作品中的形象一直是拿着罐子的,即使当画家想把她塑造成一个恶女的时候也不例外。让·库桑（Jean Cousin）在1550年前后将她描绘为"潘多拉魔瓶前的夏娃"（Eva Prima Pandora）的作品中[2]，把潘多拉和夏娃合二为一。画中的女子近乎全裸，仅以一块布料遮住腿间，一只手放在罐子上，另一只手搁在骷髅头上。后来的画作中也有她拿着罐子的形象：比如亨利·霍华德（Henry Howard）于1834年创作的《潘多拉魔瓶的开启》（The Opening of Pandora's Vase）[3]。但她最著名的形象要在大约40年后才出现，此时伊拉斯谟的版本似乎已经深深地扎根于艺术家的集体意识之中了。

1871年，罗塞蒂（Rossetti）完成了潘多拉的肖像画，画中她双手捧着一个小金匣，盖子上镶嵌着大颗绿色和紫色的宝石，与她右腕所戴的一只手镯上的华丽宝石相互映衬。她右手纤长的手指微微弯曲，正在缓缓打开盒盖，左手则紧紧抓住盒子的底座。盒盖和盒身之间开启了一条极细的缝隙，一缕橙色的烟雾已经冒了出来，朝她红棕色的卷发后方萦绕而去。盒子里到底装了什么我们不得而知，无论如何都不是好东西。再细看盒子的正面，就在潘多拉左手拇指的上方，两行拉丁语铭文让情况看起来更加不容乐观："Nascitur Ignescitur"[4]——生于烈火。这个匣子是罗塞蒂亲手制作的，但后来遗失了。

这幅肖像高逾一米，饱和的色调与画中央的文字一样炽烈：潘多拉身着一件猩红色的圆领长袍，宽大的布料在手臂和身体处堆起了层层褶皱。她的嘴唇是用同样鲜艳的红色画出的一个完美的弓形。嘴唇正中的一小片阴影营造出了一种她正噘着下嘴唇面向观者的效果。她那双极大的蓝眼睛毫无愧色地直视着我们。画中的模特是简·莫里斯（Jane Morris），她是艺术家威廉·莫里斯（William Moris）的妻子，罗塞蒂与她正处于一段激情四射的婚外恋中。评论家们纷纷猜测,威廉·莫里斯会怎么看待自己的妻子被另一个男人画得如此性感撩人。但很少有人会想到去问一下简·莫里斯如何看待自己以这样的形象来诠释赫西俄德的《神谱》(*Theogony*)中所描绘的潘多拉——"美丽的邪恶"("*kalon kakon*")[5]。也没有人问过潘多拉,对那个被她用一双玉手紧紧握住的东西有何看法。

* * *

或许是时候从头开始审视潘多拉的故事了,看看它是如何演变的,她的形象又是如何在一个又一个的作家和艺术家笔下不断变化的。对于美好的事物,我们往往需要追溯到古希腊,去了解它的起源。最古老的源头就是赫西俄德,他生活在公元前8世纪晚期希腊中部的维奥蒂亚。他讲过两次潘多拉的故事,第一次相对简短,出现在他的诗歌《神谱》中。

这部长诗是一个起源故事,列举了众神的谱系。首先是混沌之神卡俄斯,然后是大地神(Earth),接着是地狱神(Underworld),再接下来的这位我们应该认识——厄洛斯,他能软化肉体、战胜理性。混沌创造了厄瑞玻斯和夜神(Night),夜神创造了太空(Air)和白昼(Day),大地神又创造了天空神(Heaven),依此类推。两代之后,我们读到了宙斯的部分:天空神(乌拉诺斯)和大地神(盖亚)有多个孩子,包括克洛诺斯和瑞亚。乌拉诺斯远不是个好父亲,他把孩子们藏在洞穴里,不让他们出来。为了摆脱压迫,克洛诺斯最终用母亲给的尖钩阉割了父亲,并把割下的生殖器扔进了大海(这就是阿芙洛狄忒的诞生。现在也许可以开始思考弗洛伊德对此是否有话要说了)。克洛诺斯和瑞亚又生了很多孩子:这些前奥林匹亚神被称为泰坦神。然后,克洛诺斯也未能通过基本的父爱测试,他把子女们挨个囫囵吞了。为了避免被克洛诺斯吞噬，瑞亚偷偷生下了宙斯。随后，宙斯迫使克洛诺斯把兄姐们都吐出来，并自己接过了众神之王的衣钵。可想而知，他们的家庭聚会一定充满了紧张的气氛。

宙斯通常被描述为足智多谋的，但狡黠的泰坦神普罗米修斯却两次让他尝到了挫败的滋味。赫西俄德显然在寻找一个故事来解释为什么希腊人要把牛骨献祭给众神，而把好肉留给自己。既然要献祭，就该是一些好东西，而骨头并不是牛身上最好的东西，那么就需要一个解释了。赫西俄德告诉我们，在一个叫梅科涅（Mekone）的地方，普罗米修斯耍了个把戏。他的任务是将肉分配给众神和凡人，于是他将好肉藏在牛肚下面献给宙斯，而在给凡人的那份里，则是一块油光闪亮的牛脂盖着一堆牛骨。宙斯表示自己的那份看起来不太好，于是普罗米修斯请他亲自来挑选。众神之王做出选择后才发现上当了：凡人得到了好肉，而众神只有一堆骨头。

普罗米修斯耍的第二个把戏则是赤裸裸的偷窃：他偷了属于众神的火种，并将其赠予凡人。他也因此遭到报复：众所周知，他被缚在岩石上，每天被鹰啄食肝脏。他的不死之身意味着他的肝脏每天都会再生，因此整个残酷的过程永无休止。火改善了凡人的生活，这让宙斯大为恼怒，决定给人类一份邪恶（kakon）[6]来平衡一下。他让赫淮斯托斯用泥土塑造出一个年轻女子的模样。雅典娜为这个无名少女穿上银袍，戴上面纱和一顶饰有动物图案的金色冠冕，他们完成后，向诸神展示了这个"*kalon kakon, ant'agathoio*"[7]（"美丽的邪恶"，即"善的代价"），他们都明白，凡人将无法抵挡她的魅力。赫西俄德写道，从她开始，"女人"这个致命的族类就此诞生。被渴求的感觉总是很好。

这样一个寥寥数语的故事需要大量的阐释和解读。首先，赫西俄德为什么不用"潘多拉"这个名字?其次,赫西俄德是否真的认为女性是与男性不同的?如果是这样的话,潘多拉与夏娃就大不相同了:亚当和夏娃是未来所有男人和女人的祖先,而潘多拉只是女人的祖先。再次,她的罐子或盒子,或者随便什么容器在哪里?我们要到赫西俄德第二个较长的版本中才能知道更多。最后,我们对潘多拉本人有什么了解?她是"土生土长"的,由泥土塑造而成。众神的工匠赫淮斯托斯设计并打造了她,技艺精湛的雅典娜装饰了她。我们知道潘多拉很美。但她究竟是什么样的呢?对此赫西俄德却一笔带过,然后就偏题大谈女人的嫌贫爱富,连蜜蜂都比她们强。潘多拉被带到众神面前,他们都惊叹于她的完美,而她则欣喜于自己的衣裙——kosmo agalomenēn("以她的装饰为荣")。[8]看起来好像赫西俄德本人也被她迷住了,尽管他将她描述为邪恶且危险的。刚被创造出来的她,天真地为拥有一件漂亮衣服而快乐。

赫西俄德在《劳作与时日》中对这个故事进行了更详细的重述。这首诗主要是用来谴责他那位懒散的弟弟珀耳塞斯的,由此证明诗人消极攻击的对象并不局限于女性。其兄弟也是他六步格诗句[①]的靶子。在故事中,宙斯再一次因普罗米修斯的盗窃行为而暴怒,宣布要"赐给他们一份邪恶,作为神火的代价"——"anti puros dōsō kakon"。他接着说道,潘多拉会是一个让凡人见之心喜、欣然悦纳的邪恶之物。[9]他再次命令赫淮斯托斯去完成这个棘手的创造性工作:潘多拉是由土和水制成的,被赋予了人类的声音和力量,而她的容貌体态看起来就像一位不朽的女神。雅典娜教她纺织,阿芙洛狄忒为她倾注了极致的优雅、煎熬的欲念和灼人的苦闷(后两种特质大概指

---

① 即源于古希腊与和拉丁语诗歌的一种韵律。

的是潘多拉将在男性心中激起的情感，但也正是她自身的至关重要的一部分）。

众神匆匆得令而去。事实上，还有更多的神也参与其中：美惠三女神、劝导女神和时序女神用金饰和鲜花为她梳妆。赫耳墨斯赋予了她狗一般的心智（这可不是赞美：古希腊人并不像今人这样爱狗）和诡诈的本性。他还给了她声音，为她命名："他将这位女子称为'潘多拉'，因为奥林匹斯山的诸神都送了她一份礼物，她是凡人的灾难。"[10]接着，众神的使者赫耳墨斯把潘多拉从神界带走，来到凡间，把她作为礼物送给了普罗米修斯的弟弟厄庇墨透斯。普罗米修斯（其名的字面意思为"先见之明"）曾警告他弟弟不要接受任何来自宙斯的礼物。而厄庇墨透斯这个名字的意思是"后知后觉"，也许这就是他为何会忘记宙斯的礼物不会是什么好东西。厄庇墨透斯接受了潘多拉，凡人无忧无虑的生活也到此为止了。赫西俄德解释说，在此之前，人类生活在大地上，远离邪恶，无须辛劳，亦没有病痛。然而，当潘多拉打开了盖子，一切就都结束了，悲伤和烦恼从此在人间蔓延。只有希望（厄尔庇斯）[11]留了下来，安稳地待在她坚实的居所。

这个较长的版本回答了一些关于潘多拉的起源的问题，同时引发了更多问题。潘多拉是一份字面意义上的礼物：赫耳墨斯把她送给了厄庇墨透斯。她本身也是由礼物构成的，因为众神参与了她的创造过程，赋予了她不同的品质和技能。这部分或许会让我们想起《睡美人》的故事，受邀前来的仙女们给一个婴儿赋予了各种美好的品质，然而一个邪恶的不速之客前来搅局，诅咒她被纺锤刺死（死亡被替换成了漫长的沉睡）。但潘多拉收到众神的礼物时并非婴儿，而是一个"parthenos"：一个少女，而且是到了适婚年龄的妙龄女子。因此，这些特质不是她未来会具有的，而是当下即可见可得的：声音、衣服、纺织技巧。人们很容易将她的名字理解为"全被赋予的"，"pan"就是"all"（"所有"），"dora"来自动词"didomi"，也就是"I give"（"我给予"）。但潘多拉名字中的动词是主动的，而非被动的：从字面上看，她是"给予一切"，而不是"全被赋予"。在希腊语中，潘多拉作为一个形容词通常用来描述大地，这个"给予一切"的生命之源。大英博物馆内藏有一只由塔尔奎尼亚画师（Tarquinia Painter）在公元前460年左右绘制的基里克斯陶杯（kylix，一种酒杯），上面画的似乎就是赫西俄德所描述的场景。雅典娜和赫淮斯托斯站在僵硬的潘多拉两侧，此时她似乎仍是一尊泥塑而非活生生的女人。她正在变成一个"parthenos"，但尚未完全成形，就像一个正在被众神的巧手装扮的玩偶。在这只陶罐上，她的名字为"阿内西多拉"（Anesidora），意思是"送上礼物者"，就像大地会送出植物的嫩芽来养活人类和牲畜一样。因此，如果我们只把潘多拉视为"被赋予的"，那她本质上的慷慨就会被抹杀。

但是，她是否会给予我们真正想要的一切？还是说她只会把罐子里的东西分发出来？那些辛苦的劳作、沉重的忧虑、苦痛的疾病，如此等等？在这种情况下，她的名字就充满了讽刺意味：感谢你赠予我们所有的创伤。奇怪的是，赫西俄德不厌其烦地描述了潘多拉诞生的过程（甚至详细到她秀发间编入的春花），但直到她被送到厄庇墨透斯那里，然后打开盖子的时候，我们才知道她还带了个大罐子。很难想象这是她在同赫耳墨斯一起下凡的途中随手捡到的。正相反，宙斯对凡人施与了两重惩罚：狡诈慧黠又难以抗拒的潘多拉本人，以及她带去的一罐子灾厄。毕竟，普罗米修斯曾两次冒犯了他的神威，双重的报复倒也合情合理。在这种情况下，我们不禁再次疑惑，为什么潘多拉要承受所有的责难？且看这个神话所涉及的众神和泰坦神族们:普罗米修斯与宙斯作对,但确实为人类带来了火种,并尽力警告厄庇墨透斯提防宙斯的报复。厄庇墨透斯却完全无视或忘记了兄长的警告,因此部分责任要归咎于他。如果他再机警一点,潘多拉就会被连人带罐一起送回奥林匹斯山了。或者我们可以放过厄庇墨透斯,毕竟宙斯是奥林匹斯山最强大的神,一个泰坦神几乎没什么胜算,尤其是宙斯还动员了其他所有的神来协助创造潘多拉并专程把她送来。若是如此,为什么不能给予潘多拉同等的宽容呢?作为宙斯的复仇工具,她又有多少自主权呢?反抗宙斯,最好的下场是被雷劈得灰飞烟灭,最坏的下场则是每天被鹰啄食肝脏。很难不觉得赫西俄德有两个眼中钉——狡诈的女人和愚笨的兄弟,于是把二者都写进了这个故事。然而,难道潘多拉应该谢绝与赫耳墨斯同行,或者干脆坐在罐子上阻止它被打开吗?而她真的知道里面装的是什么吗?赫西俄德热衷于讲述她(被赫耳墨斯植入的)奸诈狡猾的本性,但我们看不到这方面的任何迹象。顺便一提,赫耳墨斯似乎也没有背负任何非议,就从故事中全身而退了。

赫西俄德还提出了最后一个难题,那就是"希望"仍在罐中。这对凡人来说是好事还是坏事?"希望"是为了我们好而被保存在罐子里的吗?还是说"希望"留在里面是为了让我们得不到?罐中的邪恶已然散布人间,如果希望也在其中,会让我们的处境更好吗?至少,我们会有一些积极的力量来振作起来[当然,如果我们像《分秒不差》(*Clockwise*)中的约翰·克利斯(John Cleese)那样,能受得了绝望却受不了希望的话,那就没办法了]。先使人类的生活变得悲惨,继而又剥夺掉希望,这是否又是潘多拉犯下的另一桩任性而残酷的罪行?或者说,罐子是一个安全的所在,尽管我们的世界因为它的开启而变得可怕,但当我们行走于其间时,心中能永远抱有希望?对于这段文字,学者们始终意见不一,部分人认为虽然"elpis"通常被翻译成"希望",但它并不完全是这个意思。在英语中,"希望"本质上是积极的,但在希腊语中(以及对应的拉丁语"specs")却不是。它实际上指的是"对好事或坏事的预期",因此更准确的翻译可能是"期待"。首先得明确其本质的好坏,然后才能去思考它留在罐中是否对我们有利。这无疑是一个复杂的语言学和哲学难题,难怪人们更喜欢直接怪潘多拉。

很多作家都是这样做的。在罗杰·兰斯林·格林的《希腊英雄的故事》(*Tales of the Greek Heroes*)中,潘多拉遭到了彻底的诋毁。这本书于1958年由海雀出版社首印,许多人通过这本书第一次知道了潘多拉。她不仅趁厄庇墨透斯外出时打开了盒子(她被告知里面装满了财宝),而且是"偷偷摸摸地"打开的:她心怀恶意且鬼鬼祟祟,因为知道自己做的事是错的。在最新的海雀版中,这一幕还被印在封面上,以达到最佳效果。纳撒尼尔·霍桑的《给男孩和女孩的探戈林故事》(*Tanglewood Tales for Boys and Girls*)自1853年出版以来,同样成为许多孩子通往经典的大门,而在这本书中,潘多拉的形象被塑造得更加不堪。在前面章节的结尾伏笔中,她被描述为"一个顽劣的孩子",这已经预示了后面的故事(巧合的是,我想了解的每一位人物都是这个人设)。

霍桑在下一章"儿童乐园"里将厄庇墨透斯也塑造为一个孩子的形象。为了不让他孤单,"另一个和他一样无父无母的孩子从遥远的国度被送来和他一起生活,成为他的玩伴和帮手。她的名字叫潘多拉。潘多拉走进厄庇墨透斯的小屋,一眼就看到一个大箱子。于是她进门后问的第一个问题就是:'厄庇墨透斯,你的箱子里装的是什么?'"

开局就不利。潘多拉"被送来",但没说是谁送的。被动语态在逃避责任时非常有用(想想所有那些公式化的非道歉声明"如果伤害到谁的感情,那我很抱歉"。比起真诚地为伤害了他人而道歉,这种方式要省力得多。"很抱歉,我伤害了你"可以是真心实意的,而"你受到了伤害,我很抱歉",则给你一个充分的理由将这种人从生活中踢出去再也不见)。霍桑给宙斯、赫淮斯托斯、雅典娜和赫耳墨斯提供了一个绝佳的不在场证明。从创造潘多拉到送她来小屋,整个过程中,他们都是隐身的。潘多拉对那个神秘的大箱子一下子就来了兴趣,而且没完没了,为此,她和厄庇墨透斯甚至吵了起来。她追问箱子是哪来的,厄庇墨透斯回忆起它是一个叫"水银"(Quicksilver)的人送来的,潘多拉也认识此人[这里有个巧妙的双关语,因为水银是金属汞(mercury)的俗称,而"Mercury"又恰恰是赫耳墨斯的罗马名]。霍桑在叙事过程中始终不遗余力地贬低她:明明使用了同样的词句,厄庇墨透斯是讲话,而潘多拉是任性地尖叫。他的烦躁是出于疲惫,而于她则是顽劣。她是故意打开箱子的元凶,而他顶多算个从犯:"但是——由此可知,任何一个凡人的错误行为都是对整个世界的灾难——因为潘多拉打开了那个倒霉箱子的盖子,也因为厄庇墨透斯没能阻止她,这些烦恼已经在我们中间扎根。"这个故事还配了两幅潘多拉和箱子的插图,箱子大到足以让她坐在上面。读者再次被引导去将潘多拉那无法抑制的好奇心视为一种罪过,而所有人都必须为此付出代价。

这两位作家所做的选择反映的是他们所处的时代,而古代的神话并非如此。神话本身,尤其是希腊神话,充满着变化。它们至少存在着两条时间线:一条是初始设定的时间线,另一条是特定版本的时间线。霍桑对潘多拉所表现出的那种居高临下的父权语调,远比赫西俄德的厌女情绪要明显得多。尽管后者把潘多拉描写成一个祸害，一个由众神造出来戕害人类的工具，但他至少说明了宙斯创造她的初衷是报复普罗米修斯和人类。而格林和霍桑在为孩子们简化故事的过程中，把这些前因后果都简化掉了，使潘多拉变得更加可恶，背离了赫西俄德的原意。

如果19世纪和20世纪的神话创作者对故事的来源更有兴趣一些，结果会怎么样呢？如果他们不局限于赫西俄德或伊拉斯谟的版本，而是去挖掘一些不太为人所知的版本呢？如果他们愿意翻阅公元前6世纪古希腊诗人泰奥格尼斯的《挽歌》(*Elegies*)残片，或许就会发现一小段文字，表明潘多拉罐子里装的其实是好东西。当罐子被打开时，所有美好的事物——节制、信任等——都飞走了。这就是为什么我们很少能在凡人身上找到这些品质。只有"希望"留了下来，成了唯一没有抛弃我们的美好事物[12]。

当然，我们可能会觉得，要一位儿童文学作家去查阅泰奥格尼斯所写的晦涩的文本，来呈现一个更复杂的故事是不现实的。儿童文学的乐趣之一就是简单易读。但有一位作家却使用了泰奥格尼斯的版本，他就是伊索，从古到今的孩子们都通过这样或那样的形式接触过他的作品。到底有多少人参与了《伊索寓言》的创作如今已不可考，很多小故事都被归于他的名下。伊索本人可能是一个奴隶，凭借自己的智慧赢得了自由。他生活在赫西俄德去世后的一百年左右[13]，也可能他根本就不存在。但可以肯定的是，他讲述的版本[14]更接近泰奥格尼斯而不是赫西俄德。他的罐子里也装满了有用的东西，而当盖子被掀开时，这些东西也飞走了。只不过罪魁祸首不是潘多拉，而是一个"好奇或贪婪的人"(*lichnos anthropos*)。这人会是厄庇墨透斯吗？寓言中没有给出他的名字。但可以肯定的是，这是一个男人而不是女人,是一个好奇而不是邪恶的人。16世纪的意大利雕刻家朱利奥·博纳松(Giulio Bonasone)似乎从伊索版本的故事中获得了灵感。他的版画《厄庇墨透斯打开潘多拉魔盒》(*Epimetheus opening Pandora's Box*,现藏于纽约大都会博物馆)[15]是一件有趣的作品,尽管标题上写的是"盒子",但厄庇墨透斯打开的显然是一个巨大的希腊式罐子,其粗大的把手正对着观众。博纳松可没有像霍桑一样把人物幼化:画中的厄庇墨透斯是一个满脸胡子的成年男子。从罐子里逃出来的是各种美好事物的拟人形像:美德、和平、幸运、健康。而正如其他所有版本一样,"希望"被留了下来。

* * *

画家们经常从潘多拉身上汲取灵感,也许是因为这让他们有机会能与整个社交圈分享一段激情澎湃的不伦之恋(比如罗塞蒂),或者让他们有机会画一个几乎全裸或彻底全裸的美女[比如让·库桑、儒勒·列斐伏尔(Jules Lefebvre)、保罗·塞泽尔·加里奥(Paul Césaire Gariot)、威廉·埃蒂(William Etty)、约翰·威廉·沃特豪斯(John William Waterhouse)等]。他们应该都没有读过赫西俄德的作品,所以忘了画上那件令她见之心喜的银色长袍。艺术家们往往喜欢刻画她打开罐子或盒子的瞬间,以及即将打开盒子或刚刚打开之后的场景。他们关注的焦点几乎总是潘多拉已经造成或即将造成的破坏,这无疑是将有关潘多拉和夏娃的叙事融合在一起的结果。

几个世纪以来,潘多拉故事的重点始终是她一手造成了人类的堕落。就像亚当和蛇在夏娃的故事中逃避了太多责任一样,宙斯、赫耳墨斯和厄庇墨透斯在后来几乎所有版本的故事中都被撇得干干净净。但凡要寻找世界上一切罪恶的根源,其指导原则往往是:"找个女人背锅"("cherchez la femme")。

　　古希腊人也喜欢描绘潘多拉的形象，但他们对打开罐子的场面没什么兴趣，也许是因为罐子对他们来说并不那么重要（正如我们所知，赫西俄德只在第二个版本的潘多拉故事中提到过罐子），也可能是因为不同版本的故事（比如《伊索寓言》）改变了罐子的开启者和罐子装的东西。古希腊的雕刻家和画家们更热衷于描绘众神齐聚一堂，共同创造出这个"全被赋予"和"给予一切"的潘多拉的瞬间。这个场景出现在一些最精美的双耳调酒杯（krater，古希腊人用来往酒里兑水的大碗）上，大英博物馆[16]和牛津阿什莫林（Ashmolean）博物馆各藏有一件[17]。有趣的是，潘多拉与盒子的联系是如此紧密，以至于阿什莫林博物馆的网站将这件双耳调酒杯归入了"潘多拉的盒子"这一主题下。但在这个双耳调酒杯上，既没有那个时代错误的盒子，也没有罐子，画面上是宙斯站在一旁，赫耳墨斯回望着他，潘多拉正从泥土中升起，厄庇墨透斯对她伸出一只手，同时拿着锤子准备帮她。厄洛斯在他们头顶盘旋，大概是为了确保这对男女迅速坠入爱河。

　　在雅典的帕台农神庙中，这一场景被安置在最显要的位置。这座宏伟的神庙的核心是一尊巨大的雅典娜雕像，她是雅典人的守护神。雕像高10多米，内芯是木头，外面包裹着超过一吨的象牙和金箔［希腊语中将这种工艺称为"用黄金象牙涂贴"（chryselephantine）］。[18]如今雅典娜的雕像早已不复存在，但古希腊作家的著作却流传了下来，他们曾亲眼见过这座雕像，尤其是它的底座——这对我们理解古希腊人是如何看待潘多拉的至关重要。雕像被放置在神庙的内室（cella），底座的高度差不多与参观者的视线齐平，上面的浮雕描绘了潘多拉的诞生。当然，与高耸的神像相比，它显得十分微不足道。但是，将潘多拉放在这座神圣建筑的中心位置体现了雅典人对她的看法。毕竟，雅典娜是主创者之一，她赠予潘多拉一件长袍并教给她纺织技巧［在古希腊，纺织可不是什么雕虫小技，而是贤良女子的理想事业。这就是为什么在《奥德赛》中，珀涅罗珀大部分时间都在把一块裹尸布织了又拆，拆了又织］。公元2世纪的游记作家保萨尼亚斯（Pausanias）在为读者描述帕台农神庙时提到了雅典娜和潘多拉之间的联系。他写道，雅典娜的雕像高高耸立着，胸前饰有一个象牙雕成的美杜莎。底座上描绘了潘多拉的诞生，正如赫西俄德和其他诗人所歌颂的那样，她是第一个女人。保萨尼亚斯重申，在她之前，世界上没有女人。[19] 同样，他没有提到任何罐子或罐子里的东西。因此可以合理推测，对古希腊人来说，潘多拉主要被视为所有女性的祖先，而非一个为世界带来无尽灾难的争议性角色。即使在赫西俄德看来，这两者几乎是一回事。

* * *

关于公元前5世纪的人们如何看待潘多拉，帕台农神庙的浮雕并不是唯一遗失的证据，索福克勒斯的剧作《潘多拉》（或名 *Sphyrokopoi*，意思是"锤匠"）也未能流传下来。我们通常认为索福克勒斯是一位悲剧作家，因为他现存的7部作品都是悲剧。然而实际上，他一生可能创作了包含萨堤尔①剧（satyr-play）在内的多达150个剧本，《锤匠》就是其中之一。萨堤尔剧是在悲剧之后上演的短剧，充满了荒诞的情节、滑稽的段子，还有由扮成萨堤尔的演员组成的歌队。索福克勒斯每次参加雅典的酒神节（为祭祀戏剧之神和酒神狄俄尼索斯而举办）时，都会创作三部悲剧和一部萨堤尔剧，并在

---

① 萨堤尔（satyr）是古希腊神话中半人半羊的森林之神。

庆典上首演。索福克勒斯流传至今的戏剧都不是全本，比如"忒拜三部曲"(《俄狄浦斯王》《俄狄浦斯在科罗诺斯》和《安提戈涅》)，经常放在一起演出或打包出版，但它们其实来自3个不同的三部曲。我们只掌握了他的一部萨堤尔剧《追踪者》(*The Trackers*)的大量片段 [尽管托尼·哈里森(Tony Harrison)以其非凡的剧本《俄克喜林库斯的追踪者》(*The Trackers of Oxyrhyncus*)填补了这一空白]。像索福克勒斯这样以震撼人心著称的诗人居然也会写段子，这一发现本身也很震撼人心。因此，索福克勒斯版的潘多拉故事使传是双重遗憾。从《锤匠》这个标题来看，故事的重点应该是潘多拉的创造过程，就像公元前5世纪的雕塑家和瓶饰画画师们的作品一样。我们有理由推断萨堤尔们都拿着锤子，因为这类戏剧的标题通常取自萨堤尔(半人半兽，通常其阴茎都是勃起的状态)歌队所扮演的角色(并非所有的文化传统都能完好地保存下来，跟萨堤尔剧最接近的可能是滑稽戏，只是没有持久勃起的半人马在载歌载舞。毫无疑问，这种小众文化在某些地方仍有市场)。正如阿什莫林博物馆的陶罐上所描绘的那样，锤子要么是用来将潘多拉从泥土中雕刻出来的，要么是用来帮助她从泥土中脱身的。如果能获得更多关于这部剧的信息，或者有一些片段能流传下来，我们便可以推断出更多公元前5世纪的雅典人对潘多拉的看法，以及她是否像帕台农神庙的浮雕所表现的那样，对雅典城邦具有特别的意义。他们是否认为潘多拉与雅典城邦紧密相关，这才将她的故事展示在帕台农神庙里。遗憾的是，我们几乎没有任何确凿的信息。

然而，根据已有的线索进行合理的推测，雅典人之所以将潘多拉故事的浮雕展示在神庙里，是因为她是最初的女人，是所有女人的祖先。在今天看来，雅典人对女性的态度十分令人费解。城邦和所有服务于它的民主制度,是一个仅限男性的飞地。只有男性可以投票、担任陪审员,或参与雅典的公民生活。女性在很大程度上是足不出户的(具体情况因阶层和财富而异),甚至可能长期都不会跟非亲非故的男性交谈。公元前431年,伯里克利在《阵亡将士国葬典礼上的演说》[20]中阐述了雅典人的理想,即女性应追求的是永远不要成为别人的谈资,无论是被颂扬还是被贬低。换句话说,雅典女性的至高美德就是不为人知,宛如不存在。然而,伯里克利在发表这番言论的同时正与阿斯帕齐娅同居,她可是雅典最声名卓著(也可能是臭名昭著)的女人——从喜剧作家到哲学家,人人都在谈论她,真是可喜可贺。万幸的是,一边对全体女性指手画脚,一边又对实际认识的女性采用完全不同的标准,这种伪善的行为如今已经逐渐消失了。

甚至希腊语的语法也抹杀了女性的存在。当雅典人提到一群男性时,他们会使用"hoi Athenaioi"——"雅典男人"(这两个词的词尾都是阳性)。如果有男有女,指代用语不变——哪怕在数十名女性中只有一名男性,词尾依然是阳性的:-oi。假如全是雅典女性,那就应该用"hai Athenaiai"。之所以说"应该用",是因为从现存的希腊文学中找不到这个词组[21]:没有人需要提到一群雅典女性,她们并不重要。

然而,在公元前5世纪希腊最宏伟的城市中最宏伟的建筑——帕台农神庙里,潘多拉就在人们一眼可见的位置上。人们建造这座神庙,用描绘着史诗般的战斗和祭祀场面的雕塑来装饰它,唯一目的就是彰显雅典人的身份。尽管赫西俄德的著作中有许多针对女性的苛刻言辞,而伯里克利也在演讲中要求女性近乎隐形(至少历史学家修昔底德如是记载),但仍然可以提出一个观点:那时的女性并不像我们想象的那样无足轻重。

*　*　*

或许不足为怪的是，潘多拉作为女性祖先的身份如今在很大程度上已被遗忘了。倒是她在《旧约》中的那位半个同行在人们的集体意识中占据了主导地位。就像希腊神话中大洪水的幸存者丢卡利翁被人们遗忘，而诺亚和他的方舟欢快地驶向救赎一样，潘多拉基本上也被夏娃取代了。但为什么那个她从未携带过的盒子却让众多艺术家和作家深深着迷呢？"潘多拉的盒子"已经变成了一个习语、一种简明的表达，而"夏娃的苹果"从未达到这个程度。而且，这个表达不带任何积极意味，哪怕在伊索的故事里，盒子装的是珍宝，我们还是不小心让它们都跑掉了。在最好的情况下，我们也是用它来形容一系列不可预见的后果已经发生。通常情况下，"打开潘多拉的盒子"意味着发生坏事，而且后果比预想的还糟，甚至是更大范围和更严重的灾难。就像打开一罐蚯蚓，却发现里面全是毒蛇。

这一切肯定不能全部归咎于伊拉斯谟。古往今来，无数的翻译者犯过无数的错误，但很少有错误能像伊拉斯谟把"*pithos*"和"*pyxis*"弄混一样产生如此深远的影响。然而，他意外地创造了一个跨越几个世纪的观念——曾经一切都很美好，直到某人做出了一个不可逆转的错误决定，导致后人必须承受永恒的苦果。这在某种程度上令人感到安慰：我们出生之前，大错已经铸成，我们死去之后，问题仍会存在，对此，我们实在无能为力。正如《危险关系》(*Dangerous Liaisons*)中瓦尔蒙[①]那句不朽的名言："这已超出我的控

---

① 《危险关系》是法国作家拉克洛（Laclos，1741—1803）的长篇小说，于1782年首次出版。瓦尔蒙（Valmont）是该小说的男主人公。

制。"这个念头让我们重新做回孩子——不公、残酷和疾病都是别人的错,不应该由我们来解决。

此外,还有一个动机的问题,古希腊版本的潘多拉完全没有任何动机。即使是赫西俄德也没有解释为何她要打开罐子,让邪恶满人间。她就是这么做了。是出于好奇,还是出于恶意,以及她是否明白罐中所装何物,这一切我们都不得而知。我们也不知道罐子从何而来,又是如何到了潘多拉手上。夏娃至少还有一两句台词来解释自己的行为,而潘多拉——尽管赫耳墨斯赋予了她声音——却是全程沉默的。无论我们赋予她何种动机,都只能是我们自己的阐释和解读,与她本人无关。

然而,一旦"罐子"变成了"盒子",尤其是从一个巨大的罐子缩小成一个小巧便携的盒子时,很明显就是在引诱人去打开。人的内心深处是否有某种东西在吸引着我们去触犯禁忌?无疑是有的,否则亚当和夏娃被逐出伊甸园的故事就不会引起如此长久的共鸣了。伊甸园里应有尽有,他们唯一要做的只是遵守一条禁令,这样就可以永远过着天堂般的生活。但禁忌的诱惑难以抵挡。如果说从这里可以提取出一个能与"潘多拉的盒子"相媲美的表达,那应该就是"禁果"了。这并不是说果实很美味只是刚好不许吃,而是因为不许吃,果实才美味。禁令的存在使被禁止的东西变得更加诱人。

而当我们被告知并相信了禁令是为了我们好时,诱惑反而更加难以抵挡了。人这一生都在有意无意地保护自己不受伤害,大多数人绝不会想把手伸进火里,因为知道那会很痛。然而,要是服务员在上菜的时候用布裹着手,并提醒我们这盘子很烫,那我们就非得去摸一下不可。为什么会这样呢?是我们不相信他吗?还是想看看他对烫的判断跟我们是否一致?又或是想向他或自己证明,我们的手是石棉做的,被烫了也不会痛?为什么就不能直接听他的话,像平时一样管好自己呢?谁会用自己的皮肉去测试东西烫不烫呢?这种行为无疑是很反常的。然而,我很清楚,在内心深处,当我看见一包硅胶干燥剂上印了"请勿食用"这四个字时,我这辈子从未如此食欲高涨过。

这种冲动太普遍了,已经成了影视作品中的惯用套路。最佳范例可能是1986年的电视剧《阴阳魔界》(The Twilight Zone)中的一集《按钮,按钮》("Button, Button"),它改编自作家理查德·麦瑟森(Richard Matheson)于1970年创作的一个故事,2009年被翻拍成电影《魔盒》(The Box)。该故事讲述了一对经济困难的夫妇诺玛(Norma)和亚瑟(Arthur),某天一个带按钮的神秘盒子被送到他们的公寓门口,附带了一张纸条,上面写着一位斯图尔德先生(Mr Steward)即将来访。趁着亚瑟不在家(我们可以把他想象成厄庇墨透斯,粗心大意地忽视了纸条上的警告),斯图尔德登门拜访。他告诉诺玛,如果她和亚瑟按下按钮,他们就能得到20万美元。但是一个他们不认识的人将会死去(如果没有这种附加条件就不是《阴阳魔界》了)。夫妻二人于是展开了一番讨论:人的生命是等价的吗?如果他们按下按钮,死的可能是一个绝症患者,也可能是一个处境悲惨的农民,还可能是一个无辜的孩子,亚瑟说道。除了道德困境,这个交易的物理原理也让人搞不懂。夫妇俩打开盒子,发现里面没有任何机关。没有人会知道他们是否按下了按钮。亚瑟把盒子扔了出去,但诺玛又捡了回来。最终,她禁不住诱惑按下了按钮。就像霍桑笔下的厄庇墨透斯一样,亚瑟并没有阻止她,但还是很生气。第二天,斯图尔德带着一个公文包来了,里面装着许诺给他们的钱。他拿走了盒子,并解释说,盒子将被重新设置,然后送到下一个陌生人那里。故事的结局虽然没有点明，但我们大致可以猜到，诺玛的生命现在取决于下一个收到盒子的人的选择。一个不够厚道的人可能会想，亚瑟才是其中最大的赢家，既拿到了钱又摆脱了恼人的妻子。他甚至可能都不会有一丝怀念。

就像《阴阳魔界》其他集的故事一样，这个故事拷问了人性的阴暗面：如果你处于绝望的境地，你会怎么做？或者没到绝望，只是贫穷，而且越来越穷？陌生人的命对你来说有多重要？我们可能觉得自己会给出不同的答案，但每次看新闻时，我们都会无视掉陌生人的创痛。不然人要怎么生活下去呢？我们不可能像关心亲人一样关心每一个活着的人。而且，对需要帮助、金钱或一个肾的陌生人视而不见，与主动杀害他们，这两者在道德上显然是有区别的。无视并不等于敌视。但对于得不到帮助（没有药品、没有食物、没有肾）的人来说，他们所面临的死亡与被你故意杀死没什么区别。

* * *

一个装有未知物品的盒子，如果还便于携带，那诱惑力就更强了。赫西俄德诗里的大罐子，就远不如罗塞蒂画中的珠宝盒那么诱人。盒子越小，打开它一探究竟的欲望就越强。在BBC于1984年根据约翰·麦斯菲尔（John Masefield）的小说《欢乐之盒》(*The Box of Delights*)改编的同名电视剧中，当神秘的老木偶师科尔·霍林斯（Cole Hawlings）为凯·哈克（Kay Harker）打开盒子时，观众丝毫不感到紧张。因为片名已经暗示了这是个宝盒，里面的东西没什么可怕的——尽管这种情况十分罕见，绝大部分装有未知物品的盒子都很危险。对于凯来说，世界上还有很多其他东西值得害怕：比如阴险狡诈的魔术师阿伯纳·布朗（Abner Brown），他能变身成狼或狐狸的手下，还有几百年前打造了这个盒子的疯狂发明家托迪的阿诺德（Arnold of Todi）。但宝盒本身并不可怕，只有它暂时遗失的时候才需要担心。事实上，宝盒是通往奇境的通行证：凯打开宝盒后，第一个从里面飞出来的是一只他认为并不存在的凤凰。他可以用宝盒穿越时空，进入种种不可思议的奇妙冒险。在最后一集的结尾，我们发现这一切都是凯在回家过圣诞节的路上所做的一场梦。他在梦中把火车上的其他乘客想象成了抢夺盒子的反派。这个故事或许揭示了一个重要的真相，即我们是如何看待未知事物的，比如神秘盒子里的内容：哪怕里面不会有我们想要的任何东西，一探究竟的欲望也不会因此有丝毫减弱。

由拉尔夫·米克（Ralph Meeker）主演的《死吻》（*Kiss Me Deadly*）就证明了这一点，这部黑色电影拍摄于1955年。影片有一个绝妙的开场：私人侦探迈克·汉默（Mike Hammer）开车行驶在一条僻静的小路上，遇到了刚从疯人院逃出来的克里斯蒂娜（Christina）在路边拦车。汉默让绝望的克里斯蒂娜上了车，两人很快遭到追杀并身处险境：克里斯蒂娜被折磨致死，汉默也险些丧命。死里逃生后，他开始调查克里斯蒂娜的来历和被追杀的原因。曲折的情节完全符合我们对惊悚电影的期待：每一个嫌疑人都死了，每一条线索都断了。最后，汉默来到一家私人乡村俱乐部，在储物柜的一个盒子的盒子——一个潘多拉魔盒（俄罗斯套娃版）里，找到了克里斯蒂娜想要告诉他的秘密。当汉默抚摸盒子时，他感觉到里面有股热流在涌动。接下来是个意想不到的发展：我们本以为里面会装着钻石或一沓沓美元，最好是一尊"马耳他之鹰"，但突然之间，影片似乎进入了超自然世界，这与黑色电影的基调格格不入。但我们很快发现，盒子里装的是更可怕的人造灾难：满满一盒极易爆炸的放射性物质(这反映了影片的时代背景)。无论如何,盒子迟早都要爆炸,但我们很难不得出这样一个结论——如果汉默能抵御住诱惑,不去寻找并打开这个本来藏得很好的盒子,他就不会面临这么大的危险了。

潘多拉魔盒所具有的那种神秘、不可抗拒又难以预测的特性,不仅启发了艺术家和电影人,还为音乐家提供了灵感。唐娜·莎曼(Donna Summer)在发行于1975年的专辑《爱你,宝贝》(*Love to Love You Baby*)中就收录了一首名为《潘多拉魔盒》("Pandora's Box")的金曲。莎曼在歌中唱道:"承诺就是为了打破/这就是我从爱你中学到的一切/当你的爱向我敞开/你便打开了潘多拉的魔盒。"1991年,OMD乐团(Orchestral Manoeuvres in the Dark)曾发行过一首同名歌曲,其MV中加入了大量路易丝·布鲁克斯(Louise Brooks)于1929年主演的默片《潘多拉魔盒》(*Pandora's Box*)的片段。歌曲中并没有提到潘多拉的名字(但是提到了"危险的造物",这很容易被狂热的古典学家解读为一种赫西俄德式的表达)。同年,史密斯飞船(Aerosmith)也发行了一套名为《潘多拉魔盒》(*Pandora's Box*)的精选集,但其中的同名主打歌其实发行于1974年。有篇访谈认为歌词受到了女性解放运动的启发,但在外行人听来,更像是主唱史蒂夫·泰勒(Steve Tyler)迷上了一个叫潘多拉的女人,而她的盒子则是一个隐语而非隐喻。或许这样说有点刻薄,但可能除"well-endowed"("丰满")外,确实再找不到别的词能跟"proud"("傲慢")押韵了吧。

即使作品中没有明确提及潘多拉的魔盒,我们在听到或看到类似桥段时也能识别出来。昆汀·塔伦蒂诺(Quentin Tarantino)于1994年上映的邪典巨作《低俗小说》(*Pulp Fictior*)令影迷们趋之若鸯，其总票房超过了2亿美元，这对于一部在戛纳得了金棕榈的电影来说实属罕见。影片中有许多经典片段，其中之一就是作为关键道具的手提箱：我们不知道主人公们为什么想要它，但因为角色们对它的态度，我们对它的好奇心越来越强。片中角色们对它的高度重视更令观众坚信其必然价值不菲。而它到底为何如此重要始终是个谜。就像《死吻》中一样，我们只看到盒子一开，金光灿灿。影迷们对此众说纷纭，但影片始终没讲，编剧兼导演也闭口不谈。在1995年的一次采访中，塞缪尔·L. 杰克逊（Samuel L. Jacksm）告诉《花花公子》杂志，他曾问过塔伦蒂诺箱子里装的是什么，但得到的回答是："你觉得是什么就是什么。"[22]

毫无疑问，这就是潘多拉魔盒真正的秘密，也是对潘多拉本人绝妙的概括。前文中，我引用了赫西俄德《神谱》中对她的矛盾描述：*kalon kakon*[23]——"美丽的邪恶"——宙斯将她赐予凡人，作为对普罗米修斯为我们盗取火种的惩罚。这个短语一般都是按这个词序翻译的（牛津世界经典版译为"红颜祸水"）。但这两个词都是形容词，其含义既有道德层面也有物理层面："*kalos*"可以指美好的、美丽的、漂亮的，也可以指善良的、高尚的，品行好的。同样，"*kakos*"可以是坏的或邪恶的，也可以是无能的、丑陋的、不幸的。因此，这句话也能反过来翻译：潘多拉未必是美丽的恶，而是丑陋的善。但从来没有人这样翻译过，因为有太多旁证支持原有的版本：众神都赋予了潘多拉美好的特质，因此她必然是美丽的。无论如何，宙斯下令把她造出来，是要让她成为"善的代价"（*ant'agathoio*），以报复凡人获得火种。"*agathos*"的词义很明确：是令人向往的或美好的东西。而"*anti*"的词义就比较灵活，它可以指相反的、之前的、作为回报的、为了某种目的的。译者们向来认为潘多拉是美丽而邪恶的，因为宙斯想要凡人付出代价。但是,"*kakon*"并不一定具有道德层面的含义:把它翻译成"损失""不幸""伤害"也是准确的。有些事物对我们有害,但其本身并不是邪恶的。换句话说,宙斯可能希望人类不幸,但这并不意味着作为工具的潘多拉本人是邪恶的。她就像宙斯朝渎神者扔出的闪电一样。闪电是中性的,非善非恶,无论我们多么畏惧它。或许,我们可以接受潘多拉也是这样的存在,除非我们有意另眼看她。

---

1. Hesiod, *Works and Days*, introduction xiv.
2. Louvre Museum.
3. Sir John Soane's Museum.
4. http: //www.sothebys.com/en/auctions/ecatalogue/2014/british-irishart-l14132/lot.207.html.
5. Hesiod, *Theogony* 585.
6. Ibid 570.
7. Ibid 585.
8. Ibid 587.
9. Hesiod, *Works and Days* 57.
10. Ibid 80–83.
11. Ibid 96.
12. Theognis, frag 1. 1135.
13. *The Aesop Romance*.
14. Aesop Fable 526 (Gibbs)/123 (Chambry)/312 (Perry).
15. Metropolitan Museum, Drawings and Prints.
16. https: //www.britishmuseum.org/research/collection_online/collection_object_details.aspx?objectId=461830&partId=1.
17. https: //www.ashmolean.org/sites/default/files/ashmolean/documents/media/learn_pdf_resources_greece_focus_on_greek_objects_teacher_notes.pdf.
18. Hurwit, Jeffrey M. (1995), "Beautiful Evil: Pandora and the Athena Parthenos", *American Journal of Archaeology* 99.

19. Pausanias, *Description of Greece* 1.24.7.
20. Thucydides, *The History of the Peloponnesian War* 2.45.2.
21. 用于女性的表达是"阿提卡的女人"（*attike gune*），这是一种从地理角度的描述，但剔除了"雅典人"（Athenian）一词中所包含的公民之意。Jones, N. F. (1999), *The Associations of Classical Athens: The Response to Democracy* (Oxford and New York: Oxford University Press) 128.
22. https://www.huffingtonpost.co.uk/entrypulp-fiction-fan-theories_n_5967174.
23. Hesiod, *Theogony* 585.

第二章
伊俄卡斯忒

　　公元前4世纪,喜剧诗人安提法奈斯曾就喜剧和悲剧的创作难度发表过一个尖锐的评论。[1]他让一个角色解释道,喜剧作家必须创造故事情节,而悲剧作家只需提到俄狄浦斯,剩下的观众就都知道了:他的父亲是拉伊俄斯,母亲是伊俄卡斯忒,他的女儿们都有谁,他从何处来,又往何处去。

　　安提法奈斯说得是否正确,这种观点至今仍然成立吗? 如今的每个人都知道俄狄浦斯是谁吗? 除了他那个复杂的家谱的核心成员,我们还知道什么? 同样重要的是,我们对与他共命运的母亲伊俄卡斯忒又了解多少? 忒拜王室的故事是希腊神话中最著名的篇章之一,而在不同的版本中,她的形象又是如何演化的? 这个典故在现代的知名度至少要在某种程度上归功于弗洛伊德。他在著名的"俄狄浦斯情结"中指出,所有男孩都会经历一个想要杀死父亲并与母亲发生性关系的阶段。

　　索福克勒斯的戏剧只有七部流传至今,其中最著名的便是《俄狄浦斯王》。该剧的希腊文标题是《僭主俄狄浦斯》(*Oedipus Tyrannos*)。出于某些不可理喻的原因,今天我们更习惯称之为《俄狄浦斯王》(*Oedipus Rex*),尽管剧中没有罗马人("*rex*"是拉丁语

"国王"的意思），还会让外行人联想到恐龙类（dinosaurs）[①]。该剧问世约一个世纪后，亚里士多德在其《诗学》（*Poetics*）中给予了高度评价，这意味着该剧仍在定期上演，并为观众所熟知。亚里士多德称赞它是一部完美的悲剧。

万万没想到，尽管《僭主俄狄浦斯》长演不衰，它在首演时（可能是在公元前42年）竟然仅名列第二，惜败于埃斯库罗斯的外甥斐洛克勒斯。这件事常常被后世的学者拿来证明，创意类比赛的评委能蠢到什么地步。一个厚道人可能会想，如果斐洛克勒斯能创作出击败《俄狄浦斯王》的作品，他的水平或许也没那么差。而与他同时代的人肯定会嗤之以鼻：喜剧作家阿里斯托芬就曾说过，斐洛克勒斯的作品让人倒胃口。[2]

俄狄浦斯的故事具有一种典型的、近乎是奠基级的特质。但故事的实际情节远没有我们想象的那么一成不变。鉴于今日人们所熟知的应该是索福克勒斯的版本，我们就以此开始，详细回顾一下情节。俄狄浦斯的故事大致跨越了20年的时间和多个不同的地点（科林斯、德尔斐、德尔斐城外的一个十字路口、喀泰戎山和忒拜）。而剧情则发生在一天之内的同一个地点，即忒拜王宫（希腊中部维奥蒂亚的一个城邦）的大门外。除了优美的诗句和跌宕起伏的情节，能将如此多的背景信息浓缩入一时一地，绝对是一项令人惊叹的成就。尤其是考虑到《僭主俄狄浦斯》全篇总共只有1 530行——你可以用看一遍《哈姆雷特》或《李尔王》的时间轻松看完两遍。

悲剧的开场是忒拜国王俄狄浦斯表示愿意不惜一切代价，让

[①] 就恐龙而言，暴龙科（Tyrannosaurs）是暴龙超科的成员之一，为一种肉食性恐龙，名称源自古希腊文中的"暴君"（tyrannos）一词，同样，"Tyrannosaurs"也被缩写为"T-Rex"，即"霸王龙"，因此这个双关语对两个标题都成立。

他的同胞摆脱城中肆虐的瘟疫。一位祭司告诉他，人们需要他的帮助：毕竟多年前，俄狄浦斯曾从斯芬克斯的魔爪下解救了这座城邦，因此众人皆知他足智多谋。而俄狄浦斯早已先行一步，派内弟克瑞翁前往德尔斐请求神谕。俄狄浦斯话音刚落，克瑞翁便登台传达神谕：忒拜遭受瘟疫是因为此地藏匿着杀害先王拉伊俄斯的凶手。俄狄浦斯问拉伊俄斯死于何处，答案是在前往德尔斐的途中，被盗贼袭击并杀害。俄狄浦斯再问，当初为何不缉拿凶手？克瑞翁答道，斯芬克斯让我们由他去。既然如此，俄狄浦斯说，我会破案的，即便当年我不在此地。

盲先知忒瑞西阿斯登场，告诉俄狄浦斯不要再追查下去，并暗示俄狄浦斯本人，就是他要找的凶手。俄狄浦斯大为震怒，问道："你莫非与克瑞翁密谋串通，好让他为王？可记得我是如何解开斯芬克斯之谜的吗？你当真想推翻我吗？"忒瑞西阿斯则告诫他说："你会为自己的话后悔的。"然后，他一边退场一边喃喃自语着关于俄狄浦斯出身的可怕真相。接着，俄狄浦斯又和克瑞翁争执起来，后者发现自己被指控谋反，自然十分愤怒。俄狄浦斯说："向忒瑞西阿斯求助是你的主意，现在他却说我是凶手。我不是，我当时都不在这里，所以你们一定是串通好的。""不，"克瑞翁回敬道，"我并不想当国王，作为你的内弟，我的权力够大了，谢了。"

至此，情节已经过半，伊俄卡斯忒终于登场了。她在丈夫和弟弟之间斡旋，并告诉俄狄浦斯，他不该怀疑克瑞翁。"好吧，"俄狄浦斯说，"他可能会毁了我，但随他去吧。""你为何这般愤怒？"伊俄卡斯忒问道。俄狄浦斯答道："忒瑞西阿斯说我杀了你的先夫拉伊俄斯。""先知们又懂什么？"她回答道："曾有神谕告诉拉伊俄斯，他会被自己的儿子杀死，但他没有。他是被陌生人，被强盗们杀死的，就在那三条道路交会的地方。而他的儿子,也就是我和他的儿子,出生三天后就被扔在山上,早已死去多年。"

"等一下,"俄狄浦斯说,"你可是说拉伊俄斯是在一个三岔路口被杀的?那他是什么模样?""他的模样和你差不多。"伊俄卡斯忒说。"他确是被强盗袭击了吗?"俄狄浦斯问,"当年不是还有个幸存者吗,派人把他找来。"伊俄卡斯忒不明白他为何害怕。俄狄浦斯答道:"你知道我是在科林斯长大的。某次宴会上,一个醉汉告诉我,我是被收养的。于是,我去了德尔斐求神谕,神谕说我将会杀死父亲,并与母亲同床,生下乱伦的后代。为了避免这可怕的命运,我决定永远不回科林斯。在离开德尔斐的路上,我在三岔路口遇到了一个粗暴的老头,我们吵了起来,而后我杀了他(顺便说,是他先动手的)和他的手下。现在我担心的是,那老者正是拉伊俄斯,与我有亲缘关系,而我犯下了这可怕的罪行。但我们寻来的证人明确说过,拉伊俄斯是被一伙强盗所杀,若当真如此,那他便不是死于我手,我也就安心了。"

伊俄卡斯忒说:"我记得那证人曾回到忒拜,他的确说过是'一伙强盗',而非'一个强盗',你毋需担心。再说,预言并不能代表什么[3]——你可记得我儿子在襁褓中便被弄死了,根本等不到长大再去杀拉伊俄斯?""确实如此,"俄狄浦斯说,"但还是派人去寻他来吧。"伊俄卡斯忒退下,当她再次登场时,她开始向阿波罗祈祷。这个态度的转变十分突然,因为就在刚刚,她还在说神谕毫无意义。

就在此时,一位使者从科林斯赶来,他告诉俄狄浦斯,科林斯的国王波吕玻斯,也就是俄狄浦斯认为是他父亲的那个人,已经去世了。听闻此事,伊俄卡斯忒和俄狄浦斯都松了口气:既然波吕玻斯已经去世,那么俄狄浦斯便没有杀他。"我就说毋需担心,"伊俄卡斯忒说道,"一切只是巧合。你既没有杀父亲,也不会娶母亲。很多人都曾梦见与母亲同寝——这并不意味着什么⁴。至少你绝对没有杀死你的父亲。"

但使者随后表明,俄狄浦斯确实是被收养的,他根本无须从科林斯离开。使者告诉俄狄浦斯,当他被送给波吕玻斯和墨洛珀时还只是个婴儿,两只脚被钉在一起,因而得名"俄狄浦斯",在希腊语中意为"肿胀的脚"。俄狄浦斯惊恐地问道:"我是怎么到你手上的?"使者答道:"一个忒拜的牧羊人把你给了我。而那位牧羊人正是拉伊俄斯遇袭时的目击者和幸存者。"伊俄卡斯忒恍然大悟,她恳求俄狄浦斯不要再追查凶手,也不要再追溯自己的身世了。俄狄浦斯拒不听从,伊俄卡斯忒冲进宫殿,只对他留下一句"不幸的人"。⁵

牧羊人终于赶到,不情愿地证实了使者的故事。俄狄浦斯这才明白了伊俄卡斯忒已经猜到的真相:他们不仅是夫妻,还是母子。他走进宫殿——观众当然不能跟着他,必须等到一个宫廷侍者急匆匆地跑出来说,王后已经自尽了。在所有戏剧性的场景中,接下来的一幕尤为震撼——俄狄浦斯看到妻子自缢身亡,从她的长袍上摘下两枚别针,刺向了自己的双眼。现在,他已真正看清了自己的身份,也无法再忍受眼前的一切:失明成了唯一的办法。在俄狄浦斯的请求下,克瑞翁继承了王位,并将俄狄浦斯和他的子女驱逐出了忒拜。

* * *

全剧的情节以惊人的节奏向前推进。真相如暴雨般劈头盖脸地向俄狄浦斯袭来,观众几乎无暇喘息。在短短一天之内,他从国王、丈夫、父亲和儿子,变成了鳏夫、凶手、废人和被流放者。同样惨痛的毁灭也发生在伊俄卡斯忒身上,我们却几乎把她忘了。然而,她的命运至少和她儿子的一样可怕,甚至更悲惨,因为从一开始,她掌握的信息就更少,根本来不及做好任何心理准备。当她将拉伊俄斯多年前得到的神谕告诉俄狄浦斯时[6],她的话语非常直白:神谕说拉伊俄斯会被他们的儿子杀死。就她所知,她的丈夫是被一群盗贼所杀,而她的儿子不在其中——因为他在出生三天后就死了,双脚钉在一起,被丢弃在山上一个人迹罕至的地方。这段往事被她轻描淡写地说出来,很容易让人觉得这只不过是一个情节设置,而非一场痛苦的磨难。在古代世界,遗弃儿童并不罕见,儿童死亡率也极高:在索福克勒斯生活的时代,可能有1/3的婴儿活不到成年。但别人家孩子的死,并不能减轻自己的丧子之痛。在这个版本的故事中,伊俄卡斯忒在嫁给拉伊俄斯时必定非常年轻,因为她后来与俄狄浦斯生了4个孩子。如果生下俄狄浦斯时她只有16岁,而俄狄浦斯来到忒拜解开斯芬克斯之谜时也只有16岁,那么二人结婚时她应该是32岁,这个时间线看起来就很合理了。也就是说,当她和俄狄浦斯结婚时,已经花了人生一半的时间来消化这样一个事实——生下一个健康的孩子,却被人夺走、致残、弃置荒野,任其死去。没有比这更残酷的折磨了。

在拉伊俄斯坚持要杀死她的孩子时,她就知道自己不会再有孩子了(在某些版本中,拉伊俄斯只是因为喝得酩酊大醉,欲火攻心才让她怀孕的,这些我们将在下文中详细讨论。她在怀孕期间知道这个孩子会被杀吗?或者说,如果生的是女孩,拉伊俄斯会允许她留下吗?因为预言明确表示,拉伊俄斯只会被儿子[7]杀掉)。在伊俄卡斯忒简短的话语背后隐藏着多年的痛苦。难怪她告诉俄狄浦斯不要听信预言:预言从未给她带来过任何好处。在她经历了这么多痛苦之后,拉伊俄斯竟被强盗杀死了,就像任何一个不幸的旅人可能遭遇的那样。

但我们不妨想一想,与俄狄浦斯相比,她对神谕了解多少。她只知道一件事,那就是拉伊俄斯会被他们的儿子杀死。她认为这不可能发生,因为她的儿子已经死了;然而,即使神谕奇迹般地应验了,这也是她所知道的全部信息,而且早已不再重要。但俄狄浦斯比她知道得更多。首先,宴会上的醉汉告诉他,他是被收养的。他前去质问父母,但他们不承认。他还是不放心,于是前往德尔斐请教神谕。阿波罗没有回答关于收养的问题,却告诉了他一件更可怕的事:他注定要杀父娶母。我们可以合理推测,如果有人预言你将杀父娶母,而你又从别处得知自己是养子,那么比较好的办法应该是避免杀死任何一个年龄够当你父亲的男人,以及避免迎娶任何一个可能是你母亲的女人。但他没有这样做,而且我们在观看《僭主俄狄浦斯》时也不觉得有必要大声提醒他。索福克勒斯以高超的手法,赋予了这部悲剧绝佳的节奏,让俄狄浦斯一步步接近真相,好像马上就要恍然大悟,却始终无法抵达。尽管如此,在二人结婚时,俄狄浦斯还是比伊俄卡斯忒更清楚这段婚姻所暗藏的恐怖之处。因此在某种程度上,不管俄狄浦斯本人是否能意识到,对于二人共同犯下的可怕罪行,他肯定没有伊俄卡斯忒那么惊骇,因为她是在一天之内知道全部真相的。

当审判之日终于到来时,俄狄浦斯那素来为人称道的智慧是全剧的核心。歌队恳求他帮助忒拜城驱散瘟疫,找出杀害拉伊俄斯的凶手。开场时的祭司和俄狄浦斯本人都提到了他解开斯芬克斯之谜的聪明才智。然而,伊俄卡斯忒却比他早一步意识到了他们俩的真实身份:妻子和丈夫、母亲和儿子。她才是全剧最聪明的人,可却无人在意,因为我们都忙着关注俄狄浦斯。她有足够的时间冲进宫殿,决定自杀,并付诸实施,等俄狄浦斯终于搞明白了她瞬间顿悟的事情,一切都已尘埃落定。

伊俄卡斯忒通过悬梁自尽做出了一番明确的声明。在希腊神话中,自缢通常是处女会选择的方式(比如在索福克勒斯的《安提戈涅》中,伊俄卡斯忒和俄狄浦斯的女儿安提戈涅就采用了这种方式)。因此,当伊俄卡斯忒自缢身亡时,她不仅结束了在她看来受到诅咒的生活和婚姻,还希望自己能回到俄狄浦斯出生之前,回到她未婚未育、未经人事的少女时代。

* * *

为什么伊俄卡斯忒遭遇的不幸就如此容易被观众忽视呢?当然,作者希望我们关注俄狄浦斯:他的台词有其他角色的5倍之多。而台词第二多的人物不是伊俄卡斯忒,而是她的弟弟克瑞翁。在这部1 530行的剧本中,伊俄卡斯忒的台词只有120行多一点,甚至不到1/10。因此,我们会不由自主地对俄狄浦斯的困境有更强烈的感触。还有一点就是,剧终时他还活着。他的脸(在公元前5世纪雅典的舞台上应该是戏剧面具)看似是一片痛苦的废墟,上面嵌着两个空洞的眼窝。伊俄卡斯忒的自缢发生在幕后,因此我们无法以同样的方式直面她所经历的恐怖。

哪怕被同样的厄运所摧毁,伊俄卡斯忒却始终被忽略,这种奇怪的命运似乎贯穿了关于她的整个叙事。但一开始并不是这样。她最初的形象是一个出场时就早已死去的人。在《奥德赛》第11卷中,奥德修斯来到了冥界,向已逝的忒瑞西阿斯询问返乡的最佳路线。在逗留期间,他遇到了众多著名的亡灵,其中就有美丽的埃庇卡斯忒(*kalēn Epikastēn*),也就是俄狄浦斯的母亲。[8]荷马告诉我们,她在无知中犯下了重罪,嫁给了自己的儿子。荷马用短短10行诗句讲述了整个故事:俄狄浦斯杀死父亲,娶了母亲。诸神立即将此事公之于众。俄狄浦斯仍生活在忒拜,饱受众神的折磨。而她被痛苦压垮,悬梁自尽,独入幽冥,给他留下无尽的悲伤。

作为现存最早的版本,荷马版与索福克勒斯版之间的差异是很重要的。首先,伊俄卡斯忒有一个不同的名字——埃庇卡斯忒,这不是一个拼写上的变体,根据对她遭遇的描述我们可以看出,这确实是同一个人。然后故事在这里开始偏离了我们熟悉的版本:诸神立刻(*aphar*)揭示了真相。[9] 在索福克勒斯版中,俄狄浦斯和伊俄卡斯忒在真相大白之前已经有了4个孩子。而且多年前,当俄狄浦斯去德尔斐请教阿波罗时,神谕就曾告诉他,他会生下乱伦的后代。荷马的版本中并不包含这一部分,因为两人一结婚,真相就被揭晓。荷马版也没有提到俄狄浦斯失明或被驱逐:他仍然生活在卡德曼人中间(卡德曼是忒拜的雅称,因为忒拜城是卡德摩斯建立的)。结局则与索福克勒斯版一样,埃庇卡斯忒自缢身亡,留下俄狄浦斯悲痛欲绝。这个版本虽然简短,但两人在情节上所占的比例大致相同。故事从她开始,也以她告终。

千百年来,关于俄狄浦斯和伊俄卡斯忒/埃庇卡斯忒是否有后代的问题,学者们一直争论不休。保萨尼亚斯在《希腊志》(*Description of Greece*)中写道,他们没有后代,并引用了荷马版来支持这一论点。[10] 他认为俄狄浦斯的后代均出自一位名叫欧律革涅亚的女子,她是希珀法斯的女儿。保萨尼亚斯补充道,这一点在《俄狄浦斯记》(*Oedipodeia*)中有清楚的记载。遗憾的是,这部与《伊利亚特》和《奥德赛》创作于同一时期的史诗并没有流传下来。然而,我们仍然可以从保萨尼亚斯那里了解到(他生活在公元2世纪,手头应该有一本），俄狄浦斯和伊俄卡斯忒结婚后，他们的乱伦关系迅速被揭发，随后俄狄浦斯再婚，并与第二任妻子生儿育女。

* * *

如果说故事是从荷马版到索福克勒斯版发生了变化，那么有哪些元素没有改变？儿子杀父亲，母亲嫁儿子，乱伦被揭露，母亲上吊自杀。然而，即使是这些严酷的细节，也会随着不同版本的叙事而变化。公元前409年，欧里庇得斯在他的《腓尼基妇女》(*Phoinissai*) 中为伊俄卡斯忒的故事提供了另一个变体。故事发生在伊俄卡斯忒和俄狄浦斯的母子关系被揭露之后，并以伊俄卡斯忒的一段长篇独白开场。所以，这部作品从一开始，就已经有了一个关键性的差异：伊俄卡斯忒在真相大白后并没有悬梁自尽，而是继续生活在忒拜的王宫中。她的儿子波吕涅刻斯和厄忒俄克勒斯是王位继承人。他们将自残双目的俄狄浦斯囚禁在宫中，等待这份耻辱被人忘却。另一方面，他们的母亲仍然是王室的重要成员。《僭主俄狄浦斯》在酒神节首演后大约过了20年，这部《腓尼基妇女》才被创作出来，因此，伊俄卡斯忒的开场白起到了双重作用——为即将展开的剧情设定了背景，同时提醒观众，接下来的内容跟我们设想的不尽相同（这是欧里庇得斯的惯用手法，在下文将要讨论的《美狄亚》中也有用到）。

伊俄卡斯忒从故事的背景讲起，让观众了解当下的情况。她首先谈到了拉伊俄斯。由于二人没有子嗣，于是拉伊俄斯前往德尔斐请教神谕。阿波罗对此给出了清晰且具体的预言："如果你生了儿子，你所生的将杀死你，你的全家将浸在血里。"[11]这是一个相当明确且不容置疑的忠告，而拉伊俄斯却在酒醉后置之不理。在意识到自己犯下大错后，他遣人把孩子遗弃在山上。然而，科林斯国王波吕玻斯的仆人发现了孩子,并把他交给了王后,王后则骗国王相信了这孩子是她自己生的。

有趣的是,这段独白对女性情感的关注超过了我们所掌握的任何早期版本。欧里庇得斯在创作女性角色方面有着惊人的才能,可以说再没有任何一位男性剧作家能写出比他更多且更有深度的女性角色了。考虑到当时女性角色全部由年轻男子扮演,而观众也都是男性(至少在酒神节上是这样),这一点就更难能可贵了。欧里庇得斯不仅让他笔下的女性角色具有主动性,能做出推动剧情发展的决定,而且他对女性生活中一些男性无法体验的领域也表现出了一种罕见的洞察力。索福克勒斯笔下的俄狄浦斯几乎可以作为男性焦虑的寓言来解读(这无疑也是弗洛伊德对这个故事如此着迷的部分原因,他喜欢分析男性,因为他觉得女性难以理解)。拉伊俄斯害怕被自己的儿子打倒(正如我们在上一章中看到的乌拉诺斯、克洛诺斯和宙斯的故事一样,害怕被儿子从字面意义或象征意义上阉割是贯穿了整个希腊神话的主题)。波吕玻斯担心没有男性继承人,因此愿意收养一个弃儿,并将其视为己出。他和墨洛珀对收养一事保密也是问题的一部分:如果他们对俄狄浦斯的身世坦诚相告,他可能永远不会离开科林斯去请教神谕,从而让他可怕的命运成为现实。俄狄浦斯在剧中很早就显露出个性上的偏执和易怒:克瑞翁和忒瑞西阿斯并没有像他最初揣测的那样密谋推翻他,但他对被推翻的恐惧是确实存在的。我们不难想见,当拉伊俄斯和他在三岔路口遭遇时,前者的蛮横"驾驶"令他在狂怒之下暴起杀人(《僭主俄狄浦斯》一定是最早因路怒症引发的悲剧)。

在索福克勒斯的版本中,在故事的每一个阶段,人们的言行(不管是出于善意还是恶意),都不断地将俄狄浦斯推向他竭力逃避的命运——拉伊俄斯生下了他,却没能杀死他,牧羊人不愿杀死他,科林斯的使者救了他,醉汉把收养一事告诉他,波吕玻斯则欺骗了他,拉伊俄斯与他遭遇并攻击了他,忒瑞西阿斯明知真相却拒绝告诉他。在整个事件的背后,以及那些限制妇女行动的法律背后,是古代世界普遍存在的一种焦虑:谁是孩子的父亲?除了母亲,没人知道。

在欧里庇得斯之前,从未有人想过问一下母亲的感受,然后欧里庇得斯来了,在《腓尼基妇女》中为伊俄卡斯忒写下了动人的开场白。即使事隔多年,她内心的痛苦依然未减。拉伊俄斯醉酒后让她生了儿子,当他意识到自己忽视了阿波罗的忠告时,他用铁钉刺穿了孩子的脚踝,交给仆人遗弃在山上。这就是我们理解这个故事所需的全部信息(与索福克勒斯的说法大同小异)。但欧里庇得斯让伊俄卡斯忒说了更多。牧羊人没有把她的孩子直接交给国王波吕玻斯,而是给了王后(欧里庇得斯没有写出墨洛珀的名字,我们姑且这么称呼她),她把孩子说成是自己亲生的。这样一个小细节竟让我们得以一窥墨洛珀的生活。她和丈夫显然一直渴望有后代却未能成功:她想要一个孩子,而且希望这个孩子能被视为她的血脉。她和波吕玻斯很可能同床过,因为波吕玻斯相信了俄狄浦斯是他们的儿子,但他们之间的关系并不亲密,所以当她毫无预兆地突然宣称自己生了个孩子时,波吕玻斯并没有感到惊讶。两人之间不止存在着物理上的隔阂(如果一个女人未经怀孕就突然生下一个孩子,大多数人都会觉得奇怪,尤其当这个女人还是他们的妻子时),也存在情感上的隔阂——从表面上看,他们都想要孩子,但她只有对丈夫撒谎才能实现这个愿望。由此我们有理由推测,与索福克勒斯的版本不同,欧里庇得斯版的波吕玻斯并不想收养俄狄浦斯。

且看伊俄卡斯忒如何讲述:"我受苦生下的孩子,却由她来哺育。"¹² 伊俄卡斯忒经受了分娩的苦楚，墨洛珀则为别人的孩子分泌出乳汁，两个女人身体上发生的变化令人难过。即使几十年过去，伊俄卡斯忒依然无法忘记失去儿子的痛苦。这怎么可能遗忘呢？而当墨洛珀的身体为意外获得的孩子分泌出乳汁，我们又怎能责怪她呢？科林斯的仆人们是否知晓她的绝望，所以才把孩子带给她而不是波吕玻斯呢？

伊俄卡斯忒三言两语便讲完了俄狄浦斯杀死拉伊俄斯的经过。"多说何益？"她问道。"儿子杀死了父亲"（*Pais patera kainei*）。¹³ 她接着说下去，那时斯芬克斯正在忒拜城外肆虐，她的弟弟克瑞翁急于除掉这个魔物，于是传令告示，谁能解开斯芬克斯之谜，就可以娶伊俄卡斯忒为妻。做出这种泛泛的承诺并没有问题，但无疑有风险，可能会把他的姐姐嫁给一个比她年轻得多（而且事实证明还有血缘关系）的男人。无论出发点是好是坏，克瑞翁是另一个给伊俄卡斯忒和俄狄浦斯带来无尽痛苦的人。

但在欧里庇得斯的故事中，这个名单上还要再添两个名字：他们的儿子波吕涅刻斯和厄忒俄克勒斯。兄弟俩长大成人后，对父亲的罪行感到羞耻，于是将俄狄浦斯囚禁在宫中。俄狄浦斯在狂怒中向他们发出了最恶毒的诅咒，要他们兄弟二人相残。为了逃避这个诅咒（儿子显然没有从父亲的失败中吸取任何教训），兄弟俩决定，波吕涅刻斯自愿流放，而厄忒俄克勒斯则继承王位，一年后两人互换。

可想而知，他们当然没有履行约定。厄忒俄克勒斯拒绝让出王位，波吕涅刻斯于是向他宣战［这也是埃斯库罗斯的悲剧《七将攻忒拜》（*Seven Against Thebes*）的情节。忒拜城有七座城门，因此有七位英雄向它发起进攻］。伊俄卡斯忒出面试图化解僵局，劝说儿子们在全面战争摧毁城邦之前会面谈判。在开场白的最后,她恳求宙斯介入,让兄弟二人和解。

然而,宙斯没有听到她的祈祷,波吕涅刻斯和厄忒俄克勒斯之间的谈判破裂了。伊俄卡斯忒最终绝望地叹息道:"我生出了如此多的悲哀。"[14]她带着女儿安提戈涅去劝解儿子们,但她们到得太晚了,兄弟俩已在决斗中同归于尽。于是,伊俄卡斯忒拾起掉落在两人之间的利剑,刺穿了自己的喉咙。

欧里庇得斯笔下的伊俄卡斯忒,比索福克勒斯笔下的有更多的话要说(荷马版中她一句话也没有)。她也有更多的事情要做。由于她没有在与俄狄浦斯的母子关系曝光时死去,也由于俄狄浦斯虽然留在忒拜但被囚禁,伊俄卡斯忒成了一个政治人物。她像高级外交官一样与儿子们进行谈判。母亲的身份并不是她唯一的一张牌(比如她恳求厄忒俄克勒斯想一想,万一他兵败城破,忒拜的妇女们会面临怎样的命运)。而当她无法挽救儿子们时,她以一种男性化的方式结束了自己的生命:死在战场上,用一把从两个儿子的尸体间拾起的剑自尽。这个伊俄卡斯忒与此前我们了解到的形象大相径庭。

以这种方式塑造伊俄卡斯忒的并不只有欧里庇得斯一个人。他和索福克勒斯一定都很熟悉抒情诗人斯特西克鲁斯的一部作品,这首长诗讲述了忒拜王室的另一个故事。只可惜这部作品今已不在。或者说,在一次(相对)近期的考古发现之前,人们都以为它已不在了。19世纪与20世纪之交,欧洲各国的埃及学家都在狂热地从埃及收集文物。霍华德·卡特(Howard Carter)可能是英国最著名的埃及学家,但在法国,皮埃尔·茹盖(Pierre Jouguet)和古斯塔夫·勒费弗尔(Gustave Lefebvre)在里尔大学(University of Lille)新成立的埃及学研究所里也有不少发现。他们搜罗来的文物中有一具木乃伊,用纸莎草纸条包裹着装在箱子里以防损坏。当时人们所有的兴趣都集中在木乃伊上,根本没关注到箱内的包装材料。直到1974年才有人对这些纸进行了研究和阅读,发现上面写有希腊文字,其中包含了一些诗句。在这些诗句中,有120行被学者们鉴定为经过戏剧化改编的斯特西克鲁斯的长诗,这位来自希梅拉(Himera)的抒情诗人生活的时代比索福克勒斯创作《僭主俄狄浦斯》还要早150年左右。[15]更令人兴奋的是,这些诗句似乎都是以伊俄卡斯忒的口吻说出的,她在众目睽睽之下隐藏了70多年,终于以这样奇妙的方式为人所知。

这个版本的伊俄卡斯忒也希望预言不要应验。但长诗的剧情似乎更接近欧里庇得斯,而非索福克勒斯:乱伦的婚姻被揭露后,伊俄卡斯忒没有死,之后她的儿子们为了争夺忒拜的王位而互相残杀。她祈求道,如果预言必须成真,那她宁愿在此之前死去。她甚至提出了一个方案来解决兄弟俩的纷争——让一个继承王位,另一个继承家产,带着财富远走他乡。[16]

故事至此有两点值得注意:首先,在每一个版本中,伊俄卡斯忒每说一句话,都让她的形象变得更复杂、更立体。在《僭主俄狄浦斯》中,她的形象单薄,是一个生活完全由男性主宰的弱女子。在《腓尼基妇女》中,我们终于听到她谈论这样的生活意味着什么,以及她的感受。而在斯特西克鲁斯的长诗残片中,我们看到的是一位强有力的政治领袖,在交战双方之间进行调停。我们发现,罗马诗人斯塔提乌斯(Statius)的《忒拜纪》(*Thebaid*)中的伊俄卡斯忒,无疑受到了这个版本(以及欧里庇得斯对这个版本的许多复刻)的影响。《忒拜纪》是一部以多个希腊范例为基础,创作于公元1世纪晚期的拉丁语史诗。

其次，俄狄浦斯在这里显得完全无关紧要。在索福克勒斯笔下，他是全剧的核心，而在斯特西克鲁斯笔下，他却无足轻重。在他缺席的情况下，他的妻子提议让儿子们分别获得他的王位和财富，希望能借此避免一场战争。伊俄卡斯忒似乎并不考虑他的感受或意见：她的王权以及面临的政治和军事上的危机意味着她没有这个必要。这或许也是《腓尼基妇女》中俄狄浦斯直到结尾前200行才出现的原因。当女性占据了空间，男性就得靠边站。但这意味着我们得到了一个完整的故事，而不是半个故事。简而言之，了解伊俄卡斯忒的故事，对俄狄浦斯的理解也会更加丰富，反之亦然。

* * *

但伊俄卡斯忒的模样却无从知晓。我们本可以期望在花瓶或雕塑上找到她的形象，然而哪怕在视觉艺术领域，她也是隐形的。事实上，从古至今，伊俄卡斯忒的确切形象根本没有留存下来。仅有一个花瓶能让学者们尝试将其与《僭主俄狄浦斯》中的一个场景联系起来。索福克勒斯的这部杰作在公元前5到前4世纪曾享有盛名，瓶画的创作者们不可能不想再现其中的场景。尽管如此，我们却找不到任何一个绘有剧中人物形象的杯子或花瓶。俄狄浦斯最常见的形象（也是最受画家们青睐的形象）是试图解开斯芬克斯之谜时的他，那时剧中的故事尚未发生。梵蒂冈博物馆收藏着一个精美的双耳杯，这个制作于公元前470年左右的陶器上绘有这样一个场景[17]：俄狄浦斯坐着，手托着下巴，双腿交叠，头戴遮阳的尖帽，正凝神思索。他面前的小台座上是斯芬克斯，尾巴弯曲，双翼伸展。她俯视着俄狄浦斯，等待着他的回答。在这段神话的某些版本中，当俄狄浦斯最终猜出了谜底时,斯芬克斯直接跳下了悬崖。由此可见,跟俄狄浦斯玩游戏是很要命的。

那么,关于伊俄卡斯忒,就算找不到一个清晰的形象,那模糊的形象呢?西西里的锡拉库萨(Syracuse)考古博物馆藏有一个大型酒器的残片[18],上面绘有一个面容严肃、黑发黑须的男子,他身后站着一名女子,表情肃穆,用衣襟半遮住脸。他们一定是下方两个穿长袍的卷发儿童的父母——他们一个站在父亲前面,一个站在母亲旁边。最左边的白发老者似乎正在向这对成年男女传达消息,而且显然是个坏消息。长袍女子身后是一根柱子,柱子后面站着第二个女人,面朝相反的方向。她的手托着腮,五指张开:她是在偷听吗?

解读古希腊陶器的专家认为,这个场景可能出自索福克勒斯的悲剧:当科林斯的信使透露俄狄浦斯是被收养的时,伊俄卡斯忒意识到了可怕的真相(她的丈夫很快也会知道)。她撩起长袍遮住脸庞的动作让我们想起她将要系在脖子上自尽的布条,而固定她衣襟的别针将会被俄狄浦斯用来刺瞎自己的双眼。两个孩子是他们的女儿安提戈涅和伊斯墨涅,在原剧的这一幕里,她们并不在场,但二人在剧终时出现并向她们的父亲告别。或许画师为了强化这一幕的感染力,才将后面的剧情加入这一场景中。

但是,这一巧妙的解读没能说明站在柱后的那个女人是谁。在索福克勒斯的剧中,除了伊俄卡斯忒和她的孩子们,没有其他女性角色。那么,残片上所绘的孩子们一定是女孩吗?这个陶器上的人物一直被认为是俄狄浦斯和伊俄卡斯忒,因为当我们想到希腊神话中的姐妹时,最容易想起的就是他们的两个女儿。画面上的其他人物——年长的男人、年轻的男人和女人、附近的另一个女人,其身份都相当模糊。而且如果像伊迪丝·霍尔(Edith Hall)教授提出的那样[19],这对女孩实际上是男孩,这个场景便可能完全出自其他剧。是因为我们认为女孩就应该留长发、穿长裙,才假设这两个孩子是女孩吗?这个解释看似合理,直到霍尔指出,这个画面与另一个陶罐上描绘的,出自欧里庇得斯的《阿尔刻提斯》(*Alcestis*)的场景有相似之处。[20]阿尔刻提斯有一儿一女,儿子也穿着长袍,就像锡拉库萨陶器残片上的孩子们一样。因此,陶器残片上的这对夫妇有可能是俄狄浦斯和伊俄卡斯忒,也可能不是。

后世的艺术家也没有给伊俄卡斯忒多少重视。俄狄浦斯还是经常被描绘成正在解开斯芬克斯之谜(这个画面本身就很不寻常:有多少作品能被直接概括为"男子思考随机问题的答案"?)而把他和妻子画在一起的作品则十分罕见。倒是有两幅19世纪的法国作品描绘了伊俄卡斯忒,一幅来自亚历山大·卡巴内尔(Alexandre Cabanel),另一幅则来自爱德华·图杜兹(Édouard Toudouze)。在卡巴内尔的《俄狄浦斯告别伊俄卡斯忒》(*Oedipus Separating from Jocasta*,1843年)[21]中,被俄狄浦斯拥抱着的大概是安提戈涅,而伊斯墨涅正扶着昏倒的母亲。她对面是一个裹着绿色长袍,神色惊恐的老妇人,正帮助她支撑着伊俄卡斯忒的身体。伊俄卡斯忒从丈夫身边向后方倒下,左手指尖擦过他的手。

28年后,爱德华·图杜兹[22]描绘了欧里庇得斯的《腓尼基妇女》中的一幕。俄狄浦斯坐在地上,面前躺着一袭黑衣的伊俄卡斯忒,她苍白的手正被他握在手里。一旁的台阶上搁着他的旧战盔,上面装饰着斯芬克斯,象征着他曾经的伟绩。画面正中是长着一头火焰般红发的安提戈涅,她一边安慰着父亲,一边低头看向不幸的母亲。她身后躺着她的两个兄弟——波吕涅刻斯和厄忒俄克勒斯,他们生前誓不两立,死后才相依在一起。但所有的人物,无论生死,都被俄狄浦斯的存在所掩盖了，连名字都没被提及——这幅画的标题叫《俄狄浦斯向妻儿的遗体告别》(*Farewell of Oedipus to the Corpses of his Wife and Sons*)。

* * *

这是否暗示了伊俄卡斯忒的形象为何难以寻觅？人们对俄狄浦斯的痴迷导致其他人物都被遮蔽在了他的阴影中。弗洛伊德发明的那个术语就是一例——那个复杂的情结被冠以俄狄浦斯之名。他的家庭成员们似乎从来没有像他一样被塑造得那么完整，他们的形象和故事总是随着不同的叙事版本而变动。或许作为现代观众，我们只是更喜欢俄狄浦斯身上的那种确定性：无论发生什么，他终究会杀父娶母。在某些版本的忒拜故事中，波吕涅刻斯才是侵略者，厄忒俄克勒斯是受害者；有时则恰恰相反。在索福克勒斯的《安提戈涅》中，安提戈涅是两姐妹中的姐姐，与表兄海蒙（Haemon）订婚，但在舅舅克瑞翁的残酷统治下被迫自杀。然而，在欧里庇得斯的《安提戈涅》的残片中，她在舅舅的怒火中幸存下来，并嫁给了海蒙，后来还生了一个儿子。到了欧里庇得斯的《腓尼基妇女》中，情节又有所不同：海蒙没能活到跟她结婚。1944年，法国剧作家让·阿努伊（Jean Anouilh）在改编安提戈涅的故事时，颠倒了伊斯墨涅和安提戈涅的出生顺序：在公元前5世纪的雅典恪守神圣义务的姐姐，变成了第二次世界大战期间行为叛逆的妹妹了。随着观众的变化，这些人物也在适应着时代的发展。

关于伊俄卡斯忒，我们还可以了解更多，抽丝剥茧地去探寻那些隐蔽的线索，只是做起来会费时费力。在诗人和剧作家笔下，她的形象不断变化，从来没有定型。这个嫁给了儿子的女人，有时自杀，有时苟活；有时育有四子，有时一无所出；有时亲自掌权，有时囿于深宫；有时在儿子两败俱伤后自尽，有时坚强地生活下去。她的形象鲜少出现在艺术作品中，我怀疑这是因为身为一个年长的女性，她触犯了艺术的终极禁忌。画家们总是热衷于描绘妙龄少女，对于四五十岁的妇女则少有兴致。

伊俄卡斯忒或许还有一个额外的危险之处，那就是她拥有一种我们不甚明了的力量，这种力量随着她的转变而发生变化。在《腓尼基妇女》中，她是一个重要的王室成员，但根据她在开场白中自述的早年生活（孩子被夺走，弟弟随便地把她嫁给解开斯芬克斯之谜的人），她比一份财产强不到哪里去。俄狄浦斯又是怎样不顾神谕的警告跟她结婚的呢？我们是否可以得出结论：她对他有着强烈的吸引力？然而，连古希腊人都觉得这个想法很好笑：阿里斯托芬在他的喜剧《蛙》(The Frogs)中，借悲剧作家埃斯库罗斯之口，说俄狄浦斯是有史以来最倒霉的人[23]：大冷天里被遗弃，双脚肿胀，还娶了一个老得足以做他母亲的女人。真够离谱的。

也许俄狄浦斯并不是被伊俄卡斯忒所吸引，只是想通过婚姻进入忒拜王室（虽然他已经是科林斯国王的儿子和继承人，地位并不卑微）。但在大多数版本中，他们后来生育了4个孩子——这可不是政治婚姻，而是有爱情，甚至是有激情的婚姻。可另一种情况，无性的、疏远的婚姻是完全可能出现的（墨洛珀的丈夫波吕玻斯甚至没发现儿子不是她生的而是她捡的）。但俄狄浦斯和伊俄卡斯忒并不是这样，因此，她才是最罕见、最危险的生物：一个即使年华逝去，也不会对男人失去吸引力的女人。这叫人如何应对呢？答案往往是，忽略她的存在。

这正是伊俄卡斯忒的精髓，尽管一些作家和艺术家选择对她视而不见。她是一个魅力无穷的女人，年轻时，她只是拉伊俄斯手中的工具人，但随着年龄渐长，她变得更加复杂，更加让人不知所措。难怪需要欧里庇得斯这样的天才来让她发出自己的声音。

---

1. Antiphanes, frag 189.3-8, 引自 Wright, M. (2016), *The Lost Plays of Greek Tragedy, Volume 1: Neglected Authors* (London: Bloomsbury Academic), p.214+Taplin http://www.engramma.it/eOS/index.php?id_articolo=3303。
2. Wright, p.97.
3. Sophocles, *Oedipus Tyrannos* 858.
4. Ibid 981-3.
5. Ibid 1071.
6. Ibid 707ff.
7. Ibid 713.
8. Homer, *Odyssey* 11 271.
9. Ibid 274.
10. Pausanias, *Description of Greece* 9.5.10-11.
11. Euripides, *Phoinissai* 20.
12. Ibid 30-1.
13. Ibid 44.
14. Ibid 619.
15. Martin, R. P. (2005), "The Voices of Jocasta", *Princeton/Stanford Working Papers in Classics*. https://www.princeton.edu/~pswpc/pdfs/rpmartin/050503.pdf（参考日期为2020年3月）。
16. Lille Stesichorus Antistrophe.
17. 雅典的红绘基里克斯陶杯，被认为是俄狄浦斯的画家所绘（约公元前470年），描绘的是俄狄浦斯和斯芬克斯，Vatican Museums, inv. 16541。
18. 西西里的红绘宽颈双耳杯（约公元前330年），很可能描绘的是俄狄浦斯、伊卡斯忒和他们的女儿们，Museo Archeologico Regionale Paolo Orsi inv. 66557.
19. Hall, E. (2016), "Oedipal Quiz — Little Boys in Greek Tragedy", The Edithorial. 参考博客的日期为2020年3月, https://edithorial.blogspot.com/2016/05/oedipal-quiz-llittle-boys-in-greek.html。

20. 红绘阿普利亚双耳长颈高瓶，公元前4世纪中期，很可能是由劳达米亚（Laodamia）画师所绘，Basel, Antikenmuseum, inv. S21.
21. Cabanel, Alexandre (1843), oil on canvas, *Oedipus Separating from Jocasta*, Capentras, Musée Duplessis.
22. https: //en.wikipedia.org/wiki/File: Toudouze_oedipus.gif.
23. Aristophanes, *The Frogs* 1188ff.

第三章
海 伦

特洛伊的海伦，斯巴达的海伦。无论我们将她归于哪座城市，她既是危险，又是希望：在西蒙·阿米蒂奇（Simon Armitage）的《特洛伊最后的日子》（*The Last Days of Troy*）中，普里阿摩斯唤她为"喜悦的海伦，杀戮的海伦"。她的面孔"令千帆起航/烧毁伊利昂（Ilium）高耸的塔楼"，马洛笔下的浮士德博士（Dr Faustus）这样描述她。"甜蜜的海伦，"他继续说道，"赠我一吻，让我不朽。"但是海伦没有回应。事实上，她从头到尾都保持缄默。莫非对男人来说，一个美丽的女人会因其沉默而更加迷人？这谁能想得到呢。

"千帆起航"并不是马洛的原创：这个表达出现在埃斯库罗斯的《阿伽门农》中，欧里庇得斯也在几部作品中使用过。[1] 比如，在《安德洛玛刻》中，安德洛玛刻将希腊称为"*chilionaus*"，即"拥有一千艘船的国家"。这个数字成了海伦的故事中不可分割的一部分（尽管荷马在《伊利亚特》中列出的数量远不止千艘，实际上有将近1 200艘）。海伦的名字甚至成了一种幽默的计量单位：如果想让千帆起航需要"一海伦"的美，那么让一艘船起航则只需要"一毫海伦"的量。艾萨克·阿西莫夫①声称这是他原创的。[2]

---

① 艾萨克·阿西莫夫（Isaac Asimov, 1920—1992），美国科幻小说家、文学评论家，是美国科幻小说黄金时代的代表人物之一。代表作为《基地系列》《银河帝国三部曲》等。

但这所有的战船,所有的毁灭,都是为了一个女人?海伦的本质就是毁灭吗?还是说她可能只是一个方便的幌子?在《特洛伊妇女》中,欧里庇得斯让她这样为自己辩护,而对海伦的声援几乎和对她的责难一样历史悠久。但要真正理解海伦,或许应该回到源头。而在这里,源头竟然是一个蛋。

关于海伦的一切几乎都存在争议,首先是她的身世。她作为斯巴达国王廷达瑞俄斯和王后勒达的女儿被抚养长大。但至少从荷马开始,大多数史料都称她为宙斯的女儿。[3]在欧里庇得斯的剧作《海伦》中,她称廷达瑞俄斯为自己的父亲,但又解释说,传说宙斯化作一只躲避老鹰的天鹅,借此上了勒达的床。即使大家都习惯了希腊神话的种种怪诞之处,这个故事也引发了许多疑问。难道比起性感的男人,勒达更喜欢性感的天鹅?这个性癖可太小众了——或者也没那么小众:从古至今,勒达与天鹅都是艺术创作中大受欢迎的主题。丁托列托①、达芬奇和米开朗基罗都画过,尽管后面两位的作品只有复制品保存了下来。丁托列托的天鹅看起来尤其洋洋自得,而勒达则徒劳地想要掩盖这段"鸟事",不让侍女知晓。她把手放在天鹅的翅膀上,以为能把它伪装成某种精致的抱枕。达芬奇笔下的勒达则低头看向自己脚边一对破裂的蛋壳,里面刚孵出了4个婴儿(其中一个就是海伦),她的表情看起来好像有点后悔。只有米开朗基罗给这个场景赋予了真正的亲密感,而且还带点真实的性张力:天鹅的脖子从勒达交缠的双腿间探出来,他们深情地凝视着彼此,她的双唇对着鸟喙。

2018年,在庞贝(Pompeii)的维苏威大道(Via del Vesuvio)出

---

① 丁托列托(Tintoretto, 1518—1594),意大利威尼斯画派的著名画家。

土了一幅精美的壁画，描绘的正是这个场景。事实上，这个故事一度在罗马人中非常流行，并被大量装饰在灯具上。庞贝壁画中的天鹅看起来有点鬼鬼祟祟的，它蹲踞在勒达胸前，脚蹼踩在她赤裸的左大腿上，而她睁大了一对棕色的眼睛，神色中有几分焦虑。有考古学家指出，这幅壁画应该是放在卧室里的。不然还能放哪？

然而，即使是海伦本人，也对此将信将疑。她说如果这是真的，那就是宙斯把她的母亲勒达骗上了床。[4]接下来的这句话让整段传说都显得无关紧要了。"我就是海伦。"她说道。蛋也好，天鹅也好，她的身世任你猜想，但她就是海伦，你们都知道她是谁。不过，故事还有另一个版本，勒达在其中扮演了不同的角色。在失传的史诗《赛普里亚》(*Cypria*)中，据公元前2世纪的雅典学者(伪)阿波罗多洛斯记载，海伦是宙斯与复仇女神涅墨西斯的女儿。[5]涅墨西斯为了逃避宙斯的侵犯变成了一只天鹅，但宙斯也随即变成了天鹅，并强行达到了目的。涅墨西斯丢弃了那个孕育着海伦的蛋，一个牧羊人捡到了它并交给了勒达，勒达将蛋放在盒子里直到孵化。海伦从蛋中出生后，被勒达当作女儿抚养。在欧里庇得斯的剧里，海伦自述一直被视为"*teras*"——怪物、凶兆、妖魔。[6]

无论我们偏好哪个版本，化为天鹅的宙斯似乎都是海伦的父亲，而海伦则是从蛋中诞生，随后又被斯巴达国王廷达瑞俄斯和王后勒达抚养长大的。她有几个兄弟姐妹，可能都是从蛋中出生的(参考达·芬奇的作品)。她的姐妹是恶名昭彰的克吕泰涅斯特拉[她们两姐妹分别嫁给了两兄弟：墨涅拉俄斯和阿伽门农]。她们最有名的兄弟是卡斯托耳和波吕丢刻斯，他们的血统和海伦一样备受争议——要么都是廷达瑞俄斯的儿子，要么都是宙斯的儿子，要么其中一个是宙斯的儿子[即波吕丢刻斯，后来也叫波吕克斯]。在希腊文献中,他们经常被称为狄俄斯库里,即"宙斯之子"。

如果说海伦的诞生有点奇特,那她的童年遭遇就更要让现代观众皱眉了。忒修斯因在迷宫中杀死弥诺陶洛斯而举世闻名,但在海伦幼时,他就早已不复英雄少年,而是个年届五十的中年人了。[7]忒修斯和好友皮瑞苏斯在双双丧妻后,都想娶宙斯的女儿为继室。皮瑞苏斯企图从冥府诱拐珀耳塞福涅,这一行动风险极大且毫无必要;而忒修斯的目标则是海伦。当他把海伦劫走的时候,她才只有7岁。就连古希腊的作家们(即使他们的性观念往往跟今人有所出入),也觉得这是禽兽行径。据普鲁塔克[8]记载,在大多数早期作家笔下,这个故事是这样的:忒修斯和皮瑞苏斯从斯巴达的阿耳忒弥斯神庙中劫走了海伦(这个细节为故事更添了一丝悲剧性:海伦被劫走时,正在为阿耳忒弥斯——一位处女神——献舞)。成功逃走后,二人抽签决定由谁娶海伦为妻。忒修斯抽中了,于是他们把海伦交给雅典附近的另一个朋友看管,并嘱咐他对整个事件保密。

海伦的兄弟们,也就是狄俄斯库里要求雅典人交还海伦。但雅典人也无能为力,因为没人知道海伦被藏在哪里。于是狄俄斯库里向雅典宣战。经过一番激战,狄俄斯库里赢得了胜利,并将海伦带回了斯巴达,而忒修斯的母亲埃特拉原本被留下来陪伴海伦,也因此沦为了奴隶。忒修斯生命中的女人鲜有善终:他的恋人们,最著名的是阿里阿德涅,被他抛弃了;他的妻子淮德拉自杀身亡;他的母亲也因他而遭到报复成了俘虏。

公元前1世纪的希腊历史学家西西里的迪奥多罗斯写道,海伦被劫走时其实已经10岁了[9],而且出落得倾国倾城。然而对我们来说,就算加了3岁也没什么区别。一个孩子拥有绝世容颜,并不能构成绑架她的正当理由。更何况在某些版本中,海伦在被解救回家之前,已经生下了忒修斯的女儿[10]。古代的历史学家们应该也认为这个故事令人不快,所以加入了一些牵强的解释,想减轻一些冲击(比如海伦虽然年幼但极其美丽)。

显然,孩提时代的海伦就已经引发了一场战争。但大多数人都会同意,这个说法并不公平。难道要把被绑架的责任归咎于她自己吗?事实上,正是忒修斯和皮瑞苏斯的恣意妄为,招致狄俄斯库里的报复,才导致了这场血腥的冲突。海伦不过是一颗美丽的棋子。

那么,因争夺海伦而起的第二次战争又是怎么回事呢?特洛伊战争是文学史上最伟大的故事之一,2 500多年来,这个史诗般的传奇一直塑造着西方世界的叙事。我们最早的两部作品都以这样或那样的方式讲述了这场战争:荷马的《伊利亚特》以战争的最后一年,也就是第10年为背景,之后的《奥德赛》则是讲战后的余波。希腊人和特洛伊人不约而同地将各方的惨重伤亡归咎于谁呢?当然是海伦。在欧里庇得斯的《特洛伊妇女》中,特洛伊王后赫卡柏最终见到了海伦的希腊丈夫墨涅拉俄斯,他为了夺回海伦发动了长达10年的战争。面对这个导致她失去一切(丈夫、儿子、城池)的男人,她讲出了这番冷酷的话语:"我赞美你,墨涅拉俄斯,只要你杀了你的妻子。切不可见她,免得她用情爱勾引你。她迷住过多少男人的眼睛,倾覆过多少城邦,焚毁过多少家园,她就是拥有如此强大的魔力。我认识她,你也认识她,每个受过苦的人都认识她。"[11]

对于这位即将登场的女性,这是一个惊心动魄的介绍。在听到海伦的回应之前,让我们先回到战争的起点,甚至再早一点,才能知道赫卡柏的愤怒有多少正当性。是什么促使全体希腊人启航前往特洛伊,只为帮一个男人夺回妻子,而且他们中许多人甚至与他素未谋面?海伦此前又是如何嫁给墨涅拉俄斯的?

从表面上看,廷达瑞俄斯作为海伦的继父,在她的故事里只是个小角色。但如果一定要把特洛伊战争归咎于某个凡人的话,我们可以理直气壮地说就是他。当初面对众多求婚者,他感到选择困难。当海伦到了适婚年龄,全希腊各个城邦的国王纷纷向她求婚——要么亲自上门,要么派遣使者,不同的版本有不同的说法。所有求婚者都带来了礼物,这无疑能为婚约决策者减轻一点痛苦。但廷达瑞俄斯也看到了其中的风险:无论他选择谁来当这幸运的新郎,他树的敌都远超过交的友。考虑到求婚者之间的实力差距,有的能指挥庞大的军队,有的则不能,如何在做出选择的同时避免一些强大的候选人宣战或干脆劫走海伦呢?正如前文所见,这并非杞人忧天:像忒修斯和皮瑞苏斯这样的英雄很可能认为自己理应得到世界上最美丽的女人。

于是,廷达瑞俄斯想出了一个办法。想要成为海伦未来的丈夫,求婚者们必须发誓(如果人在斯巴达就现场发誓,如果不在,就凭良心在自己家里发誓)。这段内容没有出现在荷马的《伊利亚特》和《奥德赛》中,但公元前6世纪中叶的诗人斯泰西克鲁斯肯定讲过,后来的作家如(伪)阿波罗多洛斯也提到过,只是求婚者的人数和名字各不相同。[12] 总之,每个求婚者都必须发誓,哪怕自己运气不佳,也不管最终是谁娶了海伦,一旦海伦被抢走,其他人都会为她平安返回丈夫身边而战。

这个方案简单得令人拍案叫绝。所有的竞争,所有潜在的嫉妒都被一笔勾销:只有捍卫那个娶海伦为妻的男人,才能获得娶海伦为妻的机会。(伪)阿波罗多洛斯还提到,这个主意是奥德修斯想出来的,也确实很有他的风格:简洁、巧妙,后患无穷。一旦所有人都同意了,那要么是廷达瑞俄斯选择了墨涅拉俄斯,要么就如欧里庇得斯和其他作家[13]所写的那样，是海伦自己选择了新郎。如果说其他求婚者都不太高兴，那至少他们可以满足于能避免一场像忒修斯与狄俄斯库里那样的战争——没有哪个希腊英雄会蠢到与全希腊为敌。只是没有人能想到，哪怕机智如奥德修斯也没想到，海伦会被一个没有发过誓的人拐走，他甚至还不是希腊人。

帕里斯，或称亚历山德罗斯（这是一些希腊作家更爱用的名字）是特洛伊的王子。他是国王普里阿摩斯和王后赫卡柏的儿子，他从斯巴达带走了海伦，到底是诱拐还是绑架，取决于你喜欢哪个版本。在《伊利亚特》中，荷马让海伦因与帕里斯私奔而自责，[14]说自己应该在随他去特洛伊之前淹死在海里。她希望帕里斯能是个更好的人，而自己只想一了百了。她将特洛伊的困境归咎于他们两人，却首先谴责了自己："因为我和亚历山德罗斯……"英俊的王子遇到美丽的王后，王后抛弃丈夫与王子私奔，这个版本为《特洛伊妇女》中赫卡柏对海伦的恶毒评价提供了把柄。事实上，这也为无数作家提供了将战争的责任归咎于海伦的机会：毕竟，是她的美貌让千帆起航，帕里斯那可爱的脸庞显然不值得一提。

然而，欧里庇得斯却呈现了截然不同的一幕。当赫卡柏要求墨涅拉俄斯杀死海伦时，紧接着就是海伦登场，她表现得完全无意承担战争的全部或主要责任。她正面临着生死攸关的审判，而在此前，整个希腊联军已经判了她死刑——"全军的将士把你交给我来处决。"墨涅拉俄斯对她说道。[15]于是，海伦做出了一番辩护发言，这番申辩是她之前没有机会说出的，因为被判处死刑时她不在场。这是一段精彩的文字，是一篇用诗句写就的辩护词，让观众不禁觉得欧里庇得斯在演出淡季去干法律工作也会很出色。

海伦开始了她的申辩。她先表示，因为墨涅拉俄斯视她为仇人，无论她说得多动听,他也断然不肯回复。¹⁶因此,她要回应他可能会提出的指控,并提出一些反诉。接着,她展开了攻势。首先,她指出赫卡柏才应该为战争负责,因为是她生下了帕里斯。而当帕里斯出生时,普里阿摩斯曾梦到过这孩子会给特洛伊带来灾难,但却没有把他杀死。跟俄狄浦斯的故事一样,尽管我们觉得不合情理,但在青铜时代的神话里,父母出于各种原因杀死子女的例子比比皆是。即使在欧里庇得斯活跃的公元前5世纪,遗弃不想要的孩子也是司空见惯的。在现代人看来,"你无视了预言,没有杀死儿子"的主张可能很难引起共鸣,但我们有理由怀疑,欧里庇得斯的观众能体会到这种两难的处境。事实上,这对赫卡柏来说是一个具体的数学问题:如果她和普里阿摩斯在帕里斯还是婴儿时就杀掉他,那他们的其他儿子可能就不会死在这场由帕里斯挑起的战争中。这不仅是一个留下自己的孩子而牺牲其他特洛伊人的问题,还是留下一个孩子(最终仍难逃一死)而牺牲自己其他后代的问题。在海伦登场前,欧里庇得斯让赫卡柏眼睁睁地看着自己的孙子阿斯提亚纳克斯(她的儿子赫克托耳及其妻子安德洛玛刻的儿子)被希腊人带走杀害,因为他们不想让他长大后为已故的父亲,也就是特洛伊最伟大的战士复仇。赫卡柏的选择所带来的后果,对她本人和观众来说都是痛苦且真实的。

海伦接着说起特洛伊战争背后的原因,并再次将责任归咎于帕里斯和协助他的女神阿芙洛狄忒。她讲述了帕里斯的裁判,他被要求从阿芙洛狄忒、雅典娜和赫拉中选出一位最美的女神,然后把一个刻有"献给最美者"字样的金苹果交给她(荷马几乎没有提到这场战争的起因,直到《伊利亚特》的最后一卷才一笔带过)。¹⁷女神们都想通过贿赂帕里斯来赢得裁判:雅典娜许诺让他拥有在战争中打败希腊人的力量,赫拉答应让他统治亚细亚和欧罗巴。而"阿芙洛狄忒",海伦说道,"她称赞我生得美丽,答应把我送给他,只要他选她做最美丽的女神。"换句话说,帕里斯要为自己的裁判负责,女神们要为贿赂他负责,此外,是阿芙洛狄忒自说自话地将海伦许给了帕里斯(在欧里庇得斯笔下,众神常常被描绘成毫无同情心的顽童)。海伦只是被卷入的牺牲品。事实上,她更进一步指出,如果帕里斯更青睐另两位女神中的某一位,那墨涅拉俄斯会被一支蛮族军队征服,或者被一位蛮族国王(即帕里斯)统治。海伦说:"希腊是幸运的,我却因这美貌而被出卖、被毁掉。你本该为我戴上王冠,而如今我却遭人辱骂。"[18]

"现在,"海伦继续说道,"是要讨论我最主要的罪状了。"在此,我们可以公正地说,无论是哪一个版本的墨涅拉俄斯,都不具备能与如此聪慧的女人争辩的智商。奥德修斯或许可以,但墨涅拉俄斯肯定不行。欧里庇得斯喜欢写聪明的女人,写了一次又一次:这正是他的千般妙处之一。

那么她为什么要偷偷跟帕里斯私奔呢?海伦再次把责任归于阿芙洛狄忒:陪伴帕里斯而来的并非区区小神,她说道。希腊人在法律辩论中好用"反叙法",故意将大事轻描淡写。海伦在这里非常完美地运用了这个技巧:阿芙洛狄忒是最强大的神之一,用"区区小神"来指代她,恰恰提醒我们她有多么令人畏惧。墨涅拉俄斯也负有不可推卸的责任。"你这可恶的人啊,"海伦说,"你无疑是最糟糕的丈夫。你把他,把帕里斯留在了你斯巴达的王宫里,自己却扬帆跑去了克里特。"[19]这一条也能在公元前5世纪的观众心中引起共鸣。雅典人的妻子(当然是富人的妻子)绝不会被单独留在家里,跟一个陌生男子待在一起。从雅典的法律可以看出来,他们对于戴绿帽子这件事有种近乎神经质的恐惧。对于现代人来说,这个理由没什么说服力,但在当时的观众看来就不一样了。一个体面的男性公民是不会让自己的妻子跟非亲非故的男子独处的。

最后海伦才说到她为何会爱上帕里斯。"是什么让我为了一个陌生人背叛自己的祖国?"她自问道。即使是宙斯也无法抗拒阿芙洛狄忒:他的力量凌驾于众神之上,却唯独是她的奴隶。"所以你得原谅我。"[20]这也是大多数史料对阿芙洛狄忒的描述:连众神都无法抗拒她,更不用说凡人(或半神)了。

此外还有一点,海伦说道:"帕里斯死后,我为什么没有回到你身边?我试过了。我曾多次企图逃跑,但都被抓住了。我被得伊福波斯'强行'娶为妻子。""强行"这个词清楚地表明了自从帕里斯死后,海伦就一直处于一段强迫的关系中。她把自己在这段婚姻中的状况描述为"痛苦的奴役"(*pikrōs edouleus*)。

难道我们对海伦的看法没有因这番非凡的辩白而改变吗?马洛的《浮士德博士》中那位沉默不语的海伦,在欧里庇得斯笔下竟如此能言善辩,其聪慧不逊于美貌。而她含冤负屈。也许我们并不完全同意她对每件事的解释(赫卡柏显然不同意,并对此进行了反击,她无疑比墨涅拉俄斯更擅长智慧的较量)。但海伦的辩白很有说服力:阿芙洛狄忒确实强大,墨涅拉俄斯也确实把她丢下跟帕里斯独处。赫卡柏没有回应海伦所说的多次试图逃跑的情况,而是质问她为什么不自尽(她倒没有要求帕里斯自尽,毕竟是他为自己的城邦和家族招致了战争,他理应感到羞耻。事实上,她和普里阿摩斯也大可以自尽,因为他们没有按照预言行事——预言明确告知,留下这个孩子,他们就会失去这座城池)。对赫卡柏来说,压死她的最后一根稻草就是当特洛伊陷落,所有人都衣衫褴褛时,海伦却衣着光鲜地登场了。[21]

在这场精彩绝伦的辩论结束后,墨涅拉俄斯表示自己完全赞同赫卡柏,但并没有处决海伦,而是命令手下将她送上返回斯巴达的船。至此,欧里庇得斯的观众(他们肯定知道海伦在《奥德赛》中还有戏份,我们很快就会讲到)也意识到赫卡柏的判断是正确的:墨涅拉俄斯和海伦准备夫妻双双把家还了。

海伦的辩词中还包含着一个值得思考的问题,只是她没有问出来。为什么女神比美要让帕里斯来当裁判?难道没有人关心他的裁决所带来的灾难性后果吗?帕里斯的任务很简单,就是决定哪位女神能够获得那令人艳羡的奖品:一个刻有"给最美者"字样的金苹果。在海洋仙女忒提斯(阿喀琉斯之母)的婚礼上,这颗苹果从天而降,落在女神们中间。女神们为此争执起来,却从未问过是谁把它扔在那里的。如果她们问了,或许就会发现是掌管纷争与不和的女神厄里斯干的好事。换句话说,这个苹果的目的就是制造冲突,而它也确实做到了。

那么,帕里斯又是怎么成为裁判的呢?毫无疑问,无论他选了哪位女神,都会得罪另外两位,从而得到两个强大的敌人。谁会愿意承担这样一个艰难的任务呢?答案是宙斯决定交由帕里斯来裁决(宙斯可不傻:他本来要在妻子兼姐姐赫拉、女儿雅典娜和会给他带来无数麻烦的阿芙洛狄忒之间做出选择。难怪他要让赫耳墨斯把难题甩给一个倒霉的凡人)。而从帕里斯做出裁决的那一刻起,特洛伊就陷入了危机。在整个希腊神话中,赫拉尤其不能容忍被人轻视(许多被宙斯引诱的女性都会为此付出代价)。

于是问题就回到了原点:为什么诸神要把裁决权专门交给帕里斯?答案是,他们希望特洛伊获得希腊这个强敌,或者让特洛伊成为希腊的强敌（也就是像海伦所说的，如果帕里斯选择了赫拉或雅典娜，墨涅拉俄斯和希腊人将会面临的命运）。众神故意在希腊和特洛伊之间挑起事端，并利用帕里斯和海伦来达到目的。

如果循着这条因果链继续追溯，我们最终会发现：战争的起因是帕里斯从墨涅拉俄斯那里夺走了海伦，但海伦是阿芙洛狄忒为了赢得金苹果而许给帕里斯的，而金苹果又是厄里斯投放在女神们中间的，那么，厄里斯又是从哪里得到这颗金苹果的呢？根据失传的史诗《赛普利亚》（Cypria），特洛伊战争是秩序女神忒弥斯和宙斯共同策划的。一位古代的《伊利亚特》研究者解释了其缘由：由于人口过多，大地已不堪重负。宙斯此前已经挑起了一场战争（即前文中导致伊俄卡斯忒自戕的忒拜战争）。然而，此后凡人的数量仍在激增，是时候再来一场战争了。这是一个有力的隐喻，而且有趣的是，人口过剩这一概念并不是在全球人口达到几十亿的时候才有的，而是在人口尚不足千万的时候就已经出现了。[22]

但我们还是回到海伦的问题上。如果决定发动战争的是众神，那她和帕里斯要背负骂名吗？海伦也这样问过墨涅拉俄斯：当阿芙洛狄忒要她和帕里斯在一起时，她能怎么办？何况背景故事也表明，这场战争不仅是女神的虚荣心在作祟。即使海伦和帕里斯扛住了阿芙洛狄忒的神力（这连宙斯都做不到），战争还是会在东方和西方、希腊和特洛伊之间爆发。因为神意已决，战争势在必行。

"战争与海伦无关"这一理论曾被古希腊的作家们反复玩味，特别是欧里庇得斯。他在剧作《海伦》中呈现了一个与《特洛伊妇女》截然不同的故事。《海伦》首演于公元前412年[23]，比《特洛伊妇女》晚了3年。《特洛伊妇女》对战争的本质以及战争为胜败双方带来的毁灭提出了诸多尖锐的疑问。因为在欧里庇得斯生活和创作的时期，雅典几乎一直处于战争状态：伯罗奔尼撒战争始于公元前431年，一直持续到公元前404年，敌方是雅典曾经的盟友斯巴达。在创作《特洛伊妇女》时，欧里庇得斯和他的观众们想必已经在公民大会上听过了无数主战和反战的演说。如果说欧里庇得斯想通过戏剧来倡导谨慎用兵，那这个办法显然并不成功，因为其作品中对战争的批评既复杂又隐晦，并没有直白地宣扬反战。公元前415年，雅典远征西西里，到公元前413年远征结束时，雅典已经损失了整整一代精英。此后与斯巴达的战争又持续了9年，但在经历了如此重创之后，雅典已经不可能再取得胜利了。

因此，当公元前412年的欧里庇得斯创作《海伦》时，他可能想把对战争的反思先放一放。又或者，他想提出一个最难的问题：万一你是在为一个不义或空洞的原因而战呢？这就是这部《海伦》的前提。故事背景设在了埃及，甫一开场，海伦就告诉了观众她在哪里：全剧的第一个词就是"尼罗河"。她讲述了自己的身世（卵生），又讲述了帕里斯的裁判。但其中有一个关键的区别：赫拉因没能胜过雅典娜和阿芙洛狄忒而恼羞成怒，便使帕里斯的回报落了空。帕里斯没有把海伦带回特洛伊，而是带走了她的"幻象"（*eidolon*）[24]——一个用云做成的替身。海伦接着说出了前文中那位《伊利亚特》学者的观点："宙斯的计划给我带来了灾难，他想让希腊人与不幸的特洛伊人开战，好为大地母亲减少人口的负担。这个特洛伊人想守护、希腊人想夺回的女人被冠以我名，却并不是我。"[25]但宙斯并没有忘记海伦。她被藏在云中，由赫耳墨斯带到埃及，在普洛透斯的宫殿里度过了战争岁月。海伦还提到，普洛透斯为人品行高尚，所以她才能一直为墨涅拉俄斯守身如玉。这里便是欧里庇得斯的神来之笔：海伦被污蔑为荡妇，背负着无数人命，而实际上她人在埃及，清白无辜，

10年来从未与人有染。然而,这一切都于事无补:片刻之后,特洛伊战争的幸存者、希腊英雄透克洛斯将走上舞台,他会说:"全希腊都憎恨宙斯的这个女儿。"[26]

欧里庇得斯是希腊神话伟大的革新者和重塑者,但这个版本却并非他原创。早期的一些古希腊作家(包括失落的斯泰西克鲁斯在内),留下的一些残片中讲述了类似的故事,[27]说去了特洛伊的是海伦的替身,而真身则在其他地方(通常是埃及)等待战争结束。柏拉图的《理想国》中提到了斯泰西克鲁斯失传的长诗,他写道,人们为虚幻的喜乐和苦痛而战,"就像斯泰西克鲁斯笔下,对真相一无所知的人们在特洛伊为海伦的幻象厮杀"。[28]既然能被柏拉图引用在他的传世杰作中,这个故事当年必然不会鲜为人知,更不会只限于欧里庇得斯的观众。柏拉图还特地点明了是来自斯泰西克鲁斯。因此,早在公元前7世纪末或前6世纪初,就已经有了另一种阐释来为海伦申冤。而到了公元前4世纪,这个版本依然为柏拉图和他的读者们所熟知。一个人怎么可能既在这里又在特洛伊?当剧情进展到夫妻团聚时,墨涅拉俄斯这样问道。海伦回答说:"我的名字可以在各处地方,却不是我本身。"[29]

* * *

这个版本到如今几乎被彻底遗忘了:即使是欧里庇得斯的《海伦》也很少上演,不过在2009年,伦敦环球剧院倒是上演了弗兰克·麦克吉尼斯(Frank McGuinness)出色的改编版。它完全被我们最熟悉的版本所取代:即海伦与帕里斯一起驶向特洛伊,她的丈夫随后率希腊联军追赶而至。从《特洛伊妇女》中赫卡柏对海伦的态度可以看出,海伦在特洛伊并不受欢迎。希腊人恨她引发战争,特洛伊人亦恨她招来祸事。然而,海伦与帕里斯的家人之间的关系比赫卡柏表现出的那种仇恨要复杂得多。在《伊利亚特》第6卷中,帕里斯的哥哥赫克托耳找到帕里斯,要他别继续缩在城墙后面,赶紧出去战斗,毕竟这场战争因他而起。帕里斯表现得有些怯懦,但赫克托耳和海伦之间的关系却是相互尊重和亲切的。身为特洛伊英勇的保卫者,赫克托耳并不像他的母亲一样憎恨海伦。当然也可以认为,赫卡柏是在她钟爱的儿子死于与阿喀琉斯的对决后,才深化了对海伦的恨意。

《伊利亚特》的最后一部分正是围绕着这场对决展开的:赫克托耳杀死了阿喀琉斯最亲密的朋友帕特罗克洛斯,并剥下了他的铠甲,阿喀琉斯为此怒不可遏。随后二人交战,阿喀琉斯杀死了赫克托耳并亵渎了尸体,把这位伟大的战士绑在战车后面,绕着特洛伊的城墙拖行。即使是在血腥的战争中,亵渎尸体也是一件非人的暴行。无论阵亡者是如何死去的,确保他们得到妥善安葬是一种神圣的义务(正如安提戈涅在埋葬她死于忒拜战争的兄弟们时所说:一人为保卫忒拜而战,一人为夺取忒拜而战,这都不重要。无论叛徒还是英雄,于信仰、于家族,她都有义务将二人安葬)。阿喀琉斯将赫克托耳的遗体带回自己的营地,并弃置一旁,不予下葬。数日后,赫克托耳的父亲、特洛伊国王普里阿摩斯秘密潜入希腊人的营地,想要赎回他死去的儿子。这一幕充满了难以言喻的凄楚:一位老人跪在地上,乞求杀害他儿子的凶手归还尸体,好将他安葬。阿喀琉斯同意了普里阿摩斯的请求,并让他安全地离开了希腊的营地。特洛伊人终于能够安葬他们最伟大的保卫者了,而《伊利亚特》也以迟来的赫克托耳的葬礼作为全篇的结尾。整部长诗分别以希腊和特洛伊两位最伟大的战士作为开篇和结束:第1卷的第一行是"歌唱吧,女神,歌唱阿喀琉斯的愤怒",而最后一卷的最后一行则是"就这样,特洛伊人礼葬了赫克托耳,驯马的英壮。"[30]

在青铜时代的神话世界中,葬仪是女人的工作:是女人撕裂衣服,抓破皮肤;是女人清洁遗体,安置好准备下葬。因此不出所料,在赫克托耳的葬礼上,他的妻子安德洛玛刻是第一个致辞的,为自己和他们的幼子阿斯提亚纳克斯哀悼他的离去。他的母亲赫卡柏是第二个,但第三个发言的不是他的姐妹,而是他的弟媳海伦。[31]安德洛玛刻和赫卡柏都谈到了赫克托耳在战场上的英勇,毕竟这是一位王子和战士的葬礼。然而海伦却没有,相反,她动情地讲起了他的仁慈。她讲起了自己离开斯巴达后在特洛伊度过的充满辛酸的20年,如果荷马的时间线没错,那就意味着她和帕里斯返回特洛伊并在那里度过了10年,然后希腊人才为夺回她而发动了10年战争。她讲到了帕里斯的兄弟、姐妹、妯娌和母亲对她的尖刻言辞(不过,普里阿摩斯一直十分和善)。但是赫克托耳从未对她讲话带刺,恶语中伤。若有别人出言不逊被他听到,他总会出面制止。海伦为自己哭泣,也为赫克托耳哭泣,他是她唯一的朋友。

当然,我们也可以说,这完全符合《特洛伊妇女》中赫卡柏视角的海伦。典型的自恋的海伦,只看重赫克托耳对她个人的善意,如今他在因她而起的战争中阵亡,她的悲伤是为失去了一个迷恋她的男人(至少他可怜的老父亲还在扮演这个角色)。然而,这样解读无疑低估了这段话的深度。古希腊的悼歌往往会通过强调生者独存于世的艰难来缅怀逝者。因此,在这样一个前提下,海伦倒也并没有表现得特别以自我为中心。一位抵挡敌军10年之久的勇士战死沙场,既然所有人都能追忆他的战绩,那为什么不能有人谈谈他的仁慈和大度呢?海伦提醒我们,城墙之外的赫克托耳是一名英勇的战士,而在城墙之内，他亦是一个高尚的人。长诗就以这样完美的方式步入尾声，最后的几节是普里阿摩斯站在死去的儿子身边向众人致悼词。

然而在《奥德赛》中，荷马以一个出人意料的展开，进一步刻画了海伦的形象。奥德修斯的儿子忒勒马科斯到访斯巴达，想打听自己离家已久的父亲的下落（奥德修斯花了10年时间才从特洛伊回到伊萨卡：一路上遭遇了各种女人、仙女、怪物、食人魔、牛群、恶劣天气，还包含了一次短暂的冥界之行，这使他返航时的速度大大低于他出征时的速度）。忒勒马科斯受到了墨涅拉俄斯和海伦的亲切招待。尽管妻子曾被来访的帕里斯拐走，但墨涅拉俄斯的好客精神并未因此减损丝毫。反而是他的侍卫埃特奥涅斯对这个擅自来访的年轻人心存疑虑。他入内询问墨涅拉俄斯，是接待还是让他们走人，立刻遭到了后者的大声斥责，骂他待客不够热情。不过这次，墨涅拉俄斯倒是留下来同客人共进晚餐了，看来他到底还是有所长进的。

他们同席而坐，一边用餐一边谈起了战争，特别是奥德修斯的英雄事迹。当讲起战死沙场的勇士们时，墨涅拉俄斯情绪激动，潸然泪下。海伦决定在他们喝的酒里掺点东西，这是她从一位埃及朋友波吕达姆娜那里得到的药物。[32]这种药对调节情绪有奇效，在希腊语中叫"忘忧草"（nepenthes）——能消除痛苦或悲伤。荷马写道，饮下的人那一天再不会流泪，哪怕他的双亲就要死去，哪怕他的兄弟儿子将被杀死。海伦什么也没说，只是将药混进酒里，叫来一个奴隶斟酒。难怪墨涅拉俄斯回到斯巴达后没有杀她。到底是什么迷住了他，是她的美貌还是她的迷药？

* * *

在传说和神话中，绝世美女被无数男子争相追求的故事屡见不鲜。但也有一些被男女同时追求的绝世美男的例子，比如道连·格雷①和瓦尔蒙。令祖莱卡（或波提乏之妻，她的名字取决于你看的是哪部宗教经典）深深迷恋的约瑟是另一个例子：在《雅煞珥书》（Book of Jasher）³³的一个故事中，祖莱卡被约瑟迷得神魂颠倒，以至相思成疾。妇人皆笑她痴，于是她让约瑟在她们用刀剥柑橘时穿过房间。他的美貌如此夺人心魄，导致女人们割破了自己的手，直到祖莱卡让她们低头看看，她们才惊觉自己满手是血。祖莱卡提醒她们，她可是每天都得面对这种摄人的美貌。

然而，美到能引发战争和摧毁军队，而不只是魅惑一小撮人，依然是一种罕见的能耐。这需要一种超凡脱俗的非人之美。欧里庇得斯笔下的海伦称自己是妖孽或魔物，或许说的就是这个意思。要找到一个因爱慕美男子而挑起战争的故事极其不易。亚美尼亚的民间传说中流传着美男子阿拉（Ara）³⁴的故事，他是公元前8世纪（海伦前往特洛伊或埃及的400多年后）的一位传说中的国王。亚述（Assyria）女王塞米拉米斯爱上了阿拉，于是派兵攻打亚美尼亚，并严令要活捉阿拉。然而阿拉在战斗中不幸阵亡，塞米拉米斯于是将他的遗体安置在自己的宫殿里，并祈求众神让他复活。在有些版本中，众神应允了她的要求；但在另一些版本中，阿拉则永远消失了。但这个故事却没有像海伦那样，为诗人、作曲家、艺术家和剧作家带来灵感。也许这反映了一种文化取向，即人们更愿意接受具有毁灭性的女性之美，却不会以同样的方式来思考男性之美。不过，在罗马人统治不列颠时期，塔西佗曾写过一个关于布里甘特人的女王卡蒂

---

① 道连·格雷（Dorian Grey），是英国作家奥斯卡·王尔德的小说《道连·格雷的画像》的男主人公，他年轻俊美却品行不端。下文的"瓦尔蒙"即前文中所提到的《危险关系》的男主人公。

曼杜娅的故事。她休掉了丈夫维努提乌斯,嫁给了一个名叫维洛卡图斯的卫士。可以想见,维努提乌斯对此非常不满,并向前妻和她的新丈夫宣战。[35]他最终赢得了胜利,而关于卡蒂曼杜娅的记载也就到此为止。但是这场小冲突中包含了多少政治因素,又有多少是激情所致,很难说清楚。无论如何,一个女人为了一名卑微的卫士而抛弃一个国王,这确实很不寻常。塔西佗在记录她的事迹时毫不留情面,这是他一贯的作风(他对于以任何方式参与到政治中的女性都很刻薄)。

* * *

海伦的故事激发了后人的一些稀奇古怪的重述,从理查德·伯顿(Richard Burton)的电影《浮士德博士》中银光闪闪的伊丽莎白·泰勒(Elizabeth Taylor),到《辛普森一家》中那位梳着高耸的希腊式发型、手持长烟嘴、宛如上了年纪的霍莉·戈莱特利[①]的海伦,各种改编层出不穷。甚至阿加莎·克里斯蒂也写了一篇题为《海伦的面孔》("The Face of Helen")的故事,收录在短篇小说集《神秘的奎因先生》(*Mysterious Mr Quin*)中。和大多数同类作品一样,这个故事也相当奇特。奎因先生和他的朋友萨特斯韦特(Satterthwaite)在看歌剧时,注意到在他们包厢下方的观众席前排,坐着一个拥有一头纯金色秀发的姑娘。萨特斯韦特这样形容她:"一个希腊人的脑袋,纯粹的希腊人。"[36]他们惊叹于她的金发,但看不到她的相貌。萨特斯韦特断言"只有极少数人才拥有和面容极其相配的头发"。当他

---

① 霍莉·戈莱特利(Holly Golightly)是于1961年上映的电影《蒂凡尼的早餐》(*Breakfast at Fiffany's*)中的女主人公。

们终于看到了她的正脸时,二人都被那种纯粹的美惊呆了。萨特斯韦特立刻引用了马洛的那句"一张脸令千帆起航",又把她比作"海伦、克里奥帕特拉、玛丽·斯图亚特"。

吉莲·韦斯特(Gillian West)——克里斯蒂笔下的现代版海伦——原来是一个美丽而平庸的女人,一个有些才华但并不出色的歌手,也是两名男子爱慕的对象。她与查理订婚,因而拒绝了菲利普,后者表面上接受了失恋,却在暗中策划着一个阴险的复仇。他送给吉莲的订婚礼物是一部无线电收音机和一个造型复杂的高脚杯,边缘稳稳地悬着一个精致的玻璃球。他迂回曲折的复仇计划是让吉莲用无线电听歌剧,等一个高音把玻璃球震碎,里面的毒气就会扩散开来,让她一命呜呼。不幸的是,萨特斯韦特将线索(菲利普的玻璃吹制技术,他在战时从事过化学武器的制造)拼凑在一起,洞悉了菲利普阴谋,在千钧一发之际救下了吉莲。一只倒霉的流浪猫窜进了吉莲的公寓成了替死鬼,却刚好为萨特斯韦特的推理提供了铁证。意识到自己复仇失败后,菲利普跳进了泰晤士河。冷漠的伦敦警察表示,他听见了落水声,估摸着一定是自杀,然后就去做更重要的事了(可能是去逮流浪猫,免得它们被毒死)。"这并不总是她们的错,但有些女人总会带来麻烦",这位漠不关心的警察对萨特斯韦特说,丝毫没有打算跳下河救人。萨特斯韦特表示了赞同。他想起了特洛伊的海伦,思索着她是否也只是"一个温和而平凡的女人,有幸,或不幸地,拥有了一副绝美的面容"。

克里斯蒂富有同情心地描绘了她的海伦,一个其他品质远不及她的美貌那么出挑的女人。实际上,我们对吉莲本人可以说毫不了解:当她向萨特斯韦特透露自己已经和查理订婚时,我们不知道她为什么会选择查理而不是菲利普,也不知道她想要怎样的未婚夫,甚至不知道她为什么乐意把这些私事告诉一个刚认识的男人。在歌剧院相识后，萨特斯韦特又在邱园（Kew Gardens）偶遇了她和查理。就像很多类似的巧合一样，它的发生缺乏铺垫：我们对吉莲了解得太少，不仅不清楚她的择偶标准，连她是喜欢仙人掌还是灌木也不知道。

在吉莲身上看不到海伦的那种激情，她的美貌激发了别人的激情，但她本人似乎并没有体验到这种情感。我们无法想象这个女人会为了一个英俊的陌生人而抛夫弃子，私奔到外邦并迷惑那里的国王，或者为了自己的清白据理力争，再或者做出其他什么惊天动地的事情来——她只是长得极其美丽，然后被一个男人从另一个男人的阴谋中拯救出来。

《星际迷航：原初系列》总是热衷于借鉴古希腊和古罗马的故事，所以也将海伦重塑成了更有异星风情的特洛伊乌斯的伊兰（Elaan of Troyius）。在1968年的这一集中，"企业号"（USS Enterprise）的船员们正在执行一项外交任务。伊拉斯（Elas）和特洛伊乌斯两个星球正处于交战状态，双方的最高委员会决定，让两边的统治者联姻以带来期待已久的和平。柯克舰长（Captain Kirk）和他的部下们的任务是护送对联姻充满不屑的伊兰前往特洛伊乌斯，而特洛伊乌斯大使则在旅途中负责教导她新星球的习俗。在50年后的今天看来，由弗兰丝·纽恩（France Nuyen）饰演的伊兰身上那种他者化的气质让我们觉得有些不快：编剧想要观众将她视为一个美丽但未开化的野蛮女子，遇事动辄诉诸暴力和眼泪。

尽管如此，这仍然是一个出色的改编：伊兰即将到来的婚姻有望阻止一场战争，而不是挑起一场战争，这完全颠覆了我们所熟知的《伊利亚特》中的故事。在这里，两种敌对文化之间的联姻在外交上具有积极意义,每个人都在努力确保婚礼顺利进行,除了新娘本人。

　　伊兰对联姻的抵触,是因为她坚信特洛伊乌斯的未婚夫配不上她,也是对原版故事的一个有趣的调整。奥维德的书信体诗集《女杰书简》(*Heroides*)中有一封海伦写给帕里斯的信,读者从中也能体会到这种感觉。这部诗集是以神话人物(大多为女性)的口吻写给她们身处远方的爱人的情书,奥维德通过这种形式对希腊神话进行了奇妙的全新演绎。海伦的信是她对帕里斯来信的答复。他试图用自己的财富和前途打动她,但她却更加务实,若为爱远走特洛伊,她将会失去地位和名誉,这一点她无法不在乎。对于奥维德的读者来说,特洛伊的帕里斯是一个来自东方异域的野蛮人。而海伦是希腊人,在公元前1世纪的罗马,希腊人的地位虽不及罗马人尊贵,但绝对要高于野蛮人。

　　对于《星际迷航》的观众来说,伊兰不仅是野蛮人(在本集和几乎整部《星际迷航》中,"企业号"及其船员都代表着文明的力量),还是一名战士。剧中,她的未婚夫没有出场,但特洛伊乌斯的使节却颇有些傲慢无礼。当伊兰失去耐心而刺伤他时,他自然不是她的对手,全靠"企业号"的医疗队及时施救才保了他一命。不出所料,最后还是得由柯克舰长亲自对她施以文明的教化。然而这种文明只能说是某种程度上的文明,因为她打了他之后,他居然还打回来了。时隔50年后,这一幕看着还是有些令人不舒服。

　　本集的改编与原版故事一致的地方也同样有趣。当伊兰被传送到"企业号"上时,她那超凡的美貌和魅力让舰员们情不自禁地向她单膝下跪。连以冷静著称的半瓦肯人(half-Vulcanly)斯波克先生(Mr Spock),也在挑了挑眉后跪下了。按照浪漫喜剧的传统套路,伊兰和柯克舰长会争吵、结怨,然后共坠爱河。我们可能会想,这会不会是老故事的新反转——可能海伦/伊兰要发展出一段不伦之恋，只不过她未出场的新郎扮演的不是帕里斯，而是墨涅拉俄斯——那个男人拥有她，却愚蠢地让她独自一人与历史上（或者说，未来历史上）最著名的花花公子共处一舰。

"企业号"一路向特洛伊乌斯进发，途中经历了蓄意破坏、克林贡人（Klingon）的袭击，以及不知疲倦的斯科蒂（Scotty）在千钧一发之际修好了曲速引擎。当他们到达目的地时，我们着实为柯克舰长担心：他见过了伊兰的眼泪，这意味着他将永远沦为爱的奴隶。麦考伊医生（Dr McCoy）英勇地研发了一种能抵抗这种生化反应的解毒剂，但故事的结尾显示，柯克舰长根本用不着——他坐在自己飞船的舰桥上，显得心满意足。他怎么做到的？斯波克指出，"企业号"才是舰长的挚爱，早在伊兰之前就俘获了他的心。这是另一个对海伦神话的漂亮诠释：与帕里斯的关系结束后，她回到了第一任丈夫墨涅拉俄斯身边。在《星际迷航》中，伊兰没有第一任丈夫，反倒是柯克舰长回到了他的初恋身边。就这样，海伦、帕里斯和墨涅拉俄斯的故事被巧妙地拆解重塑，变成了输掉一场战争，却赢得一艘飞船。

顺便一提，把海伦的故事进行异想天开的改编，并非科幻作品的专利。一位默默无闻的古代作家托勒密·琴努斯（Ptolemaeus Chennos），又名"鹌鹑"托勒密（Ptolemy the Quail）笔下那些五花八门的海伦，即使是《星际迷航》也得甘拜下风。这位托勒密生活在公元前2世纪初埃及的亚历山大城（Alexandria）。他创作了一部名为《奇异史》（*Strange History*）的作品，包含了一系列以希腊神话为基础的离奇故事。对他来说，海伦可以有许多个，[37]这些故事可能是他从其他神话学家那里收集来的：有勒达之女海伦，她和帕里斯（亚历山德罗斯）生了一个女儿，并拥有模仿声音的绝技（这个奇特的小细节在荷马的作品中也出现过)。[38]但在特洛伊战争之后,又出现了多个海伦:一个是克吕泰涅斯特拉的女儿,后被俄瑞斯忒斯杀死;一个是侍奉阿芙洛狄忒的;还有一个是抚养了罗慕路斯和雷慕斯的。他还提到了一个每天能吃掉3只小山羊的女人,她也叫海伦(不过,她可能忙于消化这些山羊,无法回应自己的名字)。然后还有诗人缪塞俄斯(Musaeus)的女儿海伦,他在公元前8世纪就创作过关于特洛伊战争的诗歌,比荷马还早。这位海伦拥有一只会讲两种语言的羊。[39]能讲两种语言的羊何其罕见,而这位海伦居然没因此成为古代世界最著名的女性,真是不可思议。托勒密还提到了一位被诗人斯泰西克鲁斯所爱慕的海伦,即希梅拉的海伦。这尤其令人忍俊不禁。因为古希腊人曾记载过一则关于斯泰西克鲁斯的轶事,说他因为对特洛伊的海伦写了些刻薄的话而失明,直到又写了一篇更公允的评述后,才得以重见光明。这值得所有人引以为诫。

* * *

然而,最不同凡响的海伦或许是出自那个没能流传下来的版本。索福克勒斯曾创作过一部名为《要求海伦归来》[40]的悲剧,全剧已经佚失了,仅余极少的几个片段,难以从中推测出整个剧情。这些片段描绘的海伦,跟我们在荷马和欧里庇得斯笔下见过的那位截然不同。她因自己的过错深受折磨,甚至考虑过喝牛血自杀。另一个残片则描述了她用笔尖刺破自己的脸颊。从忒修斯的幼女新娘到荷马的出轨王后,从欧里庇得斯剧中雄辩的演说家到奥维德诗里冷静自持的妻子,没有一个比索福克勒斯的海伦更令人同情:一个女人,因一生都被美貌所定义而受尽折磨,最终选择用自残来抹去美貌。这不是普通的自残,而是用最可怕、最触目惊心的方式:她特意毁掉了那张无数男人渴望占有的面庞。这个细节尤其令人感慨万千，因为她所使用的凶器，正是那些文人墨客怀着善意或恶意，公正或偏狭地来书写她的那支笔。这位有史以来最著名的美人，用创造了有关她的神话的工具，毁掉了这神话的源头。无论这一幕多么揪心，或许这才是我们在想起海伦时需要牢记的画面，相比之下，她是否对一场甚至两场战争负有责任，在她本人的想法面前都不重要。

有太多的艺术家曾试图捕捉海伦的形象了：从《星际迷航》中的伊兰（黑色卷发、闪亮的紫色紧身衣）到罗塞蒂的《特洛伊的海伦》（一个以安妮·米勒①为模特的金发女郎，[41]睁大了双眼，双手攥着项链，脸上几乎没有表情），无一例外的，她的形象代表了创作者身处的那个时代的理想之美。因此，正如托勒密那一系列奇特的故事所暗示的，我们最终面对的是一系列的海伦，每一个都不那么真切，但每一个都映射出了创作者的欲望。看看阿喀琉斯被刻画得多么笃定——他的速度、他的愤怒、他对帕特罗克洛斯的爱、他通过留下威名来追求不朽的决心：他被自己的欲望、追寻和失去的东西所定义。再想想海伦，她是多么难以捉摸：那不明不白的出身，被争来夺去的童年，以及数次的婚姻。我们最早的叙事传统之一指出，那场令她声名狼藉的私奔，实际上是一个谎言：真正的海伦在别处，人们为之征战厮杀的只是一个虚幻的替身。事实上，我们越是想了解她，她就越是遥不可及：特洛伊的海伦、斯巴达的海伦、喜悦的海伦、杀戮的海伦。

---

1. *Orestes* 352, *Andromache* 106.
2. Asimov, I. (1992), *Isaac Asimov Laughs Again* (New York: HarperCollins), p.200.

---

① 安妮·米勒（Annie Miller, 1835—1925），英国画家的模特。

3. Homer, *Iliad* 3 418, 426.
4. Euripides, *Helen* 21.
5. Epic Greek Fragments, *Cypria*, 11, MLW.
6. Euripides, *Helen* 256.
7. Gantz, T. (1993), *Early Greek Myth: A Guide to Literary and Artistic Sources*. Vol 1 (Baltimore: The Johns Hopkins University Press), p.289.
8. Plutarch, *Theseus* 31.2.
9. Diodorus, *Bibliotheca Historica* 4.63.
10. Gantz, p.289.
11. Euripides, *The Trojan Women* 890-4.
12. Gantz, p.566.
13. Ibid; e.g. Pseudo-Apollodorus.
14. Homer, *Iliad* 6 344ff.
15. Euripides, *The Trojan Women* 901-2.
16. Ibid 914ff.
17. Homer, *Iliad* 24 28-30.
18. Euripides, *The Trojan Women* 935-6.
19. Ibid 943-4.
20. Ibid 950.
21. Ibid 1022-3.
22. 大约为1千万至5千万人。Dr Adam Rutherford, WhatsApp conversation.
23. Gantz, p.575.
24. Euripides, *Helen* 34.
25. Ibid 42-3.
26. Ibid 81.
27. Gantz, pp.574-5.
28. Plato, *Republic* 9.586c.
29. Euripides, *Helen* 588.
30. Homer, *Iliad* 24 804.
31. Ibid 24 761-75.
32. Homer, *Odyssey* 4 219ff.
33. Book of Jasher 44 15ff.
34. Russell, J. R., (1986), "Ara the Beautiful", *Encyclopædia Iranica*, http: //www.iranicaonline.org/articles/ara-the-beautiful-(参考日期为2020年3月)。

35. Tacitus, *Histories* 3.45, *Annals* 12.36, 12.40.
36. Christie, Agatha (1930), "The Face of Helen", in *The Mysterious Mr Quin* (London: Collins).
37. Hartley, B. (2014), *Novel Research: Fiction and Authority in Ptolemy Chennus*, Ph.D. thesis (Exeter), 94ff.
38. Homer, *Odyssey* 4 277–9.
39. Photius, *Bibliotheca* 149b 3–38.
40. Wright, M. (2018), *The Lost Plays of Greek Tragedy, Volume 2: Aeschylus, Sophocles and Euripides* (London: Bloomsbury), pp.87–8.
41. http: //www.liverpoolmuseums.org.uk/walker/exhibitions/rossetti/ works/beauties/helenoftroy.aspx.

第四章
美杜莎

尼采曾说过，与怪物战斗的人，应当小心自己不要成为怪物。[1]但如果换个角度来看这句箴言呢？怪物是这样产生的吗？难道所有的怪物都是堕落的英雄吗？至少在希腊神话中并非如此。有些怪物天生就是怪物，而另一些，尤其是女性怪物，则是不幸地跟神扯上了关系才变成怪物的。就美杜莎而言，她属于哪一类，要取决于谁来讲述她的故事。

关于戈耳工三姐妹（即斯忒诺、欧律阿勒和美杜莎），多数古希腊作家都遵循了赫西俄德的说法：她们都是海神福尔库斯（盖亚之子）与其妹刻托的女儿。[2]这对兄妹生下了大量的海怪，比如可怕的海蛇厄喀德那，还有斯库拉，她曾吞噬了奥德修斯的几名水手。赫西俄德特别提到了美杜莎的特别之处，或者说不幸之处：她的两个姐妹都不老不死，而她却是凡人之躯。[3]他并没有强调美杜莎必然会渐渐老去，这一点是不言自明的。他也没有解释为什么父母是神，兄弟姐妹都能永生，而偏偏她是凡人。他只是说，情况就是这样。如果你全家都能长生不死、青春永驻，那么衰老和死亡就已经够悲惨的了。但对美杜莎来说，身为凡人让残酷的命运过早地降临到了她的身上。

就算撇开故事的结局不谈，她的生活也已经很不幸了。美杜莎

第四章 美杜莎

是否生来就是一个怪物,这一点始终没有定论,但海神和海怪生下怪物的可能性很大。不过,从赫西俄德到奥维德的一些古代作家,都认为美杜莎原本是个美丽的女人。按赫西俄德的版本,是海神波塞冬"在柔软潮湿的草地上"[4]引诱了美杜莎后,情况才发生了变化。这个表达的潜台词在希腊语和英语里完全相同:可以按字面意义来理解,就是海神和美杜莎在一片潮湿的草地上亲热,或者"潮湿的草地"可能是暗指美杜莎的阴道(在这里,读者可以自行加入关于"硬了"之类的玩笑,而身为一个成熟的作者就不必了)。通常来说,众神可以得到他们看上的任何人(也有少数例外),因此,至少在此时,美杜莎还是美丽的。抒情诗人品达就曾在他的第十二首《皮提亚颂歌》(*Pythian Ode*)中赞美过她"姣好的双颊"(*euparaou*)。[5]

美杜莎的故事总逃不开她与波塞冬的纠葛,区别只在于事发地点和二人的情绪,以及所招致的后果(后文中还会谈到她的后代)。在赫西俄德笔下,这一幕是两情相悦的田园牧歌,而到了奥维德那里,却被注入了浓重的阴暗色调。在《变形记》(*Motamorphoses*)中,美杜莎拥有"最出众的外表"(*clarissima forma*),有许多追求者。她周身无处不美,而最美的莫过于她的秀发(诗中的叙述者说,这是一个见过她的人告诉他的)。然而,她却在雅典娜的神庙中遭到了波塞冬的强暴。[6]奥维德用了一个残酷的词——*vitiasse*[7]——意思是"伤害、玷污或损毁"。雅典娜遮住了眼睛,不忍目睹自己的神庙被玷污。不出所料,作为一个极少眷顾女性而经常偏袒男性的女神,雅典娜又找错了报复的对象。她没有惩罚波塞冬(可能是因为力所不及:波塞冬至少跟她一样强大),而是惩罚了美杜莎,把她的秀发变成了毒蛇。通过毁掉美杜莎最引以为傲的特征,这位女神充分展现了自己残忍的智慧。对于现代读者来说,我们可能会联想到第二次世界大战后,一些法国妇女被扣上勾结纳粹的罪名,被群众剃光了头发。既然敌人觉得她们美丽,那就不择手段地把她们变丑,以此作为惩罚。

关于这段情节,有一种有趣的女性主义解读认为,我们可以将雅典娜此举视为一种姐妹般的团结——通过让她变得不再有吸引力,来保护她免受那些强大的男性神祇的伤害。此外,美杜莎还具备了自卫能力,可以将来犯者变成石头。但奥维德的叙述中,只提到雅典娜把美杜莎的头发变成了蛇,因此我们不太能确定石化能力是与蛇发同时获得的,还是之后才获得的。美杜莎完全有可能一直都具备把活物变成石头的能力,只是对她永生的姐妹们无效,所以对波塞冬也同样不起作用。这个解读还有一个更大的问题:只要花点时间读一下关于雅典娜的任何一个故事,都很难将她视为女性的保护神。凡人中只有奥德修斯最得她宠爱,而不是任何一个女人。但你是绝对不希望自己的姐妹嫁给奥德修斯这种人的,除非你曾在幼时遭到过她无情的霸凌。

在这场变形记中,奥维德和我们的注意力都放在了美杜莎的头上,没有记载提到她的身体是否也变成了怪物的形态。即便在美杜莎被珀尔修斯斩首之前,我们关注的也是她的头部,而不是她的全身。除非有这样一种可能——她的全身就只有一颗头。

最早的戈耳工的视觉表现形式都是高度程式化的图像,对此我们会在下文进行探讨。早在美杜莎出现之前,已经有了"女魔脸形饰"(gorgoneia)——一种可怖的怪物头像,这可能反映了其创造者们的集体恐惧。这或许还与美索不达米亚早期神话中的怪物胡姆巴巴(Humbaba)有些关联,吉尔伽美什(Gilgamesh)曾被他恐吓,随后又将他斩首。[8] "女魔脸形饰"看起来非常怪异:长满牙齿的巨嘴、突出的舌头和獠牙,通常还有胡须。它们被雕刻在神庙的山墙上,装饰在盔甲上，有时还会被铸在硬币上。在《伊利亚特》中，荷马提到雅典娜的盾牌或胸甲上就有一个可怕的戈耳工头，用来震慑她的敌人。[9]阿伽门农的盾牌上也有一个面目狰狞的戈耳工头像[10]，由此可见，凡人和女神都会用戈耳工的面孔来制造恐惧。而且这显然十分有效。荷马在《奥德赛》中也提到了一颗戈耳工的头，但不是盾牌上的装饰，而是一个活物，它生活（可能用"栖息"更合适）在冥界，为珀耳塞福涅效命。[11]奥德修斯来到冥界，与亡灵交流一番后匆匆逃离，就是害怕珀耳塞福涅会派这颗头来追杀他。奥德修斯一身是胆，毕竟他已经勇敢地闯入了冥界，然而即便如此，他也不想看见这颗头。谁又能不怕一颗盘旋在半空的戈耳工的头呢？它的恐怖远近闻名，人尽皆知。在奥林匹亚考古博物馆，游客们会看到一个女魔脸形饰的绝佳范例——一件可以追溯到公元前6世纪上半叶的盾饰。它是由3个大翅膀环成一个圈，中间有一张丑陋可怖的脸：蒜头鼻下是咧开的巨嘴，肥厚的舌头伸在外面，一圈蛇像花环一样盘绕在头上。

人们曾多次尝试从这些戈耳工头，或者更准确来说，戈耳工的面孔或面具中提取出明确的含义。考古学家、人类学家和心理学家曾试图将它们与各种自然现象（比如风暴）联系起来。戈耳工三姐妹以其刺耳的声音闻名，这一点得到了品达的证实，他说雅典娜创造了笛子来模仿欧律阿勒发出的"震耳欲聋的哀号"（*eriklanktan goön*），[12]因此，将其与雷声和乌云联系起来十分令人信服。更有说服力的是，戈耳工被认为是某些动物的象征，尤其是人们露宿野外时会害怕的那些：比如她们的蛇发代表了蛇（在希腊神话中，蛇通常是有毒的），甚至是狮子的鬃毛，奥林匹亚盾饰上的蛇确实会让人联想到鬃毛。而黑暗中传来的狮吼声或嘶叫声，恐怕也会让人做噩梦。把戈耳工的头雕刻在金属或石头上，让人们看得见摸得着，是否就能让模糊的噩梦变得不那么可怕，从而对我们有所助益呢？

女魔脸形饰的可怕外观正是其作为装饰设计的强大之处。它的作用是辟邪，抵御危险，尤其是超自然的危险。如果一个东西能吓到你本人，那把它放在盾牌上，岂不是更能吓到你的敌人？掌控你的恐惧并转而用它来对付眼前的敌人，这真是再好不过了。荷马笔下的戈耳工身边总有"恐怖"和"畏惧"相伴。[13]很显然，上了战场，你会需要这两位站在你这边。如果你的盾饰两边有她们的身影，那对你是重大利好，对你的敌人则正相反。

既然在荷马史诗和一些早期艺术品中的戈耳工都只有一颗头，那她们是从什么时候，以什么方式获得了身体？最重要的是，为什么要有身体？各个地区都发现过女魔脸形饰，这表明它起源于民间传说，而且还具有多种功能，从吓退你的敌人到直面你的恐惧。而向来喜欢讲故事的希腊人，想要解释这些奇特的生物，便把它们加入了自己的故事中，这就是为什么赫西俄德和品达创造了戈耳工三姐妹，给她们起了名字，还描述了她们的外貌和发出的怪声。这些装饰性的头颅变成了故事中的人物。既然戈耳工们有了身躯和背景故事，那作者们和读者们就需要对周围天天看见的只有一颗头的戈耳工做出解释了。于是就有了珀尔修斯，让他斩下美杜莎的头颅，其原因将在下文中进行探讨。美杜莎和她的姐妹们，当然还有女魔脸形饰，都先于那些征服她们的英雄而存在。换句话说，是为了解释美杜莎的存在，以及为什么她的头和身体分家，才让珀尔修斯加入了故事，而不是美杜莎出现在珀尔修斯的故事中，只为了让他和怪物战斗。

为了跟她们吓人的丑脸相配，戈耳工们自然也有着怪物的躯体。

"戈耳工"这个名字本身的意思就是"可怕"或"凶猛",而古希腊的作家们也乐于为之添油加醋。一部公元前5世纪的悲剧《被缚的普罗米修斯》中就有相关的描写,该剧通常被认为是埃斯库罗斯的作品,但其具体的创作时间和作者归属一直存在争议。在这部剧中,戈耳工是"蛇发"(*drakontomalloi*)且"有翼"(*katapteroi*)。[14] 同时是"为凡人憎恨的"或"憎恨凡人的"(*brotostugeis*,这个词是主动和被动兼有)。与剧本同时代的陶罐上就绘有这个形象:慕尼黑的州立文物博物馆藏有一个公元前5世纪雅典的双耳陶瓶,上面画了一个戈耳工[15]:她有翅膀,也有手臂,额上围绕着蛇发,长长的发卷在脖子和肩膀周围飘散着。像所有的女魔脸形饰一样,她咧开大嘴,露出两排獠牙,一条长舌悬在外面。她的翅膀表明她在飞翔,但腿的动作则像在奔跑,画家捕捉到了她迈开步伐的动态画面。她脚蹬一双紧腿靴,波点及膝裙下露出肌肉发达的小腿。她的双臂呈现出奔跑的姿势,一只在前,一只在后,说明她正在狂奔,而且双腕上都戴着手镯。即使身为一个怪物,她依然喜爱珠宝。她的身姿健美有力,既是人类,又超越人类。

然而,这个强大的怪物即将死于珀尔修斯的剑下,尽管他是在多位神灵的帮助下才成功的。好在珀尔修斯是宙斯的儿子,这些助力都是他应得的。宙斯与珀尔修斯的母亲达那厄幽会的方式甚至比他和勒达更有创意。达那厄的父亲阿克里西俄斯从神谕中得知,如果他的女儿生下一个儿子,他就会被这个外孙杀死。阿克里西俄斯不喜欢冒险,于是把达那厄关进了宫殿的地窖里。看似牢不可破的石壁可挡不住宙斯,他化作一场金雨,从屋顶的缝隙中向达那厄倾泻而下。故事没有提到达那厄是不是采取了什么奇怪的睡姿,来打发被囚禁的无聊,反正在重力和金雨的作用下,她怀孕了。这个孩子就是珀尔修斯,奥维德称他为"从黄金中诞生的"。[16]当阿克里西俄斯发现这么努力也没能阻止女儿生下外孙时,他习惯性地又走了极端,把母子都装进木箱并扔到了海上。宙斯确保了这个木箱没有沉没,还顺利漂到了岸边。一个渔人发现了这对母子,并把他们带到了自己的兄弟——一个名叫波吕德克忒斯的国王那里。

波吕德克忒斯立刻爱上了达那厄,为了让自己的求爱不受干扰[17],他派珀尔修斯去取得美杜莎的头颅。在(伪)阿波罗多洛斯的版本中,珀尔修斯身为宙斯之子的优势非常明显[18]:雅典娜和赫耳墨斯陪伴他踏上征程,于是许多困难就不再难了。他们指引他去寻找格里伊(Graiai)三姐妹,她们三人共用一只眼睛,根据(伪)阿波罗多洛斯的说法,她们也共用一颗牙齿。珀尔修斯偷走了眼睛和牙齿,以此为要挟,逼她们告诉他拥有飞行鞋(通常是赫耳墨斯穿的)和一种魔法背囊(kibisis)的宁芙们的所在。

(伪)阿波罗多洛斯的手稿到这里就损毁了,但赫西俄德的《赫拉克勒斯之盾》(Shield of Heracles)提供了更多信息。他描述了珀尔修斯斩杀美杜莎后逃离现场的过程。珀尔修斯的飞行速度快如思绪(得益于那双飞行鞋)[19],一把黑鞘利剑被青铜腰带固定在他的肩头,戈耳工的头颅则装在银色背囊里。这可不是一个普通的背囊,它设计的目的就是携带极具破坏力的物品,也就是戈耳工的头。赫西俄德写道,这是一个"绝世的宝物"。[20]它肯定很结实,可以承受住一颗长满蛇发的头颅的分量;也肯定很厚实,可以阻隔美杜莎致命的目光。这个背囊是用纯银制作并用纯金装饰的吗?那应该重得要命。但珀尔修斯是从黄金中诞生的,而且那双飞行鞋曾载着赫耳墨斯和他负责传递的任何物件到处飞。由此可见,珀尔修斯担得起这份重任。他还借到了哈迪斯的软帽(从任何方面来看,宁芙和"尖鼻怪"①都没有可比性,但她们确实同样善于利用自己找到的东西)。赫西俄德写道:这顶软帽里盛着漆黑的寒夜[21],换句话说,戴上它可以隐身。

有趣的是,我们可以统计一下珀尔修斯到底需要多少辅助才能斩杀美杜莎。两位奥林匹斯主神帮助他找到了格里伊姐妹,格里伊姐妹帮他找到了宁芙们,宁芙们帮他装备上了飞行鞋、神奇的背囊,以及一顶隐身帽。然而,大部分装备都是为了帮他从美杜莎的姐妹那里逃走。美杜莎本人并没有反抗,因为珀尔修斯是趁她熟睡时将她斩首的。根据(伪)阿波罗多洛斯的记载,珀尔修斯之所以要取美杜莎的首级,完全是因为她是戈耳工三姐妹中唯一的凡人(她们除了蛇发,还长着野猪般的獠牙、青铜色的双手和金色的翅膀)。珀尔修斯找到了还在沉睡的她们,并再次得到神助:雅典娜引导着他持剑的手,对准了美杜莎的脖子,他借着盾牌上的倒影砍下了她的头。

从(伪)阿波罗多洛斯的描述来看,这一幕并不怎么英勇,放在古希腊陶罐上看起来更显得格外残忍。纽约大都会博物馆收藏着一个高约半米的红绘双耳陶罐[22],是由波利尼诺托斯(Polygnotos)画师绘制的。陶罐大约制作于公元前5世纪中叶,表现的是珀尔修斯偷袭美杜莎的场景。珀尔修斯脚蹬飞行鞋,头戴有翼软帽,他的目光从美杜莎身上移开,扭过头看向自己背后的雅典娜,女神手持长矛,表情平静地肃立在画面的左侧。美杜莎正在沉睡,双翼从背后伸展开来。寥寥几根线条勾勒出了她的脸——两根眉毛各一根,闭着的双眼各一根,鼻子和嘴巴各两根。她让我想起了保罗·克利(Paul

---

① 尖鼻怪(Wombles)是由伊丽莎白·贝雷斯福德(Elisabeth Beresford)创作的虚构的尖头毛茸茸动物,最初出现在1968年的一系列儿童小说中。他们生活在洞穴中,旨在通过创造性的方式收集和回收垃圾来保护环境。

Klee）的白描作品《健忘的天使》（Forgetful Angel）。不寻常的是，在这里，美杜莎被描绘成了一个美丽的女人，而不是半人半兽的怪物，头上也没有毒蛇。她穿着一件胸前有格子图案、接缝处饰有锯齿形花纹的连衣裙，秀丽的脸庞倚在一只手上，卷发被压在手和下巴之间。而珀尔修斯正用一把弯刀划过她的后颈。

这个陶罐确实非同凡响。它可能是任何形式的艺术作品中对美杜莎最具同情心的描绘。它揭示了神话中太多被掩盖的东西：褪去怪物／英雄的设定后，我们看到的只是一个男人正砍下一个女人的头。

美杜莎被砍头后的情景，则可以在大英博物馆收藏的一件小型双耳水罐上看到，据传是潘画师（Pan Painter）的作品[23]。雅典娜、珀尔修斯和美杜莎再次重聚在这个充满动感的画面上。画面的左边是珀尔修斯蹑手蹑脚地从美杜莎的尸体旁溜走，他的右腿迈开步伐，左腿蓄势待发，脚跟已经离地。他穿着长及小腿的靴子，靴口像翅膀一样向外展开，头上戴着有翼头盔。他左手拿着一把弯刀，右臂抬起，手心朝上：这个姿势是为了保持平衡，还是庆祝胜利？在画面的右侧，雅典娜匆匆追了上来。她身着波点薄纱裙，左腿的轮廓从布料中透出来。为了便于行动，她左手拎着裙摆，右肩扛着长矛。

珀尔修斯回头望去，但不是看雅典娜，而是俯视着占据画面中央的美杜莎的尸体。魔法背囊斜挎在他的左肩上，美杜莎的头颅被粗暴地塞在里面。她的上半截脸从袋口露了出来，但眼睛已经闭上了。她的头发也清晰可见，梳成波浪形整齐地束在发带下面。这仍然不是一张怪物的脸，而是一个女人的头颅。那副残躯看起来触目惊心：她半躺半跪，重心落在右髋，双腿屈向身后。她穿着一条短裙，袖子从肩膀处垂落下来。她的双臂伸展，纤长优雅的手指轻触地面，仍然支撑着她的身体；苍白的翅膀在身后扇动着，鲜血从断颈处涌出，染红了裙子的前襟。

这两幅瓶画都表现出了对美杜莎被斩首的矛盾心理。杀死美杜莎是珀尔修斯的英雄叙事中不可或缺的一部分，他是无可争议的英雄，毕竟是宙斯的儿子。他的英雄地位没有受到质疑：两只陶罐都描绘了他穿戴着神赐的装备，还有雅典娜从旁协助。但飞行鞋、隐身帽和魔法背囊似乎揭示了另一层矛盾：珀尔修斯固然是一位受众神眷顾的英雄，但也是一位不够格的英雄，能完成壮举在很大程度上有赖神助。他也并没有被描绘成一个巨人杀手或除魔勇士。在他身上，我们看不到奥德修斯刺瞎独眼巨人时的智慧，也看不到赫拉克勒斯杀死九头蛇时的勇武。

* * *

尽管全世界的博物馆馆长们做了大量努力，但美杜莎和珀尔修斯的故事最广为人知的版本可能是《诸神之战》。这部电影拍摄于1981年，此后每逢法定假日，都会在周一播放。面对完全清醒且随时可能把他石化的美杜莎，哈利·哈姆林饰演的珀尔修斯用盾牌作为反光镜来避免与她正面对视，因为她的倒影不像她的视线一样能置人于死地。电影营造出的这种张力，显然是（伪）阿波罗多洛斯的描述和古希腊瓶画所不具备的。珀尔修斯正在猎杀一只怪物，而怪物也正在反过来猎杀他。他的武器是利剑，她的则是双眼。

电影中的珀尔修斯还有一个更英勇的动机。根据古代资料，珀尔修斯只是在执行波吕德克忒斯的命令（他把珀尔修斯打发出去，好追求其母达那厄）。而以现代观众对于英雄叙事的喜好看来，这个理由太不上台面了。因此在《诸神之战》中，珀尔修斯必须取得戈耳工的头颅，才能拯救美丽的安德洛墨达，她正被绑在岩石上，准备献祭给海怪克拉肯。克拉肯是一种特别可怕的海怪，它出自13世纪的北欧神话，却一路向南游回了公元前8世纪的希腊神话里。就凭这一点，我们很难不觉得，电影之所以采用这个名字，纯粹是为了让劳伦斯·奥利弗（Laurence Olivier）扮演的宙斯说出那句名台词"放出海怪"（Release the Kraken），给观众们开心一下。我在此郑重声明，这是一个完全正当的理由，可以为之忽略两地的神话在时间线和地理位置上的差异。古希腊的美杜莎故事中也提到了海怪，尽管并不是克拉肯。把海怪石化也是珀尔修斯在得到了美杜莎的头之后才想到的，而不是他的初衷。

在这一幕中，(伪)阿波罗多洛斯诙谐地把安德洛墨达称为"海怪的食物"（*boran thalassiō kētei*）[24]。"海怪"（*kētos*）一词在这里显得格外扎眼，因为这个海怪与刻托（希腊语中拼写为"*Ketō*"）同名，而刻托正是戈耳工们的母亲，同时是格里伊三姐妹的母亲。事实上，现代的鲸鱼和海豚同属于的"鲸目"（Cetacea），也是来自同一个词根。

我们习惯于通过希腊神话来审视破碎的亲子关系，但往往会忽视掉这一段情节，也忽视了在这里女儿是如何被用来杀死母亲的象征，甚至是化身的。或许由于她们都是怪物，才没有人去细想。然而，把死去的美杜莎当作武器，用来对付她的母亲（至少与她母亲的复刻）——一只与她母亲一模一样、同名同姓的海怪，这种方式无疑与俄狄浦斯杀死拉伊俄斯有些相似之处。俄狄浦斯还活着，而美杜莎已经死了，但两人都在无意中成了弑亲的凶手。如果你觉得杀人比杀海怪更不可原谅，那不妨回忆一下拉伊俄斯的一段往事 [比如欧里庇得斯那部已佚失的《克律西波斯》（*Chrysippos*）][25]，他曾绑架并强奸了一位名叫克律西波斯的年轻男子，后者对所遭遇的一切深感羞愤，于是拔剑自尽。海怪不是唯一的怪物。

《诸神之战》还改变了这个故事中另一个神话生物——飞马珀伽索斯诞生的时间。在影片中，飞马是宙斯借给珀尔修斯以协助他探险的，一起来的还有一只名叫布博（Bubo）的讨喜的机械猫头鹰。对于古希腊人来说，这是一个很迷惑的展开，因为飞马是在美杜莎被斩首后，从她的断颈中诞生的（同时诞生的还有它的兄弟巨人克律萨俄耳）。根据（伪）阿波罗多洛斯的记载，飞马和巨人都是波塞冬与美杜莎的后代。[26]美杜莎的血也能产生生命，奥维德写道，当珀尔修斯提着她的首级离开利比亚时，她的血滴到了沙漠上，变成了各种毒蛇。[27]利比亚从此蛇患不断，奥维德冷漠地写道。

不言自明的是，一旦将美杜莎与她的家人们（戈耳工姐妹、海怪父母、飞马儿子和巨人儿子）分隔开来，她看起来就显得更加无足轻重了。一个全是怪物的家庭似乎算不上什么正经家庭，但他们是她身份构成的一部分。现代版本的美杜莎故事往往聚焦于珀尔修斯；例如在雷克·莱尔顿（Rick Riordan）的畅销小说《波西·杰克逊与神火之盗》（Percy Jackson and the Lightning Thief）中，美杜莎只是一个次要的怪物，不过在2010年改编的电影版中，她是由乌玛·瑟曼（Uma Thurman）扮演的。由于叙事重点的转移，我们忘记了美杜莎是谁，以及她对她的至亲们意味着什么。

对于她的姐妹们来说，她不是怪物。在（伪）阿波罗多洛斯的故事中，美杜莎被斩首后，斯忒诺和欧律阿勒对珀尔修斯穷追不舍，全靠哈迪斯的那顶隐身帽，他才得以逃脱。我们必须要看到，尽管在现代的诠释中美杜莎被刻画为一个离群索居的孤独怪物，但实际上，她的死并非无人知晓，也并非无人哀悼。

哀号（或者如品达所说[28]的"致命的哀歌"）是戈耳工另一个几

乎被遗忘的技能。我们在戈耳工的造型上看到的那些咧着的嘴和耷拉的舌头,并不仅仅是为了创造一种恐怖怪异的观感,那些野兽般的血盆大口还能发出声音,而且相当呕哑刺耳。品达写道,珀尔修斯被美杜莎的姐妹们一路追杀,直到雅典娜现身救了他。如前所述,品达还提到雅典娜创造了笛子(不是现代的长笛,而是更接近于牧笛)来模仿欧律阿勒发出的声音。后来的作家也沿袭了戈耳工叫声凄厉可怖这一设定。如果说历史给了我们什么启示的话,那就是但凡女性发出声音,不管是说话还是叫喊,都会被视为一种扰人清静的破坏行径。而男性的待遇就不一样了:《伊利亚特》中的希腊英雄狄俄墨得斯就是一个很好的例子。跟大多数荷马史诗中的英雄一样,他也拥有几个固定的描述性的名号,其中一个是"*boēn agathos Diomedes*"[29]——通常译为"啸吼战场的"狄俄墨得斯,不过原句的字面意思是"狄俄墨得斯,擅长大叫",这就不太诗意了。但无论怎么翻译,它显然不带贬义。"战吼"是狄俄墨得斯的突出特征,就像速度是"捷足的"阿喀琉斯的关键技能一样。然而,戈耳工们发出的声音总是被贬低为致命的凄厉哀号。是因为难听吗?还是因为她们身为女性却声音洪亮?对于在战场上不幸遭遇了狄俄墨得斯的特洛伊人来说,他的战吼肯定也是凄厉且致命的。可同样是发出吼叫,狄俄墨得斯就是阳刚英勇,戈耳工们则是怪异可怖。

* * *

有意思的是,除了美杜莎,还有一位凡人也被神力改变了形态,但二人的命运却相去甚远。迈达斯是弗里吉亚(Phrygia,今属土耳其)的国王,和美杜莎一样,他也可以自称是神的后裔——有一种说法是他的母亲是女神库柏勒。有一次,迈达斯慷慨地款待了狄俄尼索斯的密友萨堤尔西勒努斯。为了回报这份善意，酒神答应满足他一个愿望。于是，迈达斯选择让自己触碰到的所有东西都变成黄金，对此，狄俄尼索斯深表遗憾。奥维德在《变形记》[30]第11卷中讲述了这个故事：迈达斯起初为自己的新能力欣喜若狂：他把树枝、石头、泥土、玉米和苹果都变成了金子。至此一切都很完美。然而当他想吃东西时，问题就来了——面包、酒肉也都变成了金子。他只能恳求狄俄尼索斯收回这项能力。就像其他许多故事中那些愿望成真的人一样，迈达斯也意识到，当初看似绝妙的主意，其实远非一个简单的福利。狄俄尼索斯一反常态的宽宏大量，让迈达斯到河流的源头沐浴。这位国王听从了神的指点，纵身跃入河中，让身体里的黄金流入河水里。奥维德提醒读者，尽管此事发生在很久以前，但直到如今，每当河水泛滥后，附近的田野里仍会出现粒粒金砂。霍桑在自己的版本里还加入了一个催泪的情节：迈达斯王拥抱爱女，却把她变成了一尊金像。但在奥维德看来，迈达斯王放弃酒神的礼物纯粹是为了让自己活下去，而不是身为父亲的愧疚。

诚然，迈达斯拥有这项能力的时间并不长，但他必须以这种状态前往萨迪斯（Sardis）城附近的帕克托洛斯河（River Pactolus）。一个消息灵通且不择手段的冒险家可能会想把这份力量据为己有。很明显拥有他的一只手（或任何身体部位，奥维德提到酒在他的喉咙里会变成金水）[31]要比亲自拥有这种能力安全得多，前提是你有一个类似前文中的魔法背囊或其他神器来存放。实际上有只金手套也就够了：即使是迈达斯也无法将已经是黄金的东西变成黄金。然而，似乎没有哪个穷困潦倒的英雄会想到在半路杀掉迈达斯，甚至砍下他的一根手指或脚趾。完成这种小小的截肢手术所需要的神助肯定比斩首美杜莎要少得多。在希腊神话中，寻找黄金身体部件的故事并不鲜见：比如伊阿宋，他曾乘坐"阿尔戈号"（Argo）出海去夺取金羊毛（尽管这羊毛已经从它原本主人那里被夺走了）。然而，当美杜莎被斩首时，迈达斯却毫发无损。尽管他因做出了错误的决定而惹恼了神灵，就像美杜莎因被强奸而冒犯了雅典娜一样。但迈达斯的身体依然保持了完整，即使他后来又触怒了另一个神，也就是阿波罗，被惩罚长出了驴耳朵，但至少他保住了耳朵，或许还顺便改善了听力，驴耳朵赶起苍蝇来也更好用。而与此同时，美杜莎则被彻底物化了，连她的头都变成了一种工具。同为神嗣，两人的待遇却天差地别。

其中关键的区别在于视角不同。我们被鼓励从迈达斯的视角来想象他的故事。当我们在《变形记》中追随着他的经历时，我们会想象，把触碰到的一切都变成金子是什么感觉？在金面包上硌掉牙齿是什么感觉？喉咙里流淌着金水的滋味如何？我们由内而外地想象着这种体验。但对于美杜莎，我们被鼓励从外部去观察她：应该如何攻击她？怎样避开她的目光？她的头能派什么用场？我们从不会停下来自问一下，成为她会是怎样的感受，她拥有致命的目光，就像迈达斯拥有致命的触碰一样。然而，正如迈达斯在短暂拥有了神力之后所发现的那样，她一定感到极度的孤独。她不能看朋友，看人，甚至看动物，那样会杀死他们。这或许解释了她为什么要住在洞窟里，就像埃斯库罗斯失传的《福耳西德斯》（The Phorcides）的一个残片所写的那样。[32] 她的姐妹们要么对她的目光免疫，要么被洞穴里的黑暗庇护着，因为她们都住在一起，而且没有被石化的风险。然而即使在死后，她的力量仍能阻挡海怪，并将巨人阿特拉斯（Atlas）变成一座山。阿特拉斯曾接到神谕，说朱庇特的儿子将加害于他，于是他拒绝让珀尔修斯进屋休息，后者一气之下将他石化，神谕往往带有欺骗性，但这次被它说中了。因此对美杜莎来说，任何凡间生物，无论多么庞大或强壮,如果她不想摧毁对方,就不能与之有视线接触。她的世界里唯有黑暗与石像。

* * *

只要想一想在她的头颅被拿去干了些什么,就能知道美杜莎究竟被物化到了何种程度。珀尔修斯用它来对付巨人、怪物以及各种惹恼他的人类:她致命的目光在她死后造成的杀戮远比她活着的时候更多。珀尔修斯显然并不像美杜莎那样希望尽量减少自己造成的伤害。在除掉海怪、救出安德洛墨达后,他在岸边坐下来休息。他洗了洗手(古谚有云:洁净近乎神性,而他本人正是半神),在把美杜莎的头放在"坚硬的沙地"(*dura harena*)[33]上之前,他犹豫了一下,先用树叶垫在下面,再把头放上去,以防损坏。这是整个故事中令人毛骨悚然的一幕:珀尔修斯对这颗头颅的关心,与他对待活着的美杜莎的态度形成了鲜明的对比。对他来说,美杜莎作为一件称手的武器,比作为一条鲜活的生命更有价值。

那么,当珀尔修斯利用她杀光了所有仇家之后,美杜莎又经历了什么呢?她回到了原点,变成了一个女魔面形饰。不仅因为她现在只有一颗头,还因为她的头被珀尔修斯献给了雅典娜。我们可以在波士顿美术馆收藏的一个陶瓶上看到这一幕,它于公元前4世纪早期制作于意大利南部,一般认为是塔波利画师(Tarporley Painter)的作品。[34]画面左侧是珀尔修斯,脚上仍穿着飞行靴,头戴一顶华丽的帽子。他刚刚将美杜莎的头颅交给雅典娜,现在正拎在她的右手上。右边的赫耳墨斯倚着树干,双腿闲适地交叉着。可别被他这松弛的姿态骗了:当雅典娜举起头颅时,在场的三人都低头看向地面。很显然,哪怕身为神,他们也怕被美杜莎的目光变成石头。雅典娜左手拿着一根长矛，长得超出了画面，圆盾斜靠在她的右髋上，上面映出了美杜莎的头。画师肯定研究过镜面倒影，因为盾牌上美杜莎的头是倒过来的。(伪)阿波罗多洛斯曾记载，雅典娜将戈耳工的头镶在盾牌中央，[35]而这个倒影正是在向观者展示接下来的事情。

这个场景将我们又带回了文学上的起点，"戈耳工"一词最早见于《伊利亚特》。在诗中，雅典娜将戈耳工的头颅镶嵌在她的神盾上（荷马没有明确提到美杜莎的名字，也没有提到珀尔修斯将她斩首）。难道整个珀尔修斯的故事真的就是为了解释戈耳工为什么只有头吗？但为什么不呢？古希腊的作者们创造了一个怪物，就像许多女性神祇一样，她从一个变成三个，获得两个姐妹（我们有时序三女神、复仇三女神、美惠三女神、格里伊三姐妹，等等）。然后，他们需要解释为什么她总是被描绘为只有一颗头，于是发展出了她被斩首的故事。

* * *

如果说雷·哈里豪森版的美杜莎是我们大多数人在成长过程中最熟悉的（相对现代的）形象，那么近年来两个广为流传的网络迷因①改变了这一切。关于美杜莎和珀尔修斯的广为人知的形象来自安东尼奥·卡诺瓦（Antonio Canova）于1801年创造的雕塑作品《珀尔修斯的凯旋》(*Perseus Triumphant*)，它现存于梵蒂冈的皮欧·克莱门蒂诺博物馆（Pio Clementino Museum）。[36]纽约大都会博物馆里还有一个复制品。[37]卡诺瓦将珀尔修斯塑造为一个俊美威武的英雄，他赤身裸体，重心在左腿，右腿微微向后伸展，像个舞者般站立

---

① 网络迷因（meme），在网上由一个用户传给另一个用户的图片、视频等内容。

着。他右手握着一把短剑：剑尖旁伸出一个弯曲的短刃，头上戴着我们熟悉的有翼帽，脚上穿着做工华丽的凉鞋。他的斗篷搭在左臂上，左手抓着美杜莎的头发，她的蛇发和卷发缠绕在一起。双唇微启，透过整齐的牙齿隐约可以看到后面的舌头：这或许是对戈耳工的早期形象的一种致敬。珀尔修斯就这样冷静而骄傲地展示着自己的战利品。

长久以来，艺术家们都以这种方式来刻画珀尔修斯，这座雕像正是此项艺术传统的一部分。比卡诺瓦的大理石作品看起来更残忍的，是贝文努托·切利尼（Benvenuto Cellini）创作于1550年前后的青铜雕塑《珀尔修斯与美杜莎的首级》（*Perseus with the Head of Medusa*），如今，它正矗立在佛罗伦萨的市政广场上。这尊青铜铸成的珀尔修斯肌肉发达，他高举着美杜莎的头颅，她的眼睛和嘴巴微微张开，仿佛刚刚呼出最后一口气。她的蛇发和卷发与她被斩断的脖子下滴落的血肉粘连在一起。珀尔修斯踩在美杜莎无头的尸体上，摆出一副洋洋自得的胜利者的姿态。他带翅膀的双脚践踏着美杜莎的残躯，她的右臂无力地垂在雕像的基座上，左手抓着自己的脚，脚底朝向观者。看着她赤裸的双脚，会有一种诡异的亲密感。这一场景在2016年美国总统大选中被恶意篡改成了两位候选人的形象，起初只是一幅丑陋的漫画，而后成了一个广为传播的网络迷因，甚至被印在了T恤和手提袋上。对某些人来说，一位有权力、会发声的女性永远都是怪物。而对这个群体中的某些人来说，死亡和毁容是这种女人应得的下场。

第二个有关美杜莎的网络迷因是在两年后出现的，它的起源有点复杂。从表面上看，它只是意大利裔的阿根廷艺术家卢西亚诺·加尔巴蒂（Luciano Garbati）于2008年创作的一尊雕像的照片。

但在这个网络迷因出现之前,这尊雕像其实默默无闻,而这个网络迷因恰好在克里斯蒂娜·布拉西·福特(Christine Blasey Ford)教授向美国参议院司法委员会就性侵一事提供证词期间流传开来。照片本身极具冲击力,而且极易传播:一尊美杜莎的雕像站在全黑的背景前。如同卡诺瓦和切利尼的珀尔修斯一样,她赤身裸体,姿态优美,年轻而强壮。她也长着满头蛇发,但它们很美丽,并不显得丑陋怪诞,而且看起来更像脏辫而不是蛇。她表情平静,双眼坦然地注视着我们,双臂垂在身旁,左手握着一把剑,右手提着珀尔修斯被斩下的头颅,他的头发被她攥在手中。这情景与卡诺瓦的作品刚好相反。有些版本的网络迷因还配了文字。"感恩吧,我们只想要平等——"美杜莎的头旁边写道,后半句在珀尔修斯的首级下方"——而不是复仇。"[38]

这张图片完美地诠释了许多遭到男性暴力侵害的女性的感受,以及她们绵延不绝的愤怒。这种暴力不仅存在于她们的生活中,周围的环境也将其视为一种常态,从报纸头条到博物馆的墙上,它无处不在。每天都有成千上万的人从佛罗伦萨那尊切利尼的雕像前走过,也有成千上万的人在纽约和罗马观赏卡诺瓦的杰作。美杜莎就算长着一头蛇发,但仍有着女性的面庞和身体。卡诺瓦用光洁的白色大理石淡化了这一切。这尊雕像被命名为《珀尔修斯的凯旋》,但只有当你代入珀尔修斯,才能体会到这份胜利。切利尼则展示了珀尔修斯是如何残忍地亵渎了美杜莎的遗体,这种行为显然是出于愤怒或蔑视,或者两者兼而有之。这与《伊利亚特》第22和23卷中,阿喀琉斯对待赫克托耳的方式别无二致:他拖着尸体在特洛伊的城墙外绕行,连续数日拒绝埋葬他,也禁止别人为他下葬,直到第24卷中众神终于出面干预才作罢。反观切利尼的珀尔修斯,他将美杜莎的头颅高高举起,自己却低头看向地面,以免不小心对上她致命的双眼。

即使已经砍下了她的头颅并将尸体踩在了脚下,他仍然害怕美杜莎。如果你要找一个关于恶性厌女症的隐喻,没有比这个更好的了。

人们已经看惯了这样的画面,几乎不会注意到其中的残酷性:这只是一个英雄和他的战利品。我们从它旁边走过,就像我们漫不经心地路过圣乔治和龙的雕像一样:不就是一条龙吗,有什么大不了的?但美杜莎并不是龙。她是一个因为遭到强奸而受到惩罚、秀发被变成毒蛇的女人。她致命的凝视虽然危险但攻击范围有限,只要避开她就能保平安,而她已主动远离了凡人。一个男神伤害了她,然后一个女神补了一刀,最后珀尔修斯来了,受命于另一个男人,前来寻找她,杀死她,砍下她的头。除了她的姐妹,无论她遇到谁,他们都只想伤害她。

因此,当看到加尔巴蒂将这一切颠倒过来,让美杜莎提着珀尔修斯的头颅,我们受到的震撼着实难以言喻。观者猛然意识到一种双重标准的存在:在艺术中,男性被物化的情况非常罕见,而物化他的人是女性的情况则更为罕见。这让我想起了网飞(Netflix)的剧集《女子监狱》(*Orange is the New Black*)[39]第三季中的一段情节:两名女囚密谋强奸一名男狱警,因为他之前强奸了她们中的一人。这一幕令人既震惊又感到不适。难道编剧真的要让我们喜爱的两个角色做出如此可怕的行为,用扫帚柄强奸一名昏迷的男子?最终,她们没能施行这场复仇。这让剧中人物和观众都感到莫大的安慰。然而,我们却看过大量男性对女性施暴的画面。还是那句话,感恩吧,她们只想要平等,而不是复仇。

不过,早在加尔巴蒂的作品之前,就已经有了珀尔修斯斩首美杜莎的性转版。朱迪斯和荷罗孚尼的故事或许可以追溯到公元前2世纪,见于《旧约》某些版本中的《朱迪斯书》。故事讲的是亚述将军荷罗孚尼围困伯图里亚城,[40]伯图里亚人在断粮断水的情况下苦撑了数周,已经到了投降的边缘。朱迪斯来到荷罗孚尼的军帐,自称是个寡妇,想要跟他结交,因为她美丽绝伦,所以卫士放她进去了。荷罗孚尼邀请她留下来共进晚餐,席间,他喝得酩酊大醉。待他失去意识后,朱迪斯向上帝祷告,请求神的帮助,接着砍下了荷罗孚尼的头,并带回了伯图里亚,而亚述军因为失去了主帅不得不撤退。

两个故事的相同和相异之处都同样发人深省。首先,朱迪斯必须去找到荷罗孚尼。她的旅程虽然比珀尔修斯的要短一些,但仍然需要寻找目标。其次,她需要利用他身在主场的安全感,因为她要做的并不是正面交锋。最后,荷罗孚尼和美杜莎一样,都是在失去意识的时候被杀死的,否则以他的力量可能会扭转局面。此外,像珀尔修斯一样,朱迪斯也是在神的帮助下完成了斩首。

而两个故事的差异也很关键:在这里,荷罗孚尼是侵略者(除非你能找到亚述方面的记载证明他不是),而且他切断了整个城镇的食物和淡水供应。当朱迪斯杀死他的时候,整个城镇都处于即将被迫投降的绝望中。当然,珀尔修斯可能也是被逼的,但奉命为国王(即使他是一个垂涎你母亲的恶棍)去寻得一件异想天开的物品,在高尚程度上远不如拯救处于饥渴中的男女老幼,更何况,朱迪斯希望通过杀一个人而拯救全城的百姓。可珀尔修斯在杀掉美杜莎后,又背上了数百条人命:在品达的第十首《皮提亚颂歌》中[41],他把一整座岛的居民都变成了石像;而在奥维德的记述中,他在自己的婚礼上把两百个人变成了石头。[42]这样一来,婚礼的蛋糕肯定是够分了。

在佛罗伦萨,距离切利尼的《珀尔修斯与美杜莎的首级》几米远的地方,还有一座多纳泰罗(Donatello)制作的《朱迪斯与荷罗孚尼》

的青铜雕像的复制品。真迹创作于1460年左右，现存放于附近的维奇奥宫（Palazzo Vecchio）。雕塑出色地表现了朱迪斯举剑时的表情，她的下巴微微向前伸出，仿佛在为下一秒的杀戮做好心理准备。两个人物都穿戴得当，与切利尼健美的珀尔修斯不同，多纳泰罗并没有把荷罗孚尼赤裸的上半身塑造得肌肉发达。阿特米西亚·真蒂莱斯基（Artemisia Gentileschi）的《朱迪斯将荷罗孚尼斩首》（*Judith Beheading Holofernes*）也是如此。这幅杰作创作于1611—1612年间，现藏于那不勒斯的卡波迪蒙特国家博物馆（Museo Nazionale di Capodimonte）。画面中，朱迪斯和她的女仆像两个疲惫的妇女处理家务一样，利落地完成了将敌军将领斩首的任务。这个杀戮的场景中没有任何色情元素。朱迪斯是个寡妇，丈夫死后，她从未与任何男人有染。[43]

相比之下，美杜莎被斩首的画面总是带有性暗示。弗洛伊德将其视为一种阉割焦虑，因为他总是把一切都归结为男性经验，甚至都没有意识到美杜莎才是被斩首的一方，这意味着她更贴近女性原型而不是男性。这大概就是弗洛伊德式的失误。如果你想从性别心理学的角度来诠释美杜莎的故事，那么更合理的说法应该是，它代表了一种一直以来对女性凝视的力量的恐惧。

给美杜莎的形象添加性暗示的传统一直延续至今：看看那些扮演美杜莎或采用美杜莎造型的女星吧：乌玛·瑟曼在《波西·杰克逊与神火之盗》电影版中扮演美杜莎；蕾哈娜为*GQ*杂志拍摄封面时，造型师达米安·赫斯特（Damien Hirst）为她安排的形象是上身全裸，头顶蛇发，再加一副蛇眼效果的美瞳。[44]这些美女利用了美杜莎的二元性：她是一个怪物，也是一个尤物。事实上，在当代文化中很难找到不含性暗示的美杜莎形象，《乐高大电影》（*The Lego*

Movie）成功地做到了这一点，尽管只是昙花一现[45]，在电影中，她的乐高蛇发尤其出彩。

即便某个古代作家没有将美杜莎视为怪物，也依然保留了她的尤物属性。公元2世纪的地理学家保萨尼亚斯也曾写过她的故事，他保证在叙事中剔除了所有的奇幻元素，只保留了理性的部分。[46] 保萨尼亚斯的版本是，美杜莎是统治着屈顿尼斯湖（Lake Triton）一带的女战士，带领利比亚人狩猎和战斗。某天，美杜莎带领军队扎营后，敌方主将珀尔修斯趁着夜色刺杀了她。即使在死后，她的美貌依然令人惊叹，于是珀尔修斯砍下她的头颅带回去给希腊人欣赏。尽管已经剥离了奇幻元素，但对女性的恐惧和物化却完好无损地保留了下来。

* * *

最后，让我们以美杜莎最早的艺术形象之一作为结束吧。在科孚（Corfu）的考古博物馆里藏有一块浮雕，它曾位于科基拉岛（Corcyra，今科孚岛）阿耳忒弥斯神庙的山墙上。在这块浮雕上，美杜莎与她的孩子们——飞马珀伽索斯和巨人克律萨俄耳同框而立。在大多数版本中，飞马和巨人都是从她被砍断的颈腔里跳出来的，而这里，她的头却好好地长在脖子上。

这座古老的神庙及其山墙浮雕可以追溯到公元前6世纪早期。我们看到的是美杜莎最怪异、最恐怖的形象：肥厚的舌头伸在外面，头发里盘绕着毒蛇，腰间还有一对蛇，蛇身相扣，蛇头相对，作为腰带紧紧地系住她的短裙。她的头和身体正对着观者，但肌肉发达的双腿却朝着侧方狂奔，仿佛正在逃离追杀者。飞马和巨人站在她的两侧，尽管他们的形象没有她那么完整（浮雕的材质是多孔石灰岩，硬度较低)。在他们的身后,各有一只大型猫科动物,可能是狮子或豹子,将美杜莎与身为"百兽女王"(potnia therōn)的阿耳忒弥斯联系在了一起。如果将其解读为帮助人们驱散对野兽的恐惧,这就与早期的女魔面形饰的作用对应上了:阿耳忒弥斯掌管百兽,而在她的神庙的显要位置上,是被蛇和狮豹环绕的美杜莎。看到这个,我们对未知野兽的恐惧好像已经减轻一点了。

难怪美杜莎的名字意为"统治者"或"守护者"。[47]她具有双面性,既是怪物,又是保护者(当我写下这些文字时,书桌上正摆着一个迷你的陶瓷美杜莎。我一直更喜欢将她视为一种守护而非威胁)。的确,美杜莎由多重对立面构成。她既美丽又狰狞,既是三姐妹之一,又是孤独的存在。她诞下了飞马和巨人,但也杀死了自己的母亲。她在死后的力量最为强大,而遭到斩首只是因为她在睡梦中暂时失去了力量。她在死去的瞬间又创造了生命。

关于美杜莎的双面性,还有最后一个例子:医神阿斯克勒庇俄斯学会了治疗术,能够挽救垂死之人,让逝者重回人间。(伪)阿波罗多洛斯(在讲完了珀尔修斯的故事很久之后)写道,这是因为雅典娜给了他两滴戈耳工之血。[48]她左半身的血能置人于死地,而右半身的血则能起死回生。从始至终,美杜莎都是那个带来救赎的怪物。

---

1. Nietzsche Aphorism 146, tr. by Shaun Whiteside.
2. Hesiod, *Theogony* 274-6.
3. Ibid 276-8.
4. Ibid 279.
5. Pindar, Pythian Ode 12 16.
6. Ovid, *Metamorphoses* 4 794ff.
7. Ibid 798.

8. Stavrakopoulou, Francesca (forthcoming: 2021), *God: An Anatomy* (London: Picador).
9. Homer, *Iliad* 5 741.
10. Ibid 11 36.
11. Homer, *Odyssey* 11 634.
12. Pindar, Pythian Ode 12 21.
13. Homer, *Iliad* 11 37.
14. *Prometheus Bound* 798-9.
15. https: //www.theoi.com/Gallery/P23.1B.html.
16. Ovid, *Metamorphoses* 5 250.
17. Pseudo-Hyginus, *Fabulae* 63.
18. Pseudo-Apollodorus, *Bibliotheca* 2.36-42.
19. Hesiod, *Shield of Heracles* 222.
20. Ibid 224.
21. Ibid 227.
22. https: //www.metmuseum.org/art/collection/search/254523.
23. https: //www.britishmuseum.org/research/collection_online/collection_ object_ details.aspx?objectId=461872&partId=1.
24. Pseudo-Apollodorus, *Bibliotheca* 2.4.3.
25. Gantz, p.489.
26. Pseudo-Apollodorus, *Bibliotheca* 2.45-6.
27. Ovid, *Metamorphoses* 4 617-20.
28. Pindar, Pythian Ode 12 8.
29. Homer, *Iliad* 5 114.
30. Ovid, *Metamorphoses* 11 85-193.
31. Ibid 11 125-6.
32. Wright, vol.2, p.61.
33. Ovid, *Metamorphoses* 4 741.
34. https: //collections.mfa.org/objects/154107.
35. Pseudo-Apollodorus, *Bibliotheca* 2.46
36. http: //www.museivaticani.va/content/museivaticani/en/collezioni/musei/museo-pio-clementino/Cortile-Ottagono/perseo-trionfante.html.
37. https: //www.metmuseum.org/en/art/collection/search/204758.
38. https: //www.reddit.com/r/justlegbeardthings/comments/9vcppc/be_thankful_we_

only_want_equality_and_not_payback/.
39. *Orange is the New Black*, Season 3, episode 12,'Don't Make Me Come Back There.'
40. Book of Judith, Ch 12-13.
41. Pindar, Pythian Ode 10, 47-8.
42. Ovid, *Metamorphoses* 5 209.
43. Book of Judith, Ch 16, v 26.
44. https: //www.gq.com/story/see-rihanna-as-a-topless-medusa-on-the cover-of-british-gq?fbclid=IwAR1iGwZPDG99bxRtckveo8Anb0oTBm_C_RdKS-75inxprJ_4Gw-D3v5POS0.
45. https: //thelegomovie.fandom.com/wiki/Medusa.
46. Pausanias, *Description of Greece* 2.21.5.
47. "美杜莎"（*medousa*）一词是"*medōn*"的女性化形式, Liddell and Scott。
48. Pseudo-Apollodorus, *Bibliotheca* 3.10.3.

第五章
亚马孙人

亚马孙人是一群"持金盾银斧,爱男子,杀男婴"的女人。[1]公元前5世纪的古希腊历史学家莱斯沃斯的赫拉尼库斯在写下这番话时,应该没有赞美的意思,但我看了确实挺想加入她们的。类似的表述还有很多,读者可能不禁要怀疑其中有几分是批评,几分是渴望。如果赫拉尼克斯只想表达亚马孙人有着高超的武艺和野蛮的习性,那他大可不必提到"爱男子",除非他认为爱男子本身就是她们野蛮且不自然的表现(说不定真的是)。顺便提一下,"杀男婴"是他对亚马孙人为什么能维持一个全女部落的解释——她们总得找个法子摆脱掉男性儿童。然而如前所述,许多古代社会对于杀死或遗弃羸弱的男婴(以及任何女婴)并无异议,因此在选择性杀婴的问题上,他的批评或许并不像现代人以为的那样尖锐。

希腊人对这些女人非常着迷:跟他们自己比起来,她们是野蛮人,而且两方经常交战。在古希腊的瓶画上,亚马孙女战士是第二受欢迎的神话人物,仅次于赫拉克勒斯。[2]事实上,被画在陶罐上的亚马孙女战士超过一千个[3],其中有名有姓的至少有60个。那么,这些介于阳刚与阴柔、文明与野性、真实与幻想之间的女性,为何能让古希腊的作家,尤其是艺术家们如此迷恋呢?我们又是如何失去她们的呢？大多数人可能都能说出赫拉克勒斯、忒修斯或阿喀琉斯的名字，但与这些英雄有关的亚马孙女战士——希波吕忒、安提俄珀和彭忒西勒亚的名字却鲜为人知。而就算她们被记住，也很少是因为好事。

我们应当把亚马孙人视为一个部落或团体，因为这些女性身上最重要的特征就是集体性：她们总是成群结队地出现。这与特洛伊战争中男性英雄之间盛行的赢家通吃的风气形成了鲜明对比。且看《伊利亚特》第1卷中的阿喀琉斯，他感到自己的荣誉被阿伽门农所轻视，于是恳求母亲海仙女忒提斯去找宙斯，要宙斯协助特洛伊人，也就是敌人一方。几分钟前，希腊士兵还是他的战友，转眼就成了他追求个人战功的牺牲品。还有希腊英雄大埃阿斯（Ajax），在阿喀琉斯死后，他与奥德修斯为争夺其盔甲展开了竞争，而希腊人将盔甲判给了奥德修斯，大埃阿斯为此倍感屈辱，愤怨难平，甚至想对昔日战友大开杀戒。幸好有雅典娜的介入，她给大埃阿斯施了障眼法，让他在砍杀畜群的时候以为自己在屠戮战友，这才阻止他铸成大错。当他醒悟过来，意识到自己的所作所为后，在羞愧中自杀身亡。

换句话说，在特洛伊战争中，这些希腊英雄的心态本质上是自私又自恋的。虽然也有例外（比如阿喀琉斯对帕特罗克洛斯的忠诚，以及帕特罗克洛斯医治受伤战友的愿望），但《伊利亚特》和索福克勒斯的《大埃阿斯》向我们展示的是一类极其个人主义的英雄。如果你想知道奥德修斯是一个多么优秀的领导者，可以数一数在他的带领下从特洛伊启程返乡的伊萨卡人，有多少真的回到了伊萨卡。答案是：一个也没有。奥德修斯之所以成为英雄，是因为他个人的冒险，他自己与怪物和霉运擦肩而过的经历。但他不是一个可以并肩作战的人，除非你不想活了。相反，他是那种在旅途中失去了一位战友还无知无觉的人。厄尔皮诺（Elpenor）的鬼魂要不是趁奥德修斯进入冥界的时候抓住他诉苦，他的尸体恐怕永远得不到安葬。

与这些男的不同，亚马孙女战士们总是并肩作战。士麦那的昆图斯（Quintus Smyrnaeus）在《特洛伊城的陷落》(Fall of Troy)中写道[4]，在特洛伊战争的后期，当彭忒西勒亚决定与阿喀琉斯作战时，有12名亚马孙战士与她同行。她们每个人的名字都记录在册。亚马孙人这种极强的部族意识让她们得以从战场上生存下来，在现有的陶罐瓶画和雕塑中，她们一般都被表现为并肩作战的形象，虽然这种忠诚有时也会危及她们的安全。尽管瓶画的画师们列出了几十个亚马孙人的名字，我们还是得回到其中少数几个人的故事上。其中最著名的可能是希波吕忒。她是亚马孙人的女王，也是战神阿瑞斯的女儿。史诗诗人罗德岛的阿波罗尼奥斯称她为"好战者"（philoptolemoio）[5]，她不仅继承了父亲的武艺，还拥有那条著名的腰带：(伪)阿波罗多洛斯称之为"阿瑞斯的腰带"(Areos zōstēra[6])。赫拉克勒斯（在罗马人占据主导地位之后，他才叫这个名字）在他的第九大伟业中夺取的就是这条腰带。译者们往往喜欢管它叫"希波吕忒的束腰"，这一点让人颇为不快。

即使我们像《仲夏夜之梦》中的帕克（Puck）一样，听到"束腰"两个字就想到一种可以在40分钟内绕地球一圈的无性别腰带，这个翻译还是显得很别扭。[7]对今天的许多人来说，"束腰"是祖母那一辈的妇女所穿的内衣，我小时候偶尔还会在晾衣绳上看到这种湿哒哒的刑具。看到希波吕忒的形象在语言的转换中被扭曲和弱化，真叫人痛惜。她穿的不是束身衣，也不是普通的腰带，而是战斗腰带。希腊语中她的腰带叫束带（zōstēr）：跟男性战士佩戴的用于固定武器的腰带是同一个词。女性的腰带叫zōnē，没有战斗方面的含义。这已经不是第一次，为了使女性角色的形象在英语中不像在希腊语中那样令人生畏（和令人难忘），人们选择牺牲掉翻译的准确性。欧里庇得斯、（伪）阿波罗多洛斯、罗德岛的阿波罗尼奥斯、西西里的迪奥多罗斯和保萨尼亚斯都使用了 zōstēr 这个词。[8] 对他们来说，希波吕忒是一名战士，就是这么简单明了。

或者说，她的身份简单明了，而服饰则繁复华丽。亚马孙人无论在服饰的选择上，还是在全女性的社会结构以及战斗技巧上，都有别于高贵的希腊人设立的标准。希腊男女都是光腿穿各式短袍和披肩的，而亚马孙人则上身穿短袍，下身穿长裤或绑腿。

大英博物馆藏有一个精美的陶制香水瓶，瓶身细长，高约15厘米，制作于公元前480年左右。[9] 上面用黑白两色绘制着一个女性形象，她的头转向一侧，卷曲的长发束在脑后。她很有可能是亚马孙人，因为她的装束风格与被标明了是亚马孙人的那些形象相同（古希腊的陶工们经常会把角色姓名标注在旁）。她下身穿一条黑色直筒长裤，上身是一件短上衣，用腰带紧紧扎住。从上衣的黑白线条和波点可以看出这是一件亚麻胸甲（一种用亚麻或皮革黏合而成的护甲）。她右手拿着斧子，这是亚马孙人最常用的武器，身后还背着一个箭筒。这一身装束在今天看来也不过时，她和她的参观者唯一的区别就是手里的武器。此外，她的胸甲还能在她受到攻击时提供防护。

一些红绘陶罐以惊人的细节描绘了这种精美的紧身长裤（有时候也有长袖上衣）。纽约大都会博物馆收藏的一个双耳调酒杯上［据传是由一位名叫"长毛萨堤尔"（the Woolly Satyrs）的画师创作于公元前5世纪中叶］[10] 描绘了一场"亚马孙之战"，即希腊人与亚马孙人之间的战斗。画面上的亚马孙女战士们穿着纹样极为复杂的紧身裤,有棋盘格、锯齿纹,以及空心菱格图案。一人身披甲胄,另一个头戴装饰性的帽子,还有一人裹着兽皮做的斗篷,兽爪垂在腿侧。两名背对背的希腊男子正在与这些女战士搏斗。左边离观者最近的那个已经倒地,蜷缩在圆盾后面,一名骑马的亚马孙人正持矛刺向他。我们可以看到他的一只光着的脚底,而亚马孙人则穿着系带的过踝靴。另一名希腊人抽回长矛,准备攻击面前两名挥舞着战斧的亚马孙人。绕到酒杯的另一面,我们会看到几位希腊人正驾着战车前来支援。

这个场景中有许多值得注意的地方。首先,亚马孙人的服饰远比希腊人华丽。希腊人朴素的衣着与他们装饰精美的盾牌形成了鲜明的对比,而亚马孙人一方的纹样与材质都很丰富。其次,这是一场势均力敌、胜负尚未分明的战斗。一个战士已经倒下,另一个则寡不敌众,但援军已经逼近。两个希腊人都在单打独斗,那名亚马孙骑兵也是单枪匹马,而两个步兵女战士却在并肩作战。所以西西里的迪奥多罗斯才对亚马孙人有"强大且好战"[11]的记载。这些女人不是因为受到攻击才不得不战斗,而是因为她们天生就是优秀的战士。画面中的另一个亮点是两个亚马孙人手中挥舞的战斧,斧柄细长,斧刃锋利。亚马孙人的形象与这种特殊的武器(该武器的拉丁文是"*securis*")紧密地绑定在一起,以至于老普林尼①认为这是曾参与过特洛伊战争的亚马孙女王彭忒西勒亚发明的。[12]难怪荷马称她们为"比肩男子"(*antianeirai*)[13]。顺便一提,荷马也描述过战斗腰带,就是特洛伊战争中的英雄们所穿戴的那种由皮革和金属制成的腰带,并且他也使用了"*zōstēr*"这个词,跟其他作家们用来指代希波吕忒

---

① 老普林尼(Pliny the Elder, 23/24–79),古罗马作家、自然学家。

的腰带的是同一个词。

因此,当赫拉克勒斯被派去夺取希波吕忒的腰带时,这才是他要找的东西,而不是什么束腰。毫无疑问,当一个以其复杂且暴力的双性恋私生活而著称的男人,要从一个女人身上取下一件特定的衣物,尤其是穿戴在腰部或臀部的衣物时,其中必然包含着性暗示。但是,通过将"zōstēr"译为"战斗腰带"以外的其他词来传达这一点,其代价远高于价值,希波吕忒配得上更好的待遇。此外,赫拉克勒斯的冒险中不仅有性暗示,甚至还有性侵犯的暗示:我们最好记得,赫拉克勒斯之所以要完成十二伟业,是在为他因一时精神错乱误杀妻儿赎罪(迪士尼的同名动画电影中明智地省略了这部分情节,尽管有删减,但迄今为止,它仍是我最喜欢的改编自希腊神话的电影)。

赫拉克勒斯来到亚马孙人的国度,在大部分记载中,它位于黑海南岸的忒弥斯库拉(Themiscyra),但偶尔也会在利比亚。出人意料的是,女战士们没有攻击他。相反,他受到了希波吕忒和她的随从们的接待。大都会博物馆收藏的一块公元前4世纪的陶器残片上绘有这个场景[14]:赫拉克勒斯有点局促地站在那里,向希波吕忒陈情,扬起的眉毛和睁大的眼睛让他看起来焦虑不安。手持战斧的亚马孙人将他团团围住,也许这就是让他感到紧张的原因。希波吕忒从容地坐在客人面前,腰间束着一条镶着金属圆片的皮制腰带,可能就是赫拉克勒斯想要的那条。

这个故事在(伪)阿波罗多洛斯的《书库》(*Bibliotheca*)中有更详细的记载。欧律斯透斯(Eurystheus)命令赫拉克勒斯为他的女儿阿德墨忒(Admete)带回希波吕忒的腰带。在这里,我们获得了关于希波吕忒的一些额外的信息:她统治着善战的亚马孙人,居住在忒耳摩冬河(River Thermodon)附近。[15](伪)阿波罗多洛斯将她们的生活描述为"男性化的"(*andrian*)。接下来,他重复了关于亚马孙人的一个奇怪的传言:她们会烙平(更夸张的版本说直接切除)一侧的乳房,以便更好地投掷长矛或射箭。然而,这一行为并不见于早期的文学作品[(伪)阿波罗多洛斯的作品写于公元1世纪或2世纪]中,也不见于任何艺术作品中。在前文所述的瓶画中,从未出现过只有一个乳房的亚马孙人,也没有一个亚马孙人看起来不擅使用武器。事实上,瓶画上经常画着另一位手持弓箭的女性,那就是以高超的狩猎技巧著称的阿耳忒弥斯,她持弓的手离躯体有一臂之遥,再大的乳房也不会碍事。[16]

那么,这个神秘的说法是从何而来呢?古希腊人非常沉迷于所谓的民间词源学,一个刻薄的人会说这都是胡扯。他们喜欢通过拆解词来求其"真义",喜剧作家阿里斯托芬在他的杰作《云》(*The Clouds*)中对公元前5世纪某些痴迷此道的知识分子进行了精彩的嘲讽。当时的人们认为"Amazon"一词源于否定前缀"a-"和"*mastos*",意思是"乳房"[如今的"乳腺炎"(mastitis)一词即来源于此]。但是,"Amazon"一词并不是希腊语,关于它的来源有多种说法,但是并没有定论。唯一能肯定的是,这是一个进入了希腊语的外来语。试图将希腊语的含义强加于它,只是那些闲极无聊的知识分子的消遣,仅此而已。

对于阿德墨忒为什么想要希波吕忒的战斗腰带,《书库》中没有给出任何解释,只说她一心想要得到它。也许她渴望得到这件来自阿瑞斯、代表着希波吕忒女王身份的礼物;也许她希望自己也能穿上色彩鲜艳的紧身裤,挥舞起战斧。不管怎样,赫拉克勒斯乘船起航,途中经历了种种骚乱,又杀了不少人,最终抵达了忒弥斯库拉的港口。考虑到赫拉克勒斯素有凶残好杀的恶名,希波吕忒表现得异常大度。她并没有全副武装地准备干掉这个不速之客,而是平静地上前询问其来意。

当他解释说想要她的腰带时,她没有争辩,也没有讨价还价,只是简单地应允了。这并不是我们预期中的好战的蛮族会有的举动。为什么希波吕忒要把她珍贵的腰带送给一个初次见面的男人?这个男人只想把腰带当作一件小饰品或身份的象征送给一个她素未谋面的女人罢了。毕竟,腰带是阿瑞斯送给她的礼物,而从其他故事中可知,神赐之物对于英雄们来说意义重大。珀尔修斯得攒齐一整套这样的装备才能去对付美杜莎,而希波吕忒却毫不犹豫地送出了父亲的腰带。后世的作家通过暗示两人一见钟情来解释希波吕忒的善意。很显然,一位蛮族女王送出自己的战甲只因她生性慷慨,这种想法未免太奇怪了,根本站不住脚,所以一定是因为爱情。但是大都会博物馆的陶片上却只描绘了她对陌生人的慷慨,而这块陶片比这段文字记载要早上四五百年。

尽管看似开了个好头,但亚马孙人和希腊人最终还是打了起来。罪魁祸首是,且又是赫拉,她的恶意无穷无尽,无差别地攻击所有人。她对赫拉克勒斯的厌恶尤其坚定不移,因为他是宙斯与凡人女子阿尔克墨涅的儿子——赫拉最恨的就是丈夫频繁出轨所生下的那群后代。为了挑起事端,给赫拉克勒斯制造麻烦,赫拉假扮成亚马孙人,告诉其他女人这些"xenoi"["陌生人"或"外国人","xenophobia"("仇外,对外国人的畏惧和憎恨")一词即来源于此]绑架了她们的女王。亚马孙人立刻拿起武器,匆忙赶去查看女王的情况,而与此同时,希波吕忒一直在船上与赫拉克勒斯交谈。赫拉克勒斯看到一群全副武装的女人骑着马逼近,便认定自己受到了欺骗。他表现出一贯的冷静,没有质疑,而是直接杀死了希波吕忒,夺走了她的腰带。

在普鲁塔克笔下,他还带走了她的战斧。[17]那些只将腰带视为性符号的人往往会选择性无视这个情节,至于女人的战斧能象征什么那简直不敢想,而且我确信弗洛伊德对此会毫无贡献。与亚马孙人交战一番后,赫拉克勒斯和他的手下们扬帆驶向了特洛伊。希波吕忒的慷慨在一个偏执的杀人狂面前一文不值。

保萨尼亚斯在《希腊志》中描述了奥林匹亚的宙斯神庙,上面刻着赫拉克勒斯的丰功伟绩。夺走希波吕忒的腰带这一幕被安排在门楣上。此外,在那个饰有黄金和象牙的宙斯神像的底座上,还雕刻着亚马孙战争的场面。保萨尼亚斯在欣赏赫拉克勒斯与亚马孙人战斗场面的同时,还仔细数了数双方的参战人数,共有29人。他还注意到忒修斯也在赫拉克勒斯的阵营里。

在忒修斯和赫拉克勒斯各自的故事中,均有一些版本记录了两人联手对抗亚马孙人,跟保萨尼亚斯欣赏过的浮雕内容一致。在另一些版本中,忒修斯是在赫拉克勒斯之后,独自前往亚马孙人的国度。普鲁塔克在《忒修斯生平》(*Life of Theseus*)[18]中谈到了这些不同的版本。在他发现的最早的一版中,忒修斯在对战亚马孙人时表现英勇,因而得到了被俘的安提俄珀以作为奖励。但普鲁塔克认为这种说法难以令人信服,因为赫拉克勒斯船上的其他人都没有俘虏亚马孙人。在他看来,另一种解释更为可信。他提到了诗人彼翁(Bion),后者声称忒修斯是用欺骗的手段俘虏了亚马孙人[19](不得不说,这非常符合忒修斯对女人的一贯态度。普鲁塔克还嘲讽道,忒修斯的婚姻从来就没有善始,也没有善终。)彼翁还写道,亚马孙人天生"爱慕男子"(*philandrous*),她们并没有躲避忒修斯,而是把他当客人招待,还送来了礼物。他邀请前来送礼的亚马孙人上船,然后不等她下船便扬帆起航。

这就是第二次亚马孙战争的起因：亚马孙人入侵雅典，力图夺回她们的姐妹安提俄珀。普鲁塔克写道，对于忒修斯来说，这场战争既不是小打小闹，也不是妇人之争。他没有低估与这些勇士作战的危险，读者亦应如此。普鲁塔克还写道，她们若不是已经英勇地征服了雅典的近郊，就无法在普尼克斯（Pnyx）山和缪西翁（Museion）山（离雅典市中心不远的两座山丘）之间扎营，并与雅典军队进行近身肉搏了。换句话说，这场亚马孙入侵声势浩大。在攻打一座城池之前，她们首先会确保控制了其周边地区。尽管忒修斯拥有整个城邦的兵力，战争还是持续了3个月。普鲁塔克援引了克雷德慕斯①的说法：直到希波吕忒促成双方达成了停战协定后，敌对状态才终止（普鲁塔克解释道，克雷德穆斯将安提俄珀的名字误写成了希波吕忒）。悲剧作家埃斯库罗斯在描述这场战斗时，想象她们在阿瑞斯山上建造了要塞来对抗忒修斯的堡垒；[20]换句话说，这场亚马孙之战并非小规模的冲突或游击战，而是一场全方位的攻城战。

一如既往，这一段也有多个版本。有些史料说，与忒修斯并肩作战的那个女人（普鲁塔克似乎已经放弃了搞清楚她到底是谁）是被另一个叫摩帕狄娅（Molpadia）的亚马孙人杀死的。换句话说，这个版本中的安提俄珀是在与前来夺回她的亚马孙人作战。对此，普鲁塔克表示，这个故事年代久远，所以在流传过程中难免会跑偏。它也确实跑偏了，忒修斯后来又跟淮德拉再婚了。而在有些版本中，正是因为他抛弃了安提俄珀另娶他人才引发了亚马孙战争。忒修斯还跟安提俄珀或希波吕忒生了一个儿子，名叫希波吕托斯（Hippdytus）或得摩丰（Demophoön）。

---

① 克雷德慕斯（Cleidemus），古希腊学者。

如此多相互矛盾的故事表明了古代世界对亚马孙人的热衷程度，也意味着长期以来，希腊各地都有人在创作关于她们的神话。可能雅典人觉得自己在赫拉克勒斯的故事中缺乏存在感，于是加入了他们本地的英雄忒修斯。或许他们也更喜欢另一种叙事，即忒修斯没有绑架安提俄珀，而是在与赫拉克勒斯一起攻打忒弥斯库拉的时候，被安提俄珀看中，[21]她随后向他们投降。问题在于，把雅典人最喜爱的男性英雄加入进来，不仅为安提俄珀的故事增添了一点浪漫色彩，同时让她显得软弱，为了一个男人背叛姐妹情谊。无论是画在陶罐上、雕刻在神庙中，还是记录在历史、传记或诗歌里，大多数关于亚马孙人的故事都强调了她们之间的团结。因此，安提俄珀的故事为那些对女性互助的理念感到不安的人提供了一个特别安心的反例：即使是亚马孙人也会因抵御不了爱情而背离自己的天性。诚然，这些女战士十分强大，但通过引诱（或绑架）其中一人，至少还有一丝扭转战局的可能。

* * *

当然，如果你是希腊世界有史以来的最强战士，也可以选择与亚马孙人单挑。而最佳时机莫过于特洛伊战争的最后一年，也就是第三次亚马孙之战。正如希罗多德所言，亚马孙人在特洛伊战争中也毫不退缩。[22]

保萨尼亚斯对亚马孙人远征特洛伊感到有些困惑。看着一尊亚马孙人与忒修斯作战的雕塑，他不禁疑惑在经历了之前的战败后，她们居然没有失去对危险的狂热。[23]她们先是把忒弥斯库拉输给了赫拉克勒斯，然后又失去了远征雅典对抗忒修斯的军队。尽管如此，她们还是来到特洛伊，与雅典人乃至所有希腊人作战。确实是个好问题。亚马孙人在失利后仍然坚持战斗，这有什么奇怪的吗？这正是战士本色：无论胜负，都将继续奋战。希腊人在特洛伊战场上失败了9年，在《伊利亚特》第2卷里，我们看到他们是多么渴望就此放弃，返回故乡。但即使如此，他们还是留下来继续战斗了。

古代世界的绝大多数文学作品都没能流传下来，90%以上消失在了岁月中，其中就包括一部史诗《埃塞俄匹斯》（Aethiopis）。它承接《伊利亚特》，讲述了特洛伊战争后期的故事。《伊利亚特》以赫克托耳的葬礼落幕，长诗的最后一句是："特洛伊人礼葬了赫克托耳，驯马的英壮。"对现代读者来说，这个结尾隐晦地暗示了特洛伊的陷落：其最强大的卫士已经战死，面对汹涌的敌军，这座城池已不可能抵御太久。但是，根据一位荷马史诗的评注者（也就是古代世界的文本考据家）所说，《伊利亚特》和《埃塞俄匹斯》之间绝对有着非同一般的关联性。他所掌握的某些版本的《伊利亚特》是这样结尾的："于是，他们埋葬了赫克托耳。之后出现了一位亚马孙人，她是豪迈的阿瑞斯的女儿，战士的灾星。"[24] 另一个版本则点明了这位亚马孙人的名字，还提到了她的母亲："之后出现了一个亚马孙人，她是奥特瑞拉（Otrera）的女儿，优雅的彭忒西勒亚。"

拉丁语和希腊文学作品的大量失传着实令人遗憾，但这一部《埃塞俄匹斯》尤其让我痛心，它讲述了彭忒西勒亚和伟大的埃塞俄比亚王子门农的故事，他们曾共同在特洛伊与希腊人作战。我们对特洛伊战争的了解大多来自《伊利亚特》，而《伊利亚特》在这些人物出场之前就已经结束了。古典文学常被诟病研究范围狭窄，部分原因是有能力开设相关课程的学校非常有限，另一个不可否认的事实是，古希腊和罗马的作家们几乎都来自极少数富裕的精英阶层（所以作品数量本来就不多）。因此失去这部史诗格外遗憾，它本可以让那些值得关注,却在现存作品中几乎没有被人提及的角色们重放光彩。而这也使得某些版本的《伊利亚特》的结尾部分变得更加诱人,因为其中提到了彭忒西勒亚的名字,以及她高贵的出身。在荷马的叙事传统中,我们正是通过这种方式认识男性英雄的,比如阿喀琉斯是珀琉斯和忒提斯之子,阿伽门农和墨涅拉俄斯常常被称为阿特柔斯之子。家族血缘是定义英雄身份的关键内容,而当英雄拥有神的血统[比如阿芙洛狄忒之子埃涅阿斯或宙斯之子萨尔珀冬]时,他们的地位便更加显赫。《伊利亚特》中有这么一段情节[25],赫拉问众神何必关心赫克托耳,他不过是区区凡人,由一个凡人女子哺育长大,不像阿喀琉斯,他的母亲是一位女神。虽然英雄不问出身,但神的子女无疑更加分。

因此,当彭忒西勒亚作为阿瑞斯的女儿登场时,其意义不仅在于我们知道了她的血统,还提升了她作为英雄的地位。其他神明倒是没有赫拉那么偏心,宙斯解释说,因为赫克托耳献上的祭品最让众神满意,所以才是他们最喜欢的特洛伊人。众神之王不太关心英雄是谁的后代,而是更关心他有多虔诚和慷慨,在一定程度上,这是一种典型的自我中心式平等主义。但众神确实更倾向于照顾自己的孩子,比如阿芙洛狄忒就在战场上救下了她的儿子特洛伊人埃涅阿斯。

无论用什么标准来定义特洛伊战争中的英雄,彭忒西勒亚都能名列前茅。她是一名战士,而且,如前所述,她还是亚马孙战斧的发明者。她不仅是神的女儿,而且是战神的女儿,对于战士而言,没有比这更高贵的血统了。她曾与全希腊最伟大的战士阿喀琉斯交锋,这使她足以与赫克托耳平起平坐。不仅如此,她是主动求战,而在《伊利亚特》第22卷中,目睹了阿喀琉斯横扫千军后,赫克托耳选择了直接逃跑。像阿喀琉斯一样,她是为荣耀而战;同时,像赫克托耳一样,她也为保卫城池而战。只是她为之战斗的特洛伊并不是她的家园。在特洛伊失去了最坚定的保卫者之后,她选择了这场战斗,选择了成为特洛伊人的盟友。荷马史诗中的英雄通常只顾自己,但彭忒西勒亚却更有同情心,她为弱者挺身而出。

那么,为什么彭忒西勒亚会选择参与这场与她无关的战争呢?(伪)阿波罗多洛斯给出了答案[26]:因为她在一场意外中杀死了自己的姐妹希波吕忒。显然,我们已知希波吕忒死于赫拉克勒斯之手(她有时也出现在忒修斯的故事里,尽管那位通常叫安提俄珀),但这里还有另一个版本的故事。如前所述,希波吕忒的多重命运说明她是一个极受喜爱的人物,她的故事在希腊世界被不同的人反复讲述,我们还发现阿喀琉斯的故事也有多个相互矛盾的版本。士麦那的昆图斯的诗中有更多关于这场悲剧的细节。[27]他写道,彭忒西勒亚满怀悲伤,因为她误杀了自己的姐妹。她用长矛瞄准了一头鹿,不料却击中了姐妹。我们可以看到,她的名字中就包含了"悲痛"(penthos)一词,仿佛这场悲剧早已注定。彭忒西勒亚害怕复仇女神因弑亲大罪而追杀她,于是想要通过战斗来洗刷罪行,最终以死亡献祭了自己,一命抵一命。

这是她做出的又一个非凡的决定。当想要屠戮战友的大埃阿斯被雅典娜施了障眼法,冲进畜群狂砍一番后,他选择了自杀而不是活在耻辱和敌人的嘲笑中。当俄瑞斯忒斯因杀害母亲克吕泰涅斯特拉而被复仇女神追杀时,他是一心想要逃脱惩罚。复仇女神追着他满希腊逃亡,在埃斯库罗斯的戏剧《复仇神》中,她们终于同意让他在雅典接受审判。这两个人本可以选择一些不那么以自我为中心的方式来赎罪。大埃阿斯可以通过保护寡不敌众的盟友来弥补过失;俄瑞斯忒斯也可以通过类似的方式来减轻复仇女神的愤怒。但前者已无颜苟活,而后者则靠着阿波罗和雅典娜脱罪了(他俩似乎时刻准备着对走投无路的希腊人伸出援手)。

而彭忒西勒亚却认为自己应为这无心之罪负责。她的自责程度远远超过俄瑞斯忒斯,尽管后者冷血地谋杀了自己的母亲。那么,到底是复仇女神对彭忒西勒亚穷追不舍,还是说她只是比其他杀人犯更有悔罪之心?无论出于何种原因,她都决心以自己的生命造福他人,所以才会去保卫特洛伊。根据(伪)阿波罗多洛斯的记载,特洛伊国王普里阿摩斯赦免了她的罪。[28]他使用的词语是"*kathartheisa*",意思是"洗涤",如今的"净化"(catharsis)一词就是从这里来的。

根据昆图斯的诗作,彭忒西勒亚身边有12个有名有姓的亚马孙人陪同。按照亚马孙人的传统,她不会孤身上阵。这与另外两位又形成了一个颇有深意的对比。俄瑞斯忒斯被复仇女神追杀,虽然得到了阿波罗和雅典娜的帮助,但最终还是独自受审。大埃阿斯则孤独地死去:他的妻子忒克墨萨救不了他,而他的兄弟透克洛斯又到得太晚了。[29]彭忒西勒亚也犯了罪,尽管并非故意(俄狄浦斯的故事告诉我们,在神罚面前,不知情不是借口),然而,她并没有被她的亚马孙姐妹们排挤和抛弃,只身一人踏上赎罪之路。她们与她一起,从忒耳摩冬骑马前往特洛伊,她们将并肩作战。

亚马孙人一旦投入战斗,便至死方休。据(伪)阿波罗多洛斯记载,彭忒西勒亚击杀了包括玛卡翁在内的许多希腊人。昆图斯更详细地描述了她的战斗,对他来说,彭忒西勒亚丝毫不亚于那些男性英雄,因此他用文字给了她同等的待遇。他写道,当她和12名战友抵达时,特洛伊人欣喜若狂,仿佛久旱逢甘霖,而国王普里阿摩斯则仿佛是盲人一朝重见光明,她们是他和他的人民渴求已久的救星。13

名武艺高强的勇士似乎已经足以扭转战局，让特洛伊反败为胜。彭忒西勒亚认为自己足以比肩希腊方面的最强战士：她向普里阿摩斯承诺，她将迎战阿喀琉斯并将他杀死。昆图斯称她为"疯子""傻瓜"（nēpiē）。[30]耐人寻味的是，荷马在《伊利亚特》第16卷中也用了同样的词来形容帕特罗克洛斯，当时他恳求阿喀琉斯让自己穿上他的盔甲，代替他出战。他也是一个疯子，求来了自己的死亡，尽管他对这命运一无所知。昆图斯是在刻意呼应荷马吗？似乎很有可能。帕特罗克洛斯疯了，他的请求会导致他的死亡——只等赫克托耳意识到自己对战的是帕特罗克洛斯，而不是更强大的阿喀琉斯。昆图斯通过这个词，以及彭忒西勒亚和帕特罗克洛斯的相似之处，暗示了她即将迎来的命运。他们都对自己的实力充满信心，而他们的实力也的确不容小觑。但即便如此，这种自信依然是错误的，他们都将被更优秀的战士杀死。同样的话语反映了同样的境况，这是从另一个角度让我们明白，彭忒西勒亚与男性战士是平等的。

只有安德洛玛刻，也就是赫克托耳的遗孀，没有沉浸在这一刻的狂喜中。她想让彭忒西勒亚明白，强大如赫克托耳，也死于阿喀琉斯之手，因此亚马孙人毫无胜算。这是一个女人悲愤的哀叹，在丈夫死后，她唯一的慰藉就是坚信赫克托耳是特洛伊最伟大的战士。彭忒西勒亚的到来，以及她即将挑战并可能战胜阿喀琉斯这件事，显然对安德洛玛刻构成了威胁。她当然希望特洛伊最强大的敌人被消灭，希腊人被击退，她的城邦赢得战争，但如果代价是承认她的亡夫终究不是特洛伊最伟大的保卫者，这胜利对她来说将是苦乐参半。即使他已阵亡，她的地位仍取决于他。而面对可能超越他的新的勇士，死者的声誉是脆弱的。

接下来的发展在希腊神话中并不鲜见，一位女神将亲自下场毁灭一个女人，哪怕后者是战神的女儿也不能幸免。就在彭忒西勒亚参战的前夜，帕拉斯下凡来到她梦中。帕拉斯是雅典娜的别名，也是她的养妹海神特里顿之女的名字。[31]帕拉斯（雅典娜本人或她的养妹）托梦给彭忒西勒亚，骗她去找阿喀琉斯单挑，并暗示她将是胜利者。不幸的是，彭忒西勒亚信以为真，醒来后决意一战。

  接下来昆图斯描绘了史诗读者们十分熟悉的场景：英雄准备战斗的过程，她拥有的武器和盔甲（全部由阿瑞斯提供），包括黄金打造的护腿、闪亮的胸甲、用象牙和白银装饰的剑鞘，以及盾牌、头盔和长矛。全副武装的她宛如一道闪电。[32]为了不让读者低估这个比喻中暗藏的毁灭性力量，昆图斯特地强调，就是宙斯掷向大地的那种闪电。她还有一把双刃战斧，大到可以砍倒一头公牛。[33]有趣的是，这是纷争女神厄里斯送给她的礼物。因此，就像珀尔修斯等男性英雄那样，彭忒西勒亚与一位神有亲缘关系，但也会收到其他神的礼物。她获得装备的渠道与《伊利亚特》中阿喀琉斯重返战场时一样，阿喀琉斯的第一套盔甲被赫克托耳从帕特罗克洛斯的尸体上扒走了，忒提斯于是说服赫淮斯托斯为他打造了一套新的，并配有一面格外华丽的盾牌，身为神的父母总能帮他们的凡人子女获得更多神器。一位海洋仙女欧丽泰亚为彭忒西勒亚提供了坐骑，这匹马的脚程快得就像鸟身女妖的双翼。昆图斯写道，她"电卷风驰"般奔赴战场。这一次，她的模样像极了那位以迅捷著称的阿喀琉斯。在彭忒西勒亚出阵后，普里阿摩斯向宙斯祈祷她的凯旋，他一定每天都为赫克托耳这样做。但众神降下的预兆却让他悲恸不已——那是一只鹰，爪子里攥着一只鸽子。这一刻，他意识到彭忒西勒亚此番定是有去无回了。

  看到新的勇士冲上战场，希腊人心中充满了困惑。赫克托耳已死,他们不相信还能有谁为特洛伊而战,抵御希腊联军的进攻。这会是谁呢？或许是一位神明。[34]希腊人鼓起勇气应战,因为他们知道自己也曾有神助。刚刚重整旗鼓的特洛伊人挺身前进,惊慌失措的希腊人也上阵迎敌。昆图斯写道,特洛伊的大地被鲜血浸染。[35]

彭忒西勒亚在战场上的英勇与《伊利亚特》中那些伟大的英雄们不相上下。昆图斯列举了她的战绩——摩利翁、珀耳西诺俄斯、伊利索斯,等等,她的亚马孙姐妹们的战绩也被一一记载下来。不过,这场战斗也并非一边倒：希腊人波达耳刻斯杀死了亚马孙战士克洛妮。战友的死激怒了彭忒西勒亚[36],她用长矛刺向了波达耳刻斯,片刻之后,他便死在了同伴怀里。这一举动无疑也让读者再次感受到了她的英雄气概,因为对失去战友的愤怒,以及为复仇而杀敌,是史诗中英雄们常有的动机。这是一种发自本能的英雄主义情感,而彭忒西勒亚正是一位内外如一的英雄。战斗仍在继续,昆图斯写道,许多希腊人和特洛伊人的心脏都在这一天停止了跳动。他将彭忒西勒亚比作一头母狮,[37]这再度呼应了《伊利亚特》对阿伽门农、墨涅拉俄斯,尤其是对阿喀琉斯的描述。在这部史诗中,狮子的比喻出现了近30次[38],都是用来形容男性英雄的。彭忒西勒亚在战场上昂首阔步,质问为何最著名的希腊英雄们——狄俄墨得斯、大埃阿斯——不敢前来应战。一个特洛伊人目睹了这光辉时刻,认为她一定是雅典娜、厄里斯或阿耳忒弥斯。雌狮也好,女神也好,彭忒西勒亚在战斗中都彰显出了她超越凡人的力量和武艺。

她是如此激励人心,以至于提西福涅[39]呼吁其他特洛伊妇女也像男人们一样加入战斗。这些妇女已经经历了10年的围城战：眼睁睁看着自己的兄弟、丈夫、父亲和儿子奔赴战场,却不一定能看到他们活着回来。但从未有人想过让妇女也参与进来。对于她们来说,女性参战是闻所未闻的,但这些强大的亚马孙战士们做到了。彭忒西勒亚让其他普通的凡人女性感到充满了力量,足以去颠覆那些将她们层层束缚住的社会教条。一大批特洛伊妇女拿起武器,准备加入战斗,但在最后一刻,她们被一位老祭司西雅娜(Theano)劝住了。她提醒这些妇女,她们无法与彭忒西勒亚相比,因为她是战神阿瑞斯的女儿,而她们皆是肉体凡胎。她们做不到像她那样战斗。

而且她们也没必要去战斗,因为即使没有援军,彭忒西勒亚也能横扫千军。她继续在希腊人中杀出一条血路,他们的哀号最终惊动了大埃阿斯和阿喀琉斯,两人加入了战斗。当这两位伟大的战士穿上铠甲时,他们也被比作狮子,只是这次,他们是像那些屠戮了没有牧人守护的羊群的狮子。阿喀琉斯接连杀死了5个亚马孙战士。但彭忒西勒亚并没有被这可怕的一幕吓倒。相反,她将长矛掷向大埃阿斯,但长矛在神力锻造的盾牌和护胫甲上撞得粉碎。命运之神还不曾允许大埃阿斯在战场上负伤,此刻亦然。他前去追击特洛伊的战士们,留下阿喀琉斯单独对战彭忒西勒亚。

阿喀琉斯叱骂她太过自负,定是疯了才来挑战他,每个人都会在他面前倒下,赫克托耳也未曾幸免。难道她没听说过他令浮尸塞川的战绩吗?这里指的是在《伊利亚特》中,阿喀琉斯开启的那场迅猛而恐怖的杀戮狂宴,当时甚至逼得快要窒息的河神乞求奥林匹斯诸神去阻止他。阿喀琉斯将长矛掷向彭忒西勒亚,她没有大埃阿斯那么幸运,顿时血流如注。即使如此,她口中仍在喃喃自语——是拔剑拼死一搏,还是跪地求饶(这也是《伊利亚特》和其他作品中男性英雄常做的事情)。她似乎已丧失了求死之心,而死亡已然迫近。

阿喀琉斯将剩下的一支长矛朝她掷去,矛尖贯穿了她的战马,接着刺入她的身体。昆图斯写道,她被击落在地,宛如被劲风摧折的青松。[40] 特洛伊人见她倒下，顿时惊慌失措。她既是战士，又是护符，正如之前的赫克托耳一样。阿喀琉斯对着奄奄一息的她大声讥讽，嘲笑她竟敢参与一场连男子都胆寒的战争。然而就在她临死之际，阿芙洛狄忒让她变得像沉睡中的阿耳忒弥斯一般美丽。[41] 她死后的容颜是如此动人，令阿喀琉斯的内心瞬间充满悔恨。与此同时，阿瑞斯得知爱女阵亡，便疾速驰往战场，准备对密尔弥冬人（Myrmídons，阿喀琉斯的战友们）大开杀戒。但宙斯投下雷电发出警告，阿瑞斯只得忍痛退却。

之后发生的一切着实不同寻常，昆图斯写道，阿喀琉斯仍然凝视着彭忒西勒亚，他所感受到的爱与悲伤与他失去挚友帕特罗克洛斯时一样强烈。帕特罗克洛斯的死亡是特洛伊战争的转折点之一。正是他的死激起了阿喀琉斯的愤怒，驱使着这位伟大的英雄开始了那场恐怖的杀戮。但在此之前，当一位战友带来了帕特罗克洛斯的死讯时，他崩溃倒地的样子让周围人都担心他要刎颈自尽。无论他们是恋人还是密友，阿喀琉斯对朋友的忠诚都是不可否认的。帕特罗克洛斯的身后事——火葬仪式、安放骨灰的金瓮，以及为纪念他而举办的竞技比赛，都是阿喀琉斯安排的。但这一切都要排在杀死赫克托耳之后。

当阿喀琉斯俯视着彭忒西勒亚的尸体时，他感受到的正是这种爱、伴侣之情和强烈的悲恸，而就在前一刻，他还在对她冷嘲热讽。曾大骂过这场战争和阿伽门农的忒耳西忒斯正好在附近，便出言嘲笑阿喀琉斯对这个亚马孙人的感情，说他"贪恋女色"（gunaimanes）。[42] 阿喀琉斯没有回嘴，但回了一拳，力道之大让忒耳西忒斯当即倒地身亡。

忒耳西忒斯的反应既要了他自己的命，也让他显得与众人格格不入。希腊人对彭忒西勒亚的"爱意"还在继续,他们把她交还给了特洛伊人,好让他们举行葬礼。这是另一个高光时刻:在战争期间,死者的遗体,无论是希腊人还是特洛伊人,都很少受到这种程度的尊重。即便赫克托耳已经从帕特罗克洛斯身上剥下了阿喀琉斯的盔甲,墨涅拉俄斯也不得不守在那里,以便将死者带回希腊营地举行葬礼。然而,墨涅拉俄斯和阿伽门农却毫无异议地交出了彭忒西勒亚。战死沙场的亚马孙女战士被她的敌人抬下了战场。

阿喀琉斯和彭忒西勒亚是古希腊瓶画上常见的主题,大英博物馆收藏着其中最精美的一件作品,其制作年代可追溯到公元前6世纪,由黑绘大师埃克塞基阿斯(Exekias)绘制。[43]画面左侧黑色的人物是阿喀琉斯,粗壮的大腿显示出他的力量,羽饰头盔遮住了他的面孔,只露出一只眼睛。他正手持长矛,刺进彭忒西勒亚的颈部。她单膝跪在他面前,盾牌无力地垂挂在左肩。她的皮肤是白色的,因为在这类陶器上,男性通常被画成黑色,女性则是白色。她的头盔只盖住了头顶和脑后,从而露出了整个面容:眼睛是简单的黑点,嘴唇则是细小的直线。但头盔上的羽饰与阿喀琉斯的一致,二人的盾牌也同样有鲜红色的内饰。头盔上还装饰着一条小蛇,这不免让人联想到美杜莎。彭忒西勒亚在束腰短袍外还穿着一张豹皮,用红色腰带固定,它的爪子垂在她的大腿附近。鲜血正从她的颈部喷涌而出。两个人物的旁边都刻着他们的名字。

馆内还藏有一个水罐,上面描绘了这场战斗的结局。[44]留着胡子的阿喀琉斯正向画面的右边走去,他身体微微前倾,右手拿着两支长矛,左肩上扛着死去的彭忒西勒亚,依惯例,她被画成了白色的。她双目紧闭,四肢无力地垂下。很多瓶画都绘有希腊战士扛着倒下的战友,但这个水罐却绝无仅有地展现了希腊人扛起敌人的场景。[45]

即使已经死去,彭忒西勒亚仍是一位非凡的英雄。

我们还记得阿喀琉斯在杀死上一位特洛伊守护者赫克托耳之后的表现——用战车拖着尸体,并拒绝为他下葬。相比之下,他给予彭忒西勒亚的尊重堪称楷模。阿喀琉斯像对待战友一样扛着她的尸体,而希腊人也毫不犹豫地把她还给了普里阿摩斯——没有讨价还价,也没有争执不休。普里阿摩斯和他的族人为她举行了火葬。[46] 葬礼办得奢华而隆重,就像哀悼他挚爱的女儿。人们把她的遗骨装进棺材,安葬在普里阿摩斯的父亲,也就是前任国王拉俄墨冬旁边。很难想象再有哪位阵亡的战士会有此殊荣,能得到敌友双方的赞誉或追悼。

因此,彭忒西勒亚的英雄形象并不因为她被阿喀琉斯秒杀而减损分毫。无论对手是多么伟大的战士,阿喀琉斯总是更强、更快、更凶猛。鉴于他超凡的武艺,寻求与他一战本身就是一名真正的勇士的象征。生得荣耀,死得壮烈,纵观整部《伊利亚特》,这是多少勇士孜孜以求的目标,而彭忒西勒亚都实现了。可在我们看来,凡此种种,皆为虚幻。当死亡近在眼前,并无光彩可言,尤其是在战场上。而荣耀和同僚们的敬重,最终又价值几何?阿喀琉斯的鬼魂对来到冥界的奥德修斯说,他宁愿活着当个农夫,也不愿在亡灵中称王。他狂热地追求了一整部《伊利亚特》的荣耀,到头来并不值得他为之献身。

但那是另一部史诗要讲的故事,此时的奥德修斯离造访冥府还很远,阿喀琉斯也仍在人间。因此,至少从特洛伊战争期间的标准来看(阿喀琉斯直到死后才改变主意,这显然在任何层面上都为时已晚),彭忒西勒亚可谓死得其所。她为误杀姐妹而寻求净化,她为特洛伊人带来了希望和鼓舞(特洛伊人将继续坚守,直到被木马计所骗），她以盟友的身份为这座饱受摧残的城池而战，并得到了与她同路的众神襄助，她被隆重地安葬在这座城邦的先王身旁。还有哪位英雄能得如此圆满？

* * *

时至21世纪，我们或许可以回答那个问题了。在帕蒂·詹金斯（Patty Jenkins）的电影中，由盖尔·加朵（Gal Gadot）扮演的神奇女侠是一名终极战士。她的真名叫戴安娜，是希波吕忒［康妮·尼尔森（Connie Neilsen）饰］的女儿，安提俄珀［罗宾·怀特（Robin Wright）饰］的外甥女。在影片中，彭忒西勒亚虽然有名字但只是个次要角色。这些亚马孙人生活在天堂岛塞米斯蒂拉（Themyscira），几乎与古希腊时期亚马孙人的故乡忒弥斯库拉同名，又稍有区别。

戴安娜从小就梦想着成为像姨妈一样伟大的战士，但她的母亲阻止她接受任何形式的战斗训练。无奈之下，戴安娜与安提俄珀秘密训练，直到被希波吕忒发现。她同意她们继续，但条件是戴安娜必须成为有史以来最优秀的亚马孙战士。希波吕忒把亚马孙的历史当作睡前故事讲给戴安娜听：宙斯创造了亚马孙人，是为了保护人类免受阿瑞斯操纵的战争的蹂躏。为了防止阿瑞斯卷土重来，宙斯还为她们留下了一件宝具，即"弑神者"（Godkiller）。戴安娜相信这就是她正在学习如何使用的宝剑。希波吕忒还告诉戴安娜，她并不是被生出来的，而是用泥土雕刻而成，然后由宙斯赋予了生命。

这是一次精彩的故事新编。首先是戴安娜与潘多拉的共同之处：由泥土造就，并被神赋予了生命。一个更重要的转变是，阿瑞斯从亚马孙人的父亲和给彭忒西勒亚送铠甲的守护神变成了亚马孙人和凡人的敌人。将战争视为纯粹的邪恶是我们这个时代的特征。古代那种希望自己英勇善战（正如雅典娜为了赢得金苹果而许诺给帕里斯的那样）或者长于守城的观念，在很大程度上已经消失了。如今，我们对战争的性质和后果有了更深的了解（尽管亲历战争的人相应地少了许多），因而更倾向于追求和平，而不是武艺高强。第一次世界大战尤其能让人感受到战争的残酷，而电影的时间线正设定在这个年代。当协约国的间谍史蒂夫·特雷弗［克里斯·派恩（Chris Pine）饰］在敌军战斗机的追击下坠入天堂岛附近的海域时，戴安娜也被卷入了战争。她救了他一命，他向她解释了发生在天堂岛魔法结界之外的冲突。戴安娜意识到，他所描述的那种大规模死亡绝非人类所能为——她断定阿瑞斯已经归来，只有用弑神之剑才能将其消灭。她决定和史蒂夫一起返回伦敦，追杀战争之神。她的母亲希波吕忒告诉她，一旦离开，就再也无法重返故乡。但对戴安娜来说，她的责任很明确。她必须保护和拯救那些在战争中死去的人，无论自己要付出多大代价。

于是亚马孙人的角色再度改变了。她们仍然是古希腊史料中记载的战士，但却有意远离人类事务，尽管她们被赋予了半神的属性，充当着保护者的角色。人类没有去寻找她们，因为他们根本不知道她们的存在。也没有任何迹象表明她们是侵略者，或是一个会因误会而发起报复的族群（史料中有时会这样描述她们）。这些现代亚马孙人不希望发生战争，也会竭尽全力避免战争。然而，却有一个亚马孙人决定必须去对抗一个永恒的敌人。在这一点上，她与她的任何一个先辈都不一样。或许她有点类似彭忒西勒亚，奔赴战场挑战阿喀琉斯。但彭忒西勒亚有12名战友，戴安娜则是独自一人。到了伦敦后，她会有一帮伙伴，但他们都不是亚马孙人。这应该是为了突出主角——如果身边有一群和她一样武艺高强的女性，神奇女侠就不会显得那么神奇了。或者,这只是20世纪末到21世纪初电影制作中一个令人遗憾的特点,即在冒险故事中,只能有一个女人混在一群男性中(《星球大战》系列就是一个典型的例子,这种现象通常被称为"蓝妹妹原则"①)。

如果说戴安娜决定介入战争,试图保护弱者的行为有彭忒西勒亚的影子,那么史蒂夫·特雷弗来到天堂岛也让人联想起另一个故事——赫拉克勒斯前来夺取希波吕忒的战斗腰带,但同样是经过了现代的改编。他不是为了追寻某件东西而故意降落在此,而是坠落在附近的海域中。若非戴安娜出手相救,他必死无疑。影片中的男女双方的力量对比发生了逆转——史蒂夫在战斗力上绝非戴安娜的对手;叙事的重点也发生了逆转——观众不是跟随史蒂夫去寻求亚马孙人的帮助,这不是他的故事。相反,观众跟随的是亚马孙人戴安娜,她的生活被一个身处险境的男人打乱。是她自己选择了介入并拯救他,选择了随他前往伦敦,再进入战壕,选择了追击阿瑞斯,保护无辜的生命。像彭忒西勒亚一样,她也身披神赐的无敌战衣,毫不犹豫地冒着生命危险,去拯救陷入战火的人类。

但与古希腊的安提俄珀、彭忒西勒亚和希波吕忒不同的是,作为一位完全现代化了的亚马孙人,戴安娜并没有死。她不仅在战争和电影中都幸存了下来,还给后续情节加入了现代性的反转。事实上,终极杀器"弑神者"其实就是她本人,而她挥舞的剑只不过是一把普通的武器。当她正在进行最终决战时,必须有人转移一大批毒气弹,否则将造成无数的平民伤亡。在这里,是男主人公史蒂夫牺牲了自

---

① 蓝妹妹原则(the Smurfette)是女性主义作家卡塔·波利特(Katha Pollitt)于1991年提出的,用以指影视作品中性别角色不平等分配的现象。"蓝妹妹"是动画片《蓝精灵》中唯一的女性角色。

己来拯救他人。就像她的先辈们一样,戴安娜也爱上了这个来到天堂岛的男人,而这个男人也爱着她,但这份爱情并没有让她付出生命的代价。他们都愿意牺牲自己的幸福来拯救人类,但最终是他死去而她活了下来。

亚马孙人的形象能发展到这里,即她能在与男性英雄叙事的交锋中存活下来,并拥有自己的英雄叙事,是一个令人瞩目的进步。也是一个新近才有的变化,在古代史料里绝无先例。1955 年,英国神话学者兼诗人罗伯特·格雷夫斯(Robert Graves)发表了一首题为《彭忒西勒亚》的诗。就在同一年,他刚出版了《希腊神话》,显然还沉浸在史料中不能自拔。在诗的第一行彭忒西勒亚就已经死了,到了第四行,她残破的躯体成了恋尸癖的对象。阿喀琉斯的行为引起了围观者的惊诧、嫌弃和愤慨,但他显然毫不在意,因为他正"悲痛欲绝"。[47]而这悲痛则来自他对那具"摄人的苍白裸尸"的爱意。围观的忒耳西忒斯发出了"下流的嗤笑",阿喀琉斯随即挥起"一记复仇的重拳,正中他的下巴",将他当场打死。这是一种"几乎无人能懂"的狂怒,但彭忒西勒亚"停下脚步,感谢他/用一命呜呼/为她受辱的女性尊严报了仇"。区区一首短诗,竟能如此恶心。

彭忒西勒亚失去了身为英雄和战士的所有特质,她只是一具被人玷污的尸体,而这种令人作呕的行为却被描述为爱。但至少她的亡灵还能感谢那个因嘲笑了恋尸癖而被打死的男人——确实,在有些人看来,如果一个男人的嗤笑就能为我们受辱的女性尊严雪耻,哪个女人会不乐意呢?

这首诗简明扼要地展现了希腊神话中的女性人物是如何被相对近代的作家们边缘化的:古代的作家和艺术家们并不介意塑造一个能与男人拼杀的战士女王,她在战场上不亚于任何男子,甚至比大多数还更胜一筹。关于阿喀琉斯和彭忒西勒亚之间产生了爱情的暗示是在后来的文献中才出现的。即便如此,也是为了给二人的战斗增添一点浪漫的元素,或许也便于将他们与希波吕忒和赫拉克勒斯、安提俄珀和忒修斯的故事联系起来。

像这首短诗中,把爱慕降格为性侵,反而是近代才有的,而将角色的生命和性格一起彻底抹杀,也是一种消极的现代性转变。这首诗虽然以彭忒西勒亚为标题,但在诗中,她几乎不算是个人。读一读古代资料中关于她的描写,你就会知道她是谁,她如何战斗,她可能喜欢什么装束,可以说,她的性格得到了基本的塑造。而到了格雷夫斯笔下,她就只是一具惨白、赤裸、被亵渎的尸体,死后还带着些许维多利亚时代特有的谦卑,妄图以此来掩盖(或者根本没想掩盖)作者本人在塑造一个真实人物方面的彻底失败。20世纪和21世纪的作家们经常声称要讲述希腊神话中的女性故事,而实际上却从头到尾都围绕着男性角色展开,这类例子还有很多,这首小诗绝不是独一份,但无疑是最低劣的之一。

如果要寻找当代对亚马孙战士的重塑,那么神奇女侠在加利福尼亚州,还有一位在勇气、力量和武艺方面都不亚于她的翻版,那就是吸血鬼猎人巴菲①。乔斯·韦登打造的巴菲不仅在体能和智慧上与任何吸血鬼(无论男女)不相上下,而且她还拥有一种在战士身上极为罕见的特质——幽默。从传统上来看,战士并不崇尚机智风趣。他们看重的通常是力量、速度或是勇气。爱插科打诨的战士是一种随着超英电影的兴起而出现的新现象。银幕上的斗士一度都是强悍

---

① 出自乔斯·韦登(Joss Whedon)执导的连续剧《吸血鬼猎人巴菲》(*Buffy the Vampire Slayer*)。

而沉默的,比如以克林特·伊斯特伍德和约翰·韦恩为代表的那些硬汉,偶尔也会为了大局容忍自己当个小丑,比如克里斯托弗·里夫(Christopher Reeve)扮演的那位举止笨拙的超人克拉克·肯特(Clark Kent)。

绝大多数动作片的英雄都是男性,而且自从"脱线喜剧"①消亡后,几乎所有类型的电影都会把搞笑的台词安排给男性。因此,巴菲这个角色打破了很多规则,但作为天选之人来到加利福尼亚州的太阳谷(Sunnydale)后,她既准备为拯救世界而战,也准备参加啦啦队的选拔。

作为从大城市洛杉矶搬到小镇太阳谷的外来者,她刚出场的时候还没有自己的圈子或队伍。但在第一集结束时,她已经建立起一个团队:"史酷比帮"(the Scoobies,这个名字一直沿用到剧终)。与神奇女侠所在的全女部落不同,巴菲的团队中有男有女。巴菲与薇洛、山德、吉尔斯、安吉尔、科迪丽亚以及后来的费丝、斯派克、安雅和塔拉共同战斗。对于她的无数粉丝来说,巴菲的全部意义就在于,哪怕她远比普通人强大,也依然是个有血有肉的人。就像她的亚马孙前辈们一样,她给自己挑选的战衣总是无可挑剔的:虽然不是花哨的紧身裤和兽皮,而是时髦的短裙和凸显上臂线条的背心,以及装着木桩的便携小包或口袋。跟彭忒西勒亚一样,她的战斗力也不可小觑。她当然也会在一对一的战斗中落败,但只有特别厉害的对手才能做到,比如古老而强大的吸血鬼始祖(The Master),以及身为神的格洛里(Glory)。在第一季中,她在对战 The Master 的时候淹死了,

---

① 脱线喜剧(screwball comedy),另译为"疯狂喜剧""神经喜剧",是介于讽刺喜剧和动作喜剧之间的喜剧。

但又被复活了。刚一恢复能力,她立刻再度发起了挑战,并成功地把他钉在了木桩上。

在第五季中,巴菲的第二次死亡尤其令人动容。她意识到要么自己死,要么看着妹妹被杀,于是她做出了终极的牺牲:为爱赴死。正如我们在许多描绘亚马孙人的瓶画上看到的那样,这是一场亚马孙式的死亡:一个女战士自愿牺牲,换她的姐妹可以活下去。这也是巴菲神话的关键部分。在第六季中,她被一个强大的魔咒从来世拉回了太阳谷。这一季的第七集《再来一次,要有感情》("Once More, With Feeling")开创性地采用了音乐剧的形式。当她的伙伴们唱着:"要么做,要么死。"的时候,巴菲回应道:"嘿,我已经死过两次了。"由此可见,她已经超越了对死亡的恐惧。她变得更像彭忒西勒亚了。

正如她的亚马孙先辈们出现在诗歌、散文和艺术作品中一样,巴菲也有一系列的多媒体衍生作品,比如电影、电视、音乐剧、电子游戏、漫画等。该剧在完结多年后仍能引起广泛共鸣的原因有很多,其中最重要的原因之一,就是最后一季中与亚马孙传说遥相呼应的情节。到第七季时,巴菲已经多次拯救世界,这一回,她和同伴们决定换个方式,通过一件稀有的神器和一个魔法咒语赋予世界上每一个有潜力的人力量,让她们能成为真正的吸血鬼猎手。"天选之人"变成了"天选之众"。巴菲能够从无休止的猎魔战斗中解脱出来,是因为她帮助训练了更多的年轻女性来代替她战斗。故事想传达的信息很简单:女性团结起来比一盘散沙更强大,即使对于拥有超能力的女性来说也是如此。

巴菲也由此成了亚马孙人在当代的化身,她像彭忒西勒亚一样独具天赋,但她选择放弃个人的荣耀。她的地位并没有因为创造了更多的女英雄而受到威胁，反而得到了巩固。亚马孙人，即使其中只有一个人出类拔萃，也依然是一个团队、一个族群、一个共同体，而巴菲正是完美地捕捉到了它的精髓——为了拯救全人类，一群女性并肩作战。

---

1. Mayor, A. (2014), *The Amazons: Lives and Legends of Warrior Women Across the Ancient World* (Princeton: Princeton University Press), p.85.
2. Ibid p.31.
3. Ibid pp.191, 280.
4. Quintus Smyrnaeus, *Fall of Troy* 1.40.
5. Apollonius of Rhodes, *Argonautica* 2.778.
6. Pseudo-Apollodorus, *Bibliotheca* 2.5.9.
7. Shakespeare, *A Midsummer Night's Dream*, Act 2, Scene 1.
8. Euripides, *Herakles Mainomenos* 415; Pseudo-Apollodorus, *Bibliotheca* 2.5.9; Apollonius of Rhodes, *Argonautica* 2.777; Diodorus, *Bibliotheca Historica* 4.16; Pausanias, *Description of Greece* 5.10.9.
9. https://www.britishmuseum.org/collection/object/G_1864-1007-253.
10. https://www.metmuseum.org/art/collection/search/247964.
11. Diodorus, *Bibliotheca Historica* 3.53.4.
12. Pliny, *Natural History* 7.57.
13. Homer, *Iliad* 3 189.
14. https://www.metmuseum.org/art/collection/search/250814.
15. Pseudo-Apollodorus, *Bibliotheca* 2.5.9.
16. https://collections.mfa.org/objects/153654.
17. Mayor, p.219.
18. Plutarch, *Life of Theseus* 26ff.
19. Ibid 29.
20. Aeschylus, *Eumenides* 685.
21. Pausanias, *Description of Greece* 1.2.1.
22. Herodotus, *Histories* 9.27.4.
23. Pausanias, *Description of Greece* 1.15.2.
24. *Aethiopis* frag 1 (Loeb, *Greek Epic Fragments*), p.114.

25. Homer, *Iliad* 24 56ff.
26. Pseudo-Apollodorus, *Epitome* 5.1.
27. Quintus Smyrnaeus, *The Fall of Troy* 1.18ff.
28. Pseudo-Apollodorus, *Epitome* 1.5.
29. Sophocles, *Ajax*.
30. Quintus Smyrnaeus, *The Fall of Troy* 1.96.
31. Pseudo-Apollodorus, *Bibliotheca* 3.12.3.
32. Ibid 1.153.
33. Ibid 1.159.
34. Ibid 1.216.
35. Ibid 1.227.
36. Ibid 1.238.
37. Ibid 1.315.
38. Alden, M. (2005), 'Lions in Paradise' in *Classical Quarterly*, vol. 55, no. 2, pp.335–42. https://www.jstor.org/stable/4493342?seq=1#page_scan_tab_contents.
39. Quintus Smyrnaeus, *The Fall of Troy* 1.406.
40. Ibid 1.629.
41. Ibid 1.664.
42. Ibid 1.726.
43. https://www.britishmuseum.org/collection/object/G_1836-0224-127.
44. https://www.britishmuseum.org/collection/object/G_1836-0224-128.
45. Mayor, p.300.
46. Quintus Smyrnaeus, *The Fall of Troy* 1.800.
47. https://www.poeticous.com/robert-graves/penthesileia.

第六章
克吕泰涅斯特拉

公元前5世纪末,一个年轻人站在雅典最古老的法庭亚略巴古(Areopagus)上,指控他的继母杀害了他的父亲。数年前的一个晚上,原告的父亲去友人菲洛尼乌斯(Philoneus)家拜访并共进了晚餐。饭后,两人均感到不适。菲洛尼乌斯几乎是当场死亡,而原告的父亲则拖了三周才过世。菲洛尼乌斯的女奴被指控在他们的酒中下毒,她在严刑拷打后被处死。事发时,这个年轻人还是个孩子,但他告诉陪审团,自己答应过父亲,总有一天会起诉继母,因为他认为他的继母也参与了犯罪。在审判期间,继母由她的亲生儿子,也就是原告同父异母的兄弟为她辩护。

控方的论点是,继母与女奴串通,并教唆女奴实施了谋杀。这个年轻人没有任何证据支撑他的指控,但这并不妨碍他想象女奴在饭后投毒时的情景,他也认为这不是女奴自己的主意,她只是在执行"这位克吕泰涅斯特拉"的阴谋。[1]

我们不知道判决结果,也没有继母之子的辩护词,但可以想见后者的辩护重点会放在证据不足、动机不明,以及继母与女奴之间不存在紧密的关系上。我们不会随随便便地就去帮别人杀人——帕特里夏·海史密斯(Patricia Highsmith)的名作《火车怪客》(*Strangers on* a Train）的全部诡计就在于这种行为几乎没有可能发生。鉴于原告的父亲已经去世多年，而他同父异母的兄弟正担任辩方律师，因此更有可能的情况是，原告与继母方发生了财产纠纷，并企图利用谋杀指控来进一步主张自己的权利，或者借此向继母的家族施压，逼他们破财消灾。

这个年轻人提供的唯一证据（其实称之为"证据"纯属夸大其词）就是他的继母早先曾给父亲下过药。她反驳说，她当时下的不是毒药，而是春药［在索福克勒斯的悲剧《特拉基斯妇女》（The Women of Trachis）中，赫拉克勒斯最后一任妻子德伊阿妮拉也犯了同样的错误］。在一个女性几乎没有自由，而男性可以合法出轨的社会中，失去丈夫（并随之失去家庭和孩子）必然会带来巨大的恐惧。因此，她有相当强的动机去使用春药。

这个年轻人本可以把他的继母比作德伊阿妮拉，那个无意中毒死了伟大的赫拉克勒斯的女人，也可以把她比作美狄亚，那位因其在毒药和巫术上的造诣而成了希腊神话中最可怕的女性之一。然而，他却把她比作克吕泰涅斯特拉。或许是因为她没有亲手投毒，所以将她比作德伊阿妮拉或美狄亚就显得不够贴切。又或者，鉴于雅典法庭上的陪审团全部是男性，克吕泰涅斯特拉这个名字更能激起他们的共情。就像美狄亚是一个终极恶母一样，克吕泰涅斯特拉也是一个终极恶妻。她是男人不敢回家面对的那种女人。她是否因欲望而疯狂，是否被复仇所驱使，是否决心在城邦和家庭内都掌权？无论男人们读到、看到或听到的是哪个版本的克吕泰涅斯特拉，都会面对同一个令人胆寒的对象：一个不守本分的女人。

可以想见，陪审团诸君最熟悉的，应该是《阿伽门农》里那位追逐权势的克吕泰涅斯特拉。这部悲剧由埃斯库罗斯创作，并于公元前458年首演。故事由一个守望者开场，他正等待着一个信号：远方的一束火光，标志着国王阿伽门农和希腊联军终于攻陷了特洛伊城。他是遵从阿伽门农之妻、阿尔戈斯人的王后克吕泰涅斯特拉的命令在这里守望的。在阿伽门农远征的10年间，她统治着城邦。

王后代为执政，本身就是一种极不合常规的情况。雅典社会普遍存在着一种焦虑，就是在男性缺席的情况下，女性能做出什么事来。雅典的律法把这种焦虑体现得淋漓尽致。上层阶级的女性都被禁锢在家里，除了父兄近亲，基本不与任何男性交谈。对于女性一出家门就可能被外人盯上的恐惧，几乎达到了一种集体癔症的程度，以致法律对通奸的惩罚比强奸还要严厉。对妇女的禁锢使得我们很难了解她们到底何时可以外出，又能去到哪里，哪怕是在丈夫的陪同下。然而，公元前5世纪的舞台上却有一个吸引人的怪现象：在埃斯库罗斯、索福克勒斯、尤其是欧里庇得斯的戏剧中充满了强大而可怕的女性，她们能够实施谋杀、严刑逼供，以及杀害婴儿。但如前所述，酒神节的观众里很可能并没有女性。在舞台上，女性角色也都是由戴着面具的男性扮演的。同样奇怪的是，即使（也可能是正因为）这些戏剧把女性描绘得如此凶残，男人们还是会聚众观赏。尽管有迹象表明，这部《阿伽门农》在首演后就很少再上演了[2]，或许埃斯库罗斯的克吕泰涅斯特拉对于大多数普通观众来说还是太难以接受了。

回到剧情，当守望人看到代表特洛伊陷落的火光从远处亮起时，他欣喜若狂，这漫长的守望终于结束了。他立刻进宫告诉王后，阿伽门农在特洛伊取得了胜利，即将踏上归途。之后歌队来到了舞台中央：这是一群老者，10年前就已经年老体弱、无法随他们的国王远征作战了。对于胜利，他们尚不知情，因此当克吕泰涅斯特拉走上来，在神坛上燃起祭火时,他们纷纷询问为何突然大张旗鼓地举行祭祀。她没有回答,于是他们开始回忆过去。歌队唱起了克吕泰涅斯特拉的女儿伊菲革涅亚的死,动情地将她比作一个被献祭的牺牲品,一只因惊惧而蜷缩在一起的动物。[3]他们从头到尾讲述了那个丑恶的故事:十年前,希腊联军被困在奥利斯城,因没有顺风而无法起航,希腊人必须安抚阿耳忒弥斯的愤怒才能改变天气。祭司卡尔卡斯说,阿耳忒弥斯要求他们必须用一个少女的鲜血来献祭,而这位少女,正是阿特柔斯之子阿伽门农的女儿伊菲革涅亚。歌队唱到当伊菲革涅亚意识到自己的命运,或者说意识到将要死于父亲之手时,她向阿伽门农苦苦哀求。他却让部下堵住她的嘴,使她无法诅咒他。她死死地盯着那些将她献祭的人,却无法发出声音。

当我们的恐惧即将达到顶点时,歌队停下了,他们不会唱出伊菲革涅亚被杀时的情景。注意,在整段叙述中,她的名字从未出现过。难道她被非人化了,变成了一个无名的牺牲品?或者,他们只是不忍让这份回忆带来的痛楚更加明晰?无论如何,他们都明白,她的母亲会永世不忘:"愤怒,牢记,报仇"(*mnamon menis teknopoinos*)。[4]

大量的作品以各种形式描绘了克吕泰涅斯特拉的形象,但此时此刻,没有哪个比这一位更能唤起我们的同情。献祭伊菲革涅亚罪大恶极。无论我们如何看待克吕泰涅斯特拉在剧中的复仇,以及之后她遭到的报应,她都是一个母亲,而她的女儿像头牲口一样被屠宰了。难怪她对犯下如此罪行的男人怀有无法熄灭的怒火。如果她随随便便就原谅了阿伽门农,继续凑合过下去,我们难道不会更蔑视她?这是个值得思考的问题,尤其是在埃斯库罗斯笔下,伊菲革涅亚的死是克吕泰涅斯特拉杀夫的主要动机,这一设定并不常见。在这部剧的时间线上,伊菲革涅亚已经死去10年了。然而甫一开场,这残忍的一幕就完完整整地呈现在了观者面前。守望人看到火光，知道特洛伊已经陷落，急忙将这一消息禀报给克吕泰涅斯特拉。随后，歌队事无巨细地描述了这位年轻的阿尔戈斯公主的死亡。在解决掉这未竟的创伤之前，一切剧情都无法展开。

歌队唱毕，队长转过身来，对王后说道："克吕泰涅斯特拉，我尊重您的权力。"这是一个十分不同凡响的表达。[5]希腊语中表示"权力"的词是"*kratos*"，它也是诸如"民主"（democracy）、"专制"（autocracy）、"窃国政体"（kleptocracy）等词的词根。这并不是一个模棱两可、语意不详的词，它指的不是空泛的领袖魅力，或国王远征时的傀儡王后。"kratos"的意思非常具体，就是政治力量、统治的权力。歌队的长者们不是因为她的丈夫是国王才向她致敬，他们坦诚地表示尊重她的权力。克吕泰涅斯特拉用一句谚语回应："黎明是黑夜的孩子。"母性占据着她的头脑。我们可以肯定地得出结论，对于这个强大的女人来说，她的首要动机就是为女儿复仇。

克吕泰涅斯特拉向歌队解释说，特洛伊已经陷落。她知道的比守望人告诉她的还多，因为她尖刻地说起了希腊人在城中的暴行。她说，只要他们还敬畏特洛伊诸神的神殿，就不会有事。

她是知道希腊人的所作所为与此截然相反，还是因为对阿伽门农及其手下的评价已经很低，才怀疑他们会肆意施暴？多半是后者。远在家乡的她怎么会知道特洛伊的国王，也就是年迈的普里阿摩斯被杀死在神庙里？又怎么会知道阿波罗的女祭司卡珊德拉被强暴了？希腊人对诸神毫无敬畏之心，而且我们很难不注意到，克吕泰涅斯特拉的言语中带着一丝幸灾乐祸。为了给女儿复仇，这个女人已经等了漫长的10年。她明白只靠自己力有不逮。而若希腊人和阿伽门农仍敬畏诸神，复仇的时机可能永远不会到来，女儿的惨死永远没有交代。但她的愿望实现了：希腊人的残暴害伊菲革涅亚丧了命，而这种残暴在10年苦战中丝毫没有衰减。它又怎么可能衰减呢？

　　作为回应，歌队唱起了另一首歌，关于战争的恐怖和特洛伊的陷落。正在这时，阿伽门农的传令官冲上舞台，宣布国王即将驾临。克吕泰涅斯特拉表示，当烽火传来捷报时，她就知道这一刻近了。她比身边所有男人都领先一步。传令官和歌队一起咒骂海伦，在他们看来，这10年的战事皆因她起，而海伦正是克吕泰涅斯特拉的亲姐妹。

　　终于，在剧情几乎过半的时候，阿伽门农驾着战车登场了。虽然这部剧以他的名字命名，但他并不是主角：克吕泰涅斯特拉出场时间更长，台词也更多。她的丈夫带着从特洛伊掠夺来的战利品登场，与他同来的是阿波罗的女祭司，普里阿摩斯和赫卡柏之女卡珊德拉。阿伽门农感谢众神助他夷平了特洛伊，又护佑他平安返乡。在描述特洛伊的覆灭时，他用的词是"碾为齑粉"（diēmathunen），彻底摧毁。当我们回想起先前克吕泰涅斯特拉是如何描述他的部下亵渎特洛伊的神庙时，这番热情洋溢的祈祷词就显得极为违和，更何况他身边还带着一位女祭司。她的身体本该是神圣不容侵犯的，而阿伽门农把她也变成了战利品：他践踏了她，就像践踏了她所侍奉的神庙和她所居住的城邦。

　　阿伽门农先向诸神致敬，接着又对歌队的长者们发言。但他没有向妻子致意，尽管她至少在他讲到一半的时候就已经登台（很遗憾，舞台指示是现代才出现的，因此我们并不能确定当年的演员何时登台又何时下台）。他的首要任务不是和家人团聚，而是向他的臣民们宣告自己已经凯旋。阿伽门农语毕，克吕泰涅斯特拉以同样的方式回应。她向歌队诉说，当丈夫在外征战时，她一个女人是多么孤独。她的动机或许值得怀疑,但她所描述的痛苦却包含了几分真心。信使们一个接一个地送来负伤和灾祸的消息,如果每一个噩耗都属实,他身上的伤口会比网眼还多。

这番表白要如何理解？我们肯定不会相信她真如自己所编的那样孤独凄惨,身份在妻子和寡妇之间摇摆（尽管这无疑是更多希腊妻子的真实写照）。我们将在珀涅罗珀身上看到这种困境,她花了双倍的时间等待奥德修斯从战场上归来。如前所述,克吕泰涅斯特拉一直在热切地等待着阿伽门农,她安排了一位守望人,以便在特洛伊陷落时第一个得到消息。她是否如实讲述了自己的行为,而只是在动机上撒了谎？她是否像她说的那样,焦急地期盼着每一个信使,迫切地想知道阿伽门农是否负伤？只不过她想听到的不是丈夫依然安好,而是他已经阵亡？她是否因此诅咒每一个信使——她期待的是国王已死,他们却总说国王活着,好像在嘲讽她一般？又或者,她发自内心地祈愿丈夫安然无恙,只不过理由远比世人料想得更阴暗？她期盼阿伽门农平安归来的唯一原因,就是可以亲手宰了他？

紧接着,克吕泰涅斯特拉向我们展示了她能有多么聪慧狡黠。她转向阿伽门农,告诉他那些关于他负伤的消息让她痛不欲生,不止一次地想上吊。要不是旁人把她救下来,她也活不到今天。这就是他们的儿子俄瑞斯忒斯不在场的原因——他被送去了一位密友家里,以免目睹母亲的痛苦。这都是为了他好。

就这样,克吕泰涅斯特拉先发制人地为儿子的缺席找好了借口。阿伽门农必然期待俄瑞斯忒斯会在这里迎接父亲回家,而克吕泰涅斯特拉不需要为他们幸存的女儿厄勒克特拉找同样的借口。可能父亲们并不很在意女儿来不来迎接,也可能阿伽门农尤其不在乎女儿,因为歌队一开头就讲过他已经把长女杀了。克吕泰涅斯特拉不仅为俄瑞斯忒斯的缺席提供了一个完美的理由,还利用自己的悲苦让这理由更加可信。她把儿子送走,不是她不履行母职,对儿子毫不关心,也不是她不守妻道,不在乎儿子不来迎接父亲。她把他送走是为了保护他,因为阿伽门农负伤的消息来得太频繁,也太揪心了,以致她屡次企图自杀,让俄瑞斯忒斯感到不安。我不愿影响读者对本剧的解读,但必须要说,戏演到这里,克吕泰涅斯特拉确实是心机颇深。她只是太在乎了。让我们拭目以待吧。若问她既然为丈夫的安危夜夜饮泣,为何此刻竟没有泪流满面?她当然也准备了一套说辞:眼泪早已在那些心痛到无眠的长夜里流尽了。

  读者们可能会觉得是阿伽门农太过轻信,才会被这花言巧语所蒙骗。或许还真就如此。从《伊利亚特》对他的描写中,完全看不出此人有半分精明可言,甚至连庸人之智也谈不上。希腊阵营中的智囊是奥德修斯和涅斯托尔(Nestor)等人。而且,即使阿伽门农当即就起了疑心(毕竟他杀了这个女人的孩子)也于事无补。他们的智商根本不在一个级别上。在后文中,我们还将在欧里庇得斯的剧中看到伊阿宋(他的头脑远非阿伽门农可比)和美狄亚之间的类似较量。

  然而之后克吕泰涅斯特拉有点做过头了。她朝女奴们打了个手势,她们便从王宫大厅里搬出了最精美的花毡。她让女奴们把这些华美的织物铺在地上,让阿伽门农走在上面。她不愿让他的双脚踩到车轮下的尘土,而是必须走在奢华的紫色花毡上。这在我们看来可能很奇怪,但也没有特别震惊,因为这些花毡可能就像地毯或高级毛毯。可阿伽门农的反应表明,克吕泰涅斯特拉实际上是在要他做一件极为僭越之事。

  他基本上接受了克吕泰涅斯特拉对他的赞美,认为他自己配得上这番称颂。但他也表示,这番赞颂应该由别人嘴里说出来才更恰当。她拿出的这份奢华待遇让他很是为难。走在这花毡上未免太狂妄,只有神或野蛮人才会这样干。在这里,他对男子气概发表了一番有趣的见解:这份奢华只能献给天神,凡人不配领受;同时这太异国情调了,不合此地的风俗,被如此纵容的人会显得更像异邦人、野蛮人,而不是希腊人。

到底是什么样的花毡,会引起阿伽门农如此激烈的反应?它们显然要比地毯或毛毯珍贵得多。故事发生在青铜时代,大约是公元前12世纪,比剧本的创作时间还要早上好几百年,由于货币尚未出现,当时王室的财富并非金钱,而是黄金和其他贵金属,也包括精美的织物,比如克吕泰涅斯特拉要女奴们铺在地上的花毡。因为没有工业化生产,纺织是一项非常耗时的工作。纤薄的织物比其他任何织物都更费时,就织一块同样大小的布料而言,细纱要比粗纱多织很多行。而由于细纱可以表现出更多的细节,也就能织出更复杂的图案。

色彩也是这些织物贵重的原因之一。紫红色的染料来自一种海螺,它的分泌物能染出这种深邃高贵的颜色。这种染料还需要从东方进口,很可能来自腓尼基的提尔(Tyre)。许多世纪后,罗马人正是用它染出了皇室成员所穿的紫色。要给大型织物的纱线染色,就需要大量的海螺,因此,这是一个极其昂贵且费工费力的生产过程。克吕泰涅斯特拉和阿伽门农都提到了染料花费甚巨。克吕泰涅斯特拉说,这紫色的价值与银相当。[6]要搞清楚的是,这里只算了染料,还没包括染好后用来编织成精美花毡的纱线。

关于海螺染料还有一点,那就是它产生的颜色可能被叫作红色、深红色或紫色,总之应该是一种深沉的、充满血腥感的颜色。因此,当克吕泰涅斯特拉利用阿伽门农的虚荣心,说他的胜利是如此伟大,理应用这昂贵的织物铺地,并说服他光着脚从上面走过时,她达到了两个目的。第一个是对剧中人的,他们看到阿伽门农屈从于妻子的意愿,依她的命令踩上这些无价的花毡。他被奉承着摆起了统治者的架势,而她则在他们10年来的第一次争论中占了上风。他服从了她的要求。

第二个是对观众的,我们看过了阿伽门农驾着战车,带着战利品,在女俘虏的随侍下凯旋。现在,这个男人从战车上走下来,赤着脚,踩上一条闪着红光的长河,走进他的宫殿。即使是不了解背景的人也能看出,他是踏着血路回家的。

当他走下战车时,他叮嘱妻子照顾好"这位客人"[7],并大度地提醒她,神会仁慈地关照一个厚道的主人,因为没有人情愿戴上奴隶的轭。如果他不曾让"这位客人"沦为奴隶,这番话听起来会更有道理吗?也许吧。显然,观众怎么想并不重要,他应该担心的是克吕泰涅斯特拉。此刻,丈夫不忠的证据就活生生地站在她面前,她还得对人家好一点。人们不禁要问,阿伽门农难道一点儿也不了解他的妻子,还是说他在战场上打坏了脑子?当然,我们也可以辩称,无论是故事发生的青铜时代,还是故事创作并上演的公元前5世纪,人们在婚姻的忠诚度上都对男女有着截然不同的期望。雅典男性可以与外邦女性发生关系(无论是付费的还是免费的),并不会影响到他们的婚姻。而女性当然没有这种自由。但是现实的不平等不代表接受了现实的人会喜欢这种不平等,尤其是当男人在她眼前炫耀这种特权的时候。而在所有你不该招惹的女人中,克吕泰涅斯特拉必然名列榜首。

阿伽门农不再停留,他跨过门槛,走进宫殿,在此之前,他一直处于一个临界点上:既回到了家,又还没进家门;表面上与妻子团聚,却既不真诚也不亲密;他是特洛伊战争的胜利者,却在花毡的问题上被妻子打败;他还活着,也注定要死。而现在,这段过渡终于结束了。歌队的回应充满了不祥的预感,很显然,虽然阿伽门农愚钝到未能察觉到他的妻子正暗藏杀机,但歌队的长者们并没有那么天真。待他们唱毕,克吕泰涅斯特拉邀请卡珊德拉随她进屋。这是剧中第一次有人用她的名字来称呼她。阿伽门农管她叫"这个陌生人""这个异邦人"(tēnxenēn)。对我们来说,更有理由怀疑他要求妻子善待卡珊德拉的动机了。若他当真对刚刚沦为奴隶的卡珊德拉如此同情,为何不用名字来称呼她,给她一点尊重?然而,她只不过是一介奴仆、一个物件。只有当克吕泰涅斯特拉对她说话时,我们才感到有人把她当成她本人,而非区区一个异邦来的侍妾。克吕泰涅斯特拉当然对卡珊德拉感兴趣,不仅是对她本人,而且尤其是她身为女祭司却被阿伽门农侵犯一事,只是这份兴趣中绝无一丝善意。

卡珊德拉没有回应克吕泰涅斯特拉。她是没听见吗?克吕泰涅斯特拉不耐烦了,叫歌队去跟她沟通。歌队还在疑惑着是否语言不通,克吕泰涅斯特拉已经没了兴趣,自己走进了宫殿。的确,她没有时间或精力浪费在卡珊德拉身上。歌队试图与这位特洛伊女祭司交谈,但她突然呼唤起了阿波罗。她询问自己身在何处,当得知这是阿特柔斯的王宫时(阿特柔斯是阿伽门农和墨涅拉俄斯的父亲),她变得更加痛苦。她精准地预测到即将降临在阿伽门农身上的灾难。他正在沐浴,等待他的是一张罗网或一个圈套,他将被困其中。她的预言晦涩难懂,却句句属实。歌队一致认为必有灾厄发生。卡珊德拉又预言了自己的死亡,并与歌队就她不幸的根源(她将其归咎于帕里斯)进行了激烈的讨论。[8]接下来的一幕仿佛恐怖电影中的画面——她看到复仇女神们正在王宫的屋顶上起舞。[9]这些黑暗的女神会惩罚罪行,尤其是血亲犯下的罪行。在这方面,阿特柔斯家族可是罄竹难书:通奸、杀子,以及在不知情时吃下人肉。难怪复仇女神会在他们的屋顶上常驻。

歌队震惊于卡珊德拉对这段王宫秘史的了解。她告诉他们,是阿波罗给了她预言的能力,但因为她拒绝了他的求爱,他也诅咒她永远不被人相信。没有理由怀疑此事的真实性,然而下一幕,她的说辞就被推翻了,因为歌队显然对阿波罗的诅咒免疫。我们相信你,歌队说,你的预言听起来很可信。[10]她告诉他们,他们将会看到阿伽门农的死亡。他们问是哪个"男人"在行凶。[11]她答道,你们完全误解了我的意思。她将视线望向更远的未来,并说道,她会杀了我,这头两只脚的母狮,当雄狮不在的时候,她竟和狼睡在一起。很明显,她指的正是克吕泰涅斯特拉。狼是雄狮的敌人,而母狮成了狼的床伴。我们还记得当阿伽门农不在的时候,克吕泰涅斯特拉一直与他的敌人埃癸斯托斯有染。

卡珊德拉脱掉祭司的长袍,扔在地上。她不再侍奉阿波罗了,因为他竟允许她被带到这里来送死。她仍能预见未来,尽管歌队不能理解——卡珊德拉死后,一个女人会为她偿命,而另一个男人也会被杀死。看来复仇女神们还要在阿特柔斯家族的屋顶上待上好一阵子。语毕,卡珊德拉走进宫殿,走向她的死亡。

直到此刻,我们才听到卡珊德拉预言的事情:阿伽门农之死。他喊道自己挨了一剑,然后又挨了一剑。歌队意识到国王这会儿必定是死了。他们想过冲进去抓住凶手,但正如古希腊悲剧中的所有歌队一样,他们只是讨论,不会行动。毕竟几句话也无法起死回生。[12]最终,宫殿大门打开,克吕泰涅斯特拉站在他们面前,身旁是被谋杀的国王和女祭司的尸体。观众会注意到,阿伽门农发出了痛呼,卡珊德拉却无声无息,看来在最后的时刻,她接受了自己的命运。歌队被这恐怖的一幕震住了,而更大的震撼还在后面,因为克吕泰涅斯特拉对（在歌队看来的）弑君一事毫无悔意。相反，她沉浸其中，并详述了谋杀过程：如何将阿伽门农困在网中，捅了他两剑，让他手脚瘫软，趁他倒下的时候又补了第三剑，这最后一击送他下了地狱。跟歌队一样，观众也只听到了两声呼喊，这意味着他挨了前两下就喊不出来了。欢乐吧，克吕泰涅斯特拉对歌队说，只要你们愿意，我确实得意扬扬。[13] 阿伽门农用罪恶填满了他的杯子，她说道，他现在回来了，把它一饮而尽。

　　卡珊德拉预言阿伽门农将陷入罗网，这并不是剧中唯一提到这种埋伏或陷阱之处。克吕泰涅斯特拉似乎是利用了一件类似于紧身衣的服装将阿伽门农杀死的。波士顿美术馆收藏着一件多基马西亚（Dokimasia）画师创作的精美的双耳喷口调酒杯。[14] 它的制作时间与《阿伽门农》上演的日期非常接近，因此无法判定到底是这幅瓶画取材自剧中的场景，还是这部剧把广为人知到成为瓶画素材的场景又演了一遍。这个混酒器的产地是雅典，因此可以肯定地说，在公元前5世纪中叶，至少有部分艺术家将"网"作为阿伽门农之死的标志。因为在这幅瓶画中，阿伽门农穿着网纱状的袍子，透明的布料下，他赤裸的身体清晰可见。他的右手伸向前方，整个身体却向后倒去，试图躲开攻击者手中的剑。但这里的凶手并不是克吕泰涅斯特拉，而是她的情人埃癸斯托斯，她本人则握着一柄斧子站在他身后。这个设定是故事最常见的版本之一，但也由此产生了一个问题：阿伽门农到底是被埃癸斯托斯杀的，还是被克吕泰涅斯特拉杀的，抑或他们两人一起杀的？在埃斯库罗斯看来，荣耀全归于克吕泰涅斯特拉。等她展示完阿伽门农和卡珊德拉的尸体之后，过了200行才轮到埃癸斯托斯出场。不管她是在夸耀自己杀人的本事，还是仅仅在愉悦地讲述过程，她肯定不想与人分享功劳。波士顿美术馆的陶瓶上描绘的还不够惊世骇俗：只是一个男人干掉了他情妇的丈夫，而不是一个妻子干掉了杀害她女儿的凶手。不过画面中阿伽门农所穿的薄纱长袍很奇怪。他向前伸出手，但长袍包裹着他的手指，使他无法探出手臂。袍子几乎长及地板，好像起到了束缚行动的作用。这就能解释他为什么会是这个姿势了，他的身体向后仰，如果在现实中肯定会摔倒，因为他无法用手臂稳住自己。就是这样，瓶画上的埃癸斯托斯和戏剧中的克吕泰涅斯特拉，在动手之前都先使了计谋。阿伽门农毕竟是一位凯旋的战士，克吕泰涅斯特拉用了点计谋来提高谋杀的成功率也是很正常的。而且，不要忘了，面对实力远超自己的对手，用诡计杀死或杀伤对方，并不是女性独有的伎俩——奥德修斯也经常干，而且屡试不爽。

从阿伽门农走过的花毡到穿上的长袍（如果跟瓶画上一样，袖口被缝在一起，或者根本没有袖子），网和织物的主题贯穿了这部剧的始终。这些意象是一致的：克吕泰涅斯特拉是猎人，阿伽门农是她的猎物。在希腊神话中，纺织本是"好"女人做的事（下文中会讨论珀涅罗珀白天织布、晚上拆布的故事），到这里却变得阴暗且危险。克吕泰涅斯特拉并没有花10年的时间织花毡，她织就的是阴谋和诡计，也织好了用来智取阿伽门农的罗网。纯洁的事业被扭曲成了杀人的手段。就连看似没有任何危险的花毡也变成了一个陷阱，被她用来煽动阿伽门农的狂妄之心。

歌队在惊恐中与克吕泰涅斯特拉对峙，说她应为自己的罪行而被放逐。她的答复尽显锋芒。她说："你们应该放逐的人是他，他杀了自己的女儿来献祭，就像杀掉一只羊。你们对此做了什么？什么都没做。我告诉你们，如果你们能推翻我，你们就能统治这个地方。如果神明另有安排，你们就得接受这个教训，以后小心谨慎。"

毫无疑问，如有必要，这个女人愿意和一大群男人战斗。歌队再次谴责她，她终于彻底爆发：她说，她是凭着正义、毁灭和复仇（这三位都是女神，而不仅仅是特质）献祭了阿伽门农。[15]她的言辞中充满了挑衅。阿伽门农将她的女儿当牲畜一样宰杀献祭，她也让他得到同样的下场。不仅如此，她还声称在过程中有神襄助。接着，她转向卡珊德拉，又抛出了另一个理由。首先，阿伽门农在特洛伊宠爱过克律塞伊丝（在《伊利亚特》第1卷中，克律塞伊丝曾是阿伽门农的女奴，后来他被迫将她送还给她的父亲）。而现在，这个床伴，这个情妇，也跟他死在了一起。因此，虽然有着为女儿复仇的崇高理想，克吕泰涅斯特拉同时有着更卑劣的动机：嫉妒。但她很快又回到了自己的初衷：她所深深哀悼的伊菲革涅亚[16]才是她的动机。他杀了她女儿，所以她杀了他。然而，即使杀戮也无法平息她的怒火。他是自作自受，罪有应得，在冥府里也不得夸口，她说道，伊菲革涅亚会在那里候着他。歌队在她面前败下阵来，不是因为她一手炮制了惨剧，也不是因为她对此毫无悔意，而是因为这番雄辩说得他们哑口无言。

最后，在全剧的结尾处，克吕泰涅斯特拉的情人埃癸斯托斯登场，沉浸在这一日的辉煌中。他说起自己的父亲堤厄斯忒斯与阿伽门农的父亲阿特柔斯有着多年积怨。堤厄斯忒斯企图夺取王位，却被阿特柔斯击败。两人似乎达成了和解，堤厄斯忒斯被迎到阿特柔斯的家中共享盛宴。但宴席上有一道恐怖的菜：堤厄斯忒斯的孩子们被杀害，他们的手脚被剁碎，端到了他面前，又被不知情的他吃了下去。埃癸斯托斯作为最小的孩子，当时仍在襁褓之中，于是躲过了这场血腥的屠杀。他现在所做的一切也是为了复仇，他还声称整个致命的计划都是他的安排。如果说克吕泰涅斯特拉惩罚的是杀死了女儿的父亲，那么，埃癸斯托斯惩罚的则是杀人狂魔的儿子。和克吕泰涅斯特拉一样，他也声称正义站在自己这边，面对歌队的谴责，他也同样毫无愧意。他表示，既然看见了这家伙躺在了正义的罗网里，自己就算死了也甘心。歌队没有被说服，正如他们也没有被克吕泰涅斯特拉的申辩和攻击所打动。面对歌队的谴责，埃癸斯托斯拒不接受，反而用监禁和饥饿来威胁他们。不管是什么原因让这一对走到了一起，性欲也好，共同的敌人也罢，看得出他俩的确性情相投。歌队试图以他们唯一知道的方式来刺痛他，他们说："你策划了谋杀，却没勇气下手，而让这妇人来杀。"[17]

歌队本欲与埃癸斯托斯和他的手下开战，但克吕泰涅斯特拉不允许继续流血。国王死后，是谁在掌控王宫和城邦，答案已经很明显了。埃癸斯托斯可以自称是主谋，但实权却在王后手中。她阻止了埃癸斯托斯这位她"最亲爱的人"，没有让他造成更大的伤害。这个爱称一出口，歌队便明白了继续宣泄愤怒和痛苦已毫无意义。她叫他们回家去，而他们发出了最后的挑衅——"你等着，等俄瑞斯忒斯回家。"

歌队是否还记得卡珊德拉的预言——她自己死后，将有一个女人和一个男人死去？他们是否明白，无论克吕泰涅斯特拉和埃癸斯托斯如何坚信他们是以正义和复仇之名实施了谋杀，二人终将被这两位女神反噬？这正是笼罩着阿特柔斯家族的阴影。每一桩罪行都需要用复仇来安抚亡者，不管是伊菲革涅亚，还是堤厄斯忒斯的12个子女。但每一轮复仇又会引来新一轮的复仇：克吕泰涅斯特拉为女儿报了仇，但她幸存的孩子们——俄瑞斯忒斯和厄勒克特拉却陷入了无解的困境。埃斯库罗斯在三部曲中的第二部《奠酒人》(*Choephoroi*)将这种困境展示得淋漓尽致。如果他们不为父亲报仇，父亲的亡魂就会折磨他们，因为杀害他的凶手正逍遥法外。但如果为父亲报了仇,他们又将犯下不可饶恕的弑母之罪。用复仇寻求正义固然很好,但当它发生在家庭内部时,只会让已然不堪的局面雪上加霜。

克吕泰涅斯特拉虽然阻止了情人与歌队起冲突,但在剧终时依然没有表现出一丝一毫的谦卑或忏悔。她叫埃癸斯托斯别理会那些没意义的吠声,直接把歌队的长者们非人化了。在她看来,他们与狗无异,他们的话语不比动物的嚎叫更有价值。也是她讲出了全剧的终场台词——"现在,我和你统治一切。"代词的语序可能会让英语语法专家们看着难受①,但克吕泰涅斯特拉的意思很明确:我统治着王宫、城邦和人民,你也如此。虽然埃癸斯托斯并非她的附庸,但她肯定不会把主位让给他。全剧在结尾时揭示了杀死阿伽门农的另一个动机——夺权。

这部剧如今尚且能令观众心惊肉跳,当年首演时带来的冲击想必更甚。但如果一部作品没有激发出更多的艺术创作,我们就很难衡量其影响力,描绘阿伽门农被克吕泰涅斯特谋杀的瓶画已经少得不可思议,能画出埃斯库罗斯这个版本的就更少了。难道只是我们的运气不佳,这类陶瓶都没有保存下来?还是说其中另有隐情?一般来说,这些精美的酒器是在宴会上使用的,被男人们拿来与妓女举杯畅饮的。柏拉图在《会饮篇》(*Symposium*)中描绘了一个非常高尚、理想化的夜宴场景:哲学讨论、啜饮美酒、姗姗来迟的客人带着吹笛子的乐伎。我们不难想象,参加这类聚会的男人应该不太愿意被酒碗上的图案提醒家里还有个妻子,而她对晚归的丈夫充满了杀意。如果你实在想要一个画着女人挥舞斧子的酒碗,你可能会选择

---

① 按照英语的语序应该是 "You and I"("你和我"),但此处的原文是 "I, and you"。

战斗中的亚马孙人,而不是狂怒地砍死毫无防备的丈夫的妻子。

上文已经提到,波士顿美术馆的双耳调酒杯把主角换人了:埃癸斯托斯才是凶手,克吕泰涅斯特拉不过是挥着斧头的啦啦队队长。而圣彼得堡的埃米尔塔日博物馆(Hermitage Museum)[18]收藏的一件公元前4世纪的酒器则表现了一个更加杀气腾腾的克吕泰涅斯特拉。事实上,该画面描绘的是赤身裸体的阿伽门农缩在盾牌后面,克吕泰涅斯特拉高举斧子朝他砍去,她身后的斗篷因剧烈的动作飘扬起来。这件作品的产地是大希腊地区(今天的意大利南部,当时是希腊殖民地),这就引发了一个有趣的问题,难道这里的人比雅典人更爱看谋杀亲夫的场景吗?若果真如此,又是什么原因呢?

* * *

克吕泰涅斯特拉通常被描写成一个典型的恶妻,唯一尚待商榷的就是她的动机,这决定了在塑造她那个社会里,她或多或少会得到些同情,同时或多或少会带有威胁性。她最早出现在《奥德赛》中,作为珀涅罗珀这个经典贤妻的反面。这部史诗讲述了奥德修斯多灾多难的返乡之旅,以及与此同时他的妻子如何在家里苦苦支撑,应付一帮求婚者的骚扰、儿子的无礼及其他种种麻烦。在整个希腊神话中,她都是一个模范的留守妻子。但阿伽门农的故事时不时会出现一下,尤其是在第11卷中,奥德修斯在冥界遇到了这位已故的战友。他问阿伽门农是怎么死的,是波塞冬摧毁了他的船,还是在劫掠牛羊时遭人报复?在这里,奥德修斯巧妙地嵌入了他自己曾经历过和将会经历的场景,这种自我中心的个人英雄主义总是让他自己(和部下)身陷险境。不是波塞冬,也不是那些心怀敌意的人,阿伽门农答道,是埃癸斯托斯,同他自己那可恶的妻子,"有如杀牛于棚厩"。在这里，他使用了祭祀杀牲的表达，而在埃斯库罗斯笔下，克吕泰涅斯特拉也正是这样描述他杀女儿的场景的。然而，荷马的版本是一场血腥的屠杀：阿伽门农的部下们也遭到了无情的杀戮，有如白牙肥猪。阿伽门农将这场发生在宫殿里的血案比作一场战斗，其细节令人胆寒——在堆满了美酒佳肴的餐桌之间，我们横陈在地上，鲜血浸漫开来。他说他听到了卡珊德拉发出的惨叫，而同时他被剑刺中渐渐死去。克吕泰涅斯特拉连看都没看他一眼，甚至不愿伸手给他的尸体抚合双眼和嘴唇。他建议奥德修斯回家时小心点，尽管他也表示珀涅罗珀不是会行凶的人，"不像我的那位妻子"。

因此，荷马的克吕泰涅斯特拉并不像埃斯库罗斯笔下的那样让男人感到恐惧：她没有亲自动手，但确实参与了阴谋，并在丈夫被杀时袖手旁观。但是针对女性，特别是卡珊德拉时，她还是一样凶残。对于《奥德赛》中的阿伽门农来说，克吕泰涅斯特拉与埃癸斯托斯的奸情是她的根本动机。这里没有任何迹象表明她想为女儿报仇，或想夺取政权，而在埃斯库罗斯笔下，这两点都是她角色性格的一部分。至少从阿伽门农的角度来看，她唯一的动机就是对埃癸斯托斯的情欲。克吕泰涅斯特拉不过是个淫妇。

到了罗马作家笔下，这个动机定义了克吕泰涅斯特拉的整个形象。在奥维德的《爱的艺术》(*Ars Amatoria*)中，她是受了嫉妒的驱使，而这种嫉妒是当她亲眼看到阿伽门农的不忠时才真正表现出来的。[19]当她还认为阿伽门农忠贞不贰的时候，她自己也谨守着贞操。她听过关于克律塞伊丝和布里塞伊丝的传言（在《伊利亚特》中，她们都是阿伽门农的女奴），但直到他带着卡珊德拉回家，让她目睹了他们的关系，她才与埃癸斯托斯有了报复性的私情。因此，奥维德依惯例剥夺了她作为实权王后和复仇女神的身份，但同时免除了她对阿伽门农被杀的责任。言下之意是，阿伽门农的死纯属自找：如果他能明智地让情妇离妻子远一点，说不定可以活到高龄。

当然，奥维德的版本与《奥德赛》或《阿伽门农》截然不同。《爱的艺术》是一本明快、生动又诙谐的出轨指南，此书问世时正值新上任的皇帝奥古斯都严厉打击通奸行为，至少是别人的通奸行为。因此，奥维德完全有理由把克吕泰涅斯特拉和阿伽门农写成一对把出轨搞成脱轨的凡庸男女，而不是像早期的希腊作家那样，以史诗般的庄严来塑造他们的形象。在这里完全没有提到伊菲革涅亚，也没有提到克吕泰涅斯特拉对阿尔戈斯王位的觊觎。鉴于奥维德对希腊神话了如指掌，可以肯定他是在故意恶搞：将克吕泰涅斯特拉，以及出现在同一段前几行里的美狄亚，这两位著名的在遭遇不公后进行了暴力反抗的女性，降格为无事生非的家庭妇女。

罗马哲学家兼剧作家塞涅卡一定读过奥维德对克吕泰涅斯特拉的描写，因为他在自己那部奇奇怪怪的《阿伽门农》中也将克吕泰涅斯特拉描述为一个性欲旺盛的人，因对埃癸斯托斯的爱情和强烈的欲望饱受折磨。[20] 她倒是提到了伊菲革涅亚，但并没有表现出特别的痛苦或复仇的愿望。与奥维德的设定一样，塞涅卡的克吕泰涅斯特拉也对丈夫远征特洛伊期间的床伴们充满嫉妒。但与之前的版本不同，这一位害怕自己会因不贞而受到惩罚，甚至还考虑过自杀。到这里，克吕泰涅斯特拉的形象已经离埃斯库罗斯塑造的那个无畏且愤怒的女人相去甚远了。

所以还是让我们回到埃斯库罗斯笔下的那个愤怒的形象上来。确切来说，是把她的故事讲完。《俄瑞斯忒亚》(Oresteia)三部曲的第二部是《奠酒人》。故事发生在第一部完结的数年后，厄勒克特拉和歌队来到阿伽门农的墓前祭奠。克吕泰涅斯特拉时常被噩梦惊扰，认为亡夫的鬼魂需要安抚，于是派女儿厄勒克特拉前去祭奠。厄勒克特拉向众神祈求，让她失踪已久的弟弟俄瑞斯忒斯回家为父亲报仇。这些年里，克吕泰涅斯特拉仍与埃癸斯托斯共同统治着城邦。

厄勒克特拉的愿望很快就实现了，她在父亲的墓旁发现了一绺作为祭品的头发，还看到了一个熟悉的脚印。她断定，头发和脚印都属于俄瑞斯忒斯，一定是她的弟弟终于回来了。如果你觉得这有点牵强，请尽管放心，欧里庇得斯也这么觉得，他后来在《厄勒克特拉》里把同样的故事讲了一遍，还对这个姐弟相认的情节嘲弄了一番。

姐弟团聚之后，俄瑞斯忒斯和他的同伴皮拉得斯（Pylades）决定对杀父凶手采取行动。俄瑞斯忒斯是奉阿波罗的神谕来复仇的。克吕泰涅斯特拉走出王宫，迎接这两个她以为是陌生人的青年。她邀请他们进门，并盛情款待。俄瑞斯忒斯没有表明身份，而是假装遇到了一个信使，受其委托过来向她报丧：俄瑞斯忒斯死了。对此，她的反应是一个痛失爱子的母亲，而不是一个害怕儿子回来报仇的女人。"你夺走了我爱的人，"她说，"我是完全崩溃了。"[21]

二人一进入宫殿，俄瑞斯忒斯就杀死了埃癸斯托斯，但在杀掉母亲之前却犹豫了。克吕泰涅斯特拉明白了，她将死于诡计，正如她从前杀人那样。[22] 有那么一瞬间，她看似能说服俄瑞斯忒斯放她一马——她说："我生下了你，希望能在你身边养老。"[23] 他对这话大感震惊："你杀了我的父亲，还想与我共同生活吗？"于是，她把阿伽门农之死归咎于命运女神莫伊拉。

随后，她和俄瑞斯忒斯有了一番争论，在不那么极端的情况下，这一段肯定会引起许多父母和子女的共鸣。他说："是你把我赶走的。"她说："我把你送到盟友家里，让你远离危险。"他反驳道："我是被卖去当奴隶的。""真的吗，"她说，"那我卖了多少钱？"从这里,我们无疑听见了古往今来所有父母和青春期孩子的争吵——双方都承认发生了某些事情,但对这些事情的理解却大相径庭,谁也听不进对方的观点。此时此刻,母子二人简直是如出一辙。但皮拉得斯提醒俄瑞斯忒斯,阿波罗要求的是复仇的杀戮。于是俄瑞斯忒斯照做了。克吕泰涅斯特拉在临死前,要他谨防那些替母亲报仇的愤怒的猎犬。[24]

* * *

复仇的猎犬真的来了。三部曲中的最后一部叫《报仇神》(*The Eumenides*),"Eumenides"意为"仁慈者",是厄里倪厄斯(Erinyes),也就是复仇女神的新名字。这样起名的依据可能是,如果你给某样东西起个好听点的名字,它或许就不那么可怕了。这部剧提出并回答了一个简单的问题:俄瑞斯忒斯弑母的行为是否正当?复仇女神对他穷追不舍,认为他犯下了不可饶恕的弑母之罪。但阿波罗和雅典娜都站在俄瑞斯忒斯一边:他有为父报仇的道德义务,而弑母则是必然结果。无论我们如何看待这个问题,剧中人物都对调解结果表示满意:在神的介入下,俄瑞斯忒斯被宣告无罪,复仇女神虽心有不甘,但也只能放过他。

然而,这个结局引发了更多新的问题:为什么每个人(除了克吕泰涅斯特拉)都认为阿伽门农的生命比伊菲革涅亚的生命更有价值?为什么复仇女神没有追究阿伽门农杀死女儿的罪?为什么要由克吕泰涅斯特拉为她复仇?为什么厄勒克特拉和俄瑞斯忒斯更尊重已死的杀人犯父亲的遗愿,而对活着的杀人犯母亲,以及全然无辜却被杀害的姐姐无动于衷?三部曲最终得出的结论是,这个被诅咒的家族必须停止私刑复仇,应该来法庭上申冤并服从(女神做出的)裁决。但即使我们同意这个结果,也一定会认为第一部中的克吕泰涅斯特拉是占理的——当时她曾问过歌队,何以对阿伽门农之死大为震怒,却对伊菲革涅亚之死漠然视之?你们应该放逐的是他,她当时这么说道。[25]如此看来,当克吕泰涅斯特拉把女儿的生命看得与国王的生命同等重要时,她的命运就已经注定了。

最后还有一点。在欧里庇得斯的《伊菲革涅亚在奥利斯》中,克吕泰涅斯特拉提到在阿伽门农之前她曾有过一任丈夫,他的名字叫坦塔罗斯(Tantalus),[26]阿伽门农杀死了他,并强娶了克吕泰涅斯特拉。她不得已嫁给了杀害自己丈夫的凶手。而且不仅是丈夫,阿伽门农还杀了她的孩子。当时她正在给这个婴儿喂奶,阿伽门农强行将孩子从她怀中夺走,狠狠地摔在了地上。换句话说,在这部剧中(后来的其他资料中也有提及),阿伽门农在这十多年里杀死过克吕泰涅斯特拉的两个孩子。

虽然后世的许多作家都砍掉了这部分情节,将重点放在她的通奸而不是源自母性的愤怒上,但我们可以在公元前5世纪的悲剧中,尤其是在埃斯库罗斯的《俄瑞斯忒亚》三部曲中,清晰地看到这一动机的戏剧化呈现。为女儿复仇的动机可能并不是埃斯库罗斯原创的,在他创作剧本的几年前(也可能是几年后),品达就在一首颂歌中写到过。[27]因此,在古代世界乃至后世,克吕泰涅斯特拉都是恶妻的代名词,甚至是最恶毒的妻子。但对于被冤屈、被噤声、被忽视的女儿们来说,她是英雄般的存在:她在孩子被杀时拒绝保持沉默。她不屑于接受现实,得过且过;她不愿意迎合命运,惨淡经营。她就像她所守望的那座烽火一样熊熊燃烧。如果这意味着男人们不敢看到酒杯上画着她愤而杀夫的场景,那倒也好。至少埃斯库罗斯笔下的她,会欣然享受他们的恐惧。

1. Antiphon 1, 17
2. Macintosh, F. et al. (2005), *Agamemnon in Performance 458 BC to AD 2004* (Oxford: Oxford University Press), p. 59.
3. Aeschylus, *Agamemnon* 136.
4. Ibid 155.
5. Ibid 258.
6. Ibid 960.
7. Ibid 950.
8. Ibid 1156.
9. Ibid 1190.
10. Ibid 1214.
11. Ibid 1252.
12. Ibid 1360-1.
13. Ibid 1394.
14. https://collections.mfa.org/objects/153661.
15. Aeschylus, *Agamemnon* 1431-3.
16. Ibid 1526.
17. Ibid 1644.
18. https://www.hermitagemuseum.org/wps/portal/hermitage/digital-collection/25.%20Archaeological%20Artifacts/36020.
19. Ovid, *Ars Amatoria* 2 399-408.
20. Seneca, *Agamemnon* 118.
21. Aeschylus, *Choephoroi* 695.
22. Ibid 888.
23. Ibid 908.
24. Ibid 924.
25. Aeschylus, *Agamemnon* 1 419.
26. Euripides, *Iphigenia in Aulis* 1 149-52.
27. Pindar, Pythian Ode 11.

第七章
欧律狄刻

希腊神话中最浪漫的章节,莫过于欧律狄刻和她的丈夫俄耳甫斯的故事。这是一部小型传奇,讲述了青春早逝的悲伤、失去挚爱的痛苦,以及至死不渝的深情。这个故事也很独特,因为直到公元前5世纪,欧律狄刻才出现在俄耳甫斯的故事中,而此前俄耳甫斯本人亦鲜见于各类古籍,比如荷马和赫西俄德都没有提到过他。[1]因此,我们可以先看一下这个故事最广为人知的版本,然后再追寻其渊源。这样一来,我们必须转向古罗马的作家们,特别是维吉尔,他在《农事诗》(*Georgics*)中讲述了这个故事。这是一部关于田园生活的长诗,完成于公元前29年,此后维吉尔就将他生命的最后10年献给了《埃涅阿斯纪》——一部关于特洛伊的陷落和特洛伊王子埃涅阿斯冒险历程的史诗。《农事诗》的类别很难解释,从表面上看,它是一部关于乡间生活和耕作放牧的指南,同时充满了对刚刚恢复和平的罗马城的赞颂:随着帝制的建立,公元前1世纪那场可怕的内战终于结束了。罗马帝国的第一位皇帝奥古斯都是梅塞纳斯的赞助人兼好友,而梅塞纳斯又是维吉尔的赞助人兼好友。在《农事诗》中,乡村和都市这两大主题通过精彩奇妙的故事交织在一起,伴随着一些关于如何种植庄稼和嫁接葡萄藤的实用的建议。

在第 4 卷中，维吉尔写到了如何养蜂。在维吉尔的时代，蜂蜜是人们能吃到的最甜的东西，蜜蜂的重要性自然毋需多言。当然，这也是因为维吉尔十分喜爱昆虫，尤其是蜜蜂和蚂蚁。因此，他从谈论如何为蜜蜂建造一个理想的住所开始，很快引入了阿里斯泰俄斯的故事。阿里斯泰俄斯养的蜜蜂全部患病死亡，于是他找到了变形之神普洛透斯，希望能知道怎样预防这种灾难。但普洛透斯对阿里斯泰俄斯严词厉色，因为他曾犯下一宗大罪，招致了众神的愤怒。[2] 普洛透斯随后开始讲述阿里斯泰俄斯如何袭击了欧律狄刻，也就是俄耳甫斯的妻子。她慌乱地沿河飞奔，想从他身边逃开。很多译本在此加入了委婉的表达，比如欧律狄刻想要回避阿里斯泰俄斯的拥抱之类的，但原文并不是这么说的。欧律狄刻是在躲避强暴。正因为如此，她没有看见隐藏在岸边高草丛中的一条蛇，"这位少女即将死去"（*moritura puella*）[3]。

欧律狄刻死后进入了冥界（Dis），这是地狱（Hades）的别称，而"Hades"也是冥界统治者的名字。接下来就是我们耳熟能详的情节。俄耳甫斯也来到了冥界，弹着他的七弦琴。亡灵们从冥府最深处聚拢过来，聆听他的演奏。连复仇女神也神情恍惚，看守冥府的三头犬刻耳柏洛斯张着嘴呆立住。[4] 折磨着伊克西翁①的火轮停止了转动，因为那永不停歇地吹动着轮子的狂风突然静止了。维吉尔没有提及俄耳甫斯向冥王请求与妻子团聚的部分，而是直接跳到了欧律狄刻被送还给他，并按照普洛塞庇娜（冥后珀耳塞福涅的罗马名字）的指示跟在他身后往回走。但当他们即将回到阳光下的那一刻，俄

---

① 伊克西翁（Ixion），古希腊神话中的人物。他是色萨利的国王，因追求赫拉而被愤怒的宙斯打下地狱，绑在一个会永远燃烧和转动的轮子上。

耳甫斯的心里突然涌起了疯狂的冲动，他竟然忘了之前的约定，停下来，回头看了一眼。所有的努力顷刻化为乌有。

欧律狄刻随即开口："俄耳甫斯，什么样的疯狂毁掉了可怜的我，还有你？看，残忍的命运又在唤我回去，安息已盖住我迷蒙的双眼。我只能说再见，巨大的夜把我往回卷，我徒然地向你伸出我的手！"她从他的眼前消失了，宛如薄烟被风吹散。俄耳甫斯试图再次进入冥府，却被拒之门外。之后一连7个月他都在为两度失去她而悲泣，他不断地哀悼死去的妻子和冥王那毫无意义的礼物[5]，并拒绝再婚。最终，色雷斯的妇女们被他的一再拒绝激怒了，在一次酒神节的狂欢中，将他撕成了碎片。他被砍下的头颅沿着赫布鲁斯河（River Hebrus）顺流而下，一路呼喊着："可怜的欧律狄刻！欧律狄刻……"

这一段中有几个值得注意的地方。首先，普洛透斯讲这个故事是出于谴责的目的：众神当然是在惩罚阿里斯泰俄斯，他对欧律狄刻的死有直接责任，因此也对俄耳甫斯的死有间接责任。其次，维吉尔用4行诗描述了欧律狄刻生命的最后时刻，也就是她逃离阿里斯泰俄斯时的情景；又用了4行诗描写德律阿德斯们（森林仙女，在这个版本中欧律狄刻是她们的同类）[6]、高山和河流都在为她的死哀悼，之后的3行写到俄耳甫斯悲痛地弹着竖琴。接下来，维吉尔用了整整19行的篇幅描述俄耳甫斯如何进入冥界，但是，对于欧律狄刻跟在他身后返回人间的过程却一笔带过，而这一部分正是几乎所有的现代版本都会着力刻画的。从欧律狄刻回到他身边，到他再次失去她，一共只有6行。维吉尔只用了1行交代他们重返人间的苛刻条件，即欧律狄刻只能跟在俄耳甫斯身后，不能跟他并肩行走。而直到俄耳甫斯忘记了约定，回头看向欧律狄刻的时候，我们才知道还有这样一条禁令。

我提到这些数字,只是想简单说明一下维吉尔更侧重于故事中的哪些部分。我们可能期待看到长篇的悬念叙事,重点放在重返人间的过程上,就像后世许多演绎所呈现的那样。走出冥界的过程、对于近在咫尺的自由和再成眷属的渴望,这本身就充满了戏剧张力。但对维吉尔来说,"进入冥府"(katabasis,源自希腊语,意为"向下")的过程才是最有意思的部分。他描绘的那些细节——亡灵们蜂拥而至,聆听俄耳甫斯的歌声,复仇女神和地狱冥犬也为他驻足,折磨着伊克西翁的酷刑骤然而止——这些才是真正重要的场景。与冥王、冥后的交易以及欧律狄刻必须跟在后面、俄耳甫斯不能转身看她的规定和返回人世的旅程,这些都是维吉尔不太感兴趣的内容。此外,他也没有讲到珀耳塞福涅为何会要求二人遵守这样的约定。而这个约定带来的精神折磨也是这个悲剧故事中最广为人知的一幕,其中完全没有提及。维吉尔只写道,欧律狄刻必须跟在后面,因为这是冥后的意旨。

此外,读者们会发现,欧律狄刻是这个故事中唯一开口讲话的人。俄耳甫斯唱着歌进入了冥界,但歌词是什么不得而知。他没有对冥后讲话,也不知道冥后如何回应。地府的约定不是来自直接的对话,而是间接的表述。整个故事第一次有人说话,是在欧律狄刻被夺走时,她用了5行独白哀叹他们的命运。俄耳甫斯直到被酒神的狂女撕碎后才开口说话,而他的头颅只会呼喊欧律狄刻。显然,这个故事的部分情节发生在冥府,但值得深思的一点是,发言的只有死者,而不是众神和生者。对话本身则主要是欧律狄刻和她对悲惨命运的哀叹。

在维吉尔写完这个故事的几十年后,奥维德创作了《变形记》,

为罗马读者重述了希腊神话，并在其中改写了这一段。奥维德并不希望他的版本与维吉尔过于相似，他将阿里斯泰俄斯的角色删除（并不是因为这段内容品位低下，奥维德的诗中并不缺少性暴力元素），并加强了悲情色彩。他笔下的欧律狄刻并不是性侵受害者，她在婚礼的那天与一群那伊阿得斯（水仙女）[7]在草地上漫步，婚礼之神许门也在场。但欧律狄刻还是被蛇咬到了脚踝，倒地死去。俄耳甫斯随即进入了冥界，欧律狄刻死后不过短短5行，俄耳甫斯已经在跟珀耳塞福涅（此处依然叫作普洛塞庇娜）对话了。在这里，我们看到奥维德版与维吉尔版的另一个重大差异。他让俄耳甫斯发表了一番长篇大论，恳求冥后把妻子还给他。他以典型的奥维德风格开场，盛赞冥后的高贵，并承诺他此行无意偷走她的三头犬。这一句并不是在搞笑，因为赫拉克勒斯真的偷过这条狗。因此，俄耳甫斯提前澄清，他无意偷窃，只是为了讨回妻子，因为她正值青春妙龄，就被蛇夺去了生命。这里有一个明确的暗示（下文将会详细讨论），即正值青春妙龄的人，不同于风烛残年的老者，是不"应该"死去的。对于我们这些不再年轻的人来说，这话听来可能颇为刺耳，但这是他的第一个理由：她还年轻，死得太早了。

　　接着他解释说，自己也曾尝试默默忍受这份痛苦，却敌不过爱神的力量。他诉诸冥后过往的亲身经历："冥王不正是因为爱你，才将你掠下冥府的吗？"很显然，在奥维德的时代，人们还比较能接受掳掠是一种爱的表现。然后，他提出了一个更有力的理由：所有人都属于你，即使在人间多停留片刻，人人的旅程都朝向这里，这是最后的家。[8]"我的妻子，等她尽了天年，也终究会归你管辖。"他发出了最后的请求："如果她不能与我同归，我也断不会回去。庆祝吧，为我们的两具尸体！"

他就这样拨着琴弦在冥府中吟唱,没有血色的鬼魂都为他哭泣。这是多么震撼人心的场面,难怪众多音乐家和作曲家都喜欢演绎这个故事。只是想象一下这个画面都会令人战栗:音乐如此美妙,让死者闻之泪下。接下来的一幕比《农事诗》中的匆匆一瞥稍长一些——地狱中的罪人们所遭受的一切折磨都被按下了暂停键,就连西西弗斯①也停了下来,坐在了他的石头上。冥王和冥后也失去了拒绝的勇气,他们召来了欧律狄刻,尚未愈合的伤口令她步伐蹒跚。9 想来应是毒蛇的那一口,让她即便在死后依然疼痛未消。交还欧律狄刻的条件是苛刻的[维吉尔使用了"legem"("法律")一词]:在二人走出阿弗努斯(Avernus)山谷(冥界入口)之前,俄耳甫斯不可回望。否则,这份冥神的恩典将"瞬间成空"(inrita dona)。10 维吉尔的诗中也用了同样的表述。奥维德尽管以自己的风格重述了整个故事,却仍通过这样的方式向细心的读者致意。

俄耳甫斯和欧律狄刻踏上了可怖的回程。单是一行诗句里的词语就写明了这段路程之艰险:"道路陡峭、阴暗,浓雾弥漫"(arduus, obscurus, caliginedensus opaca)。11 熟悉的一幕又在这里重演:俄耳甫斯怕她没有跟上,急切地回头看了一眼。欧律狄刻瞬间没入了黑暗。她向他伸出双手,而他只抓到了轻风。她已然消逝。这一刻,他痛不欲生。这就是为何这个故事至今仍能引起如此强烈的共鸣,就像几百年来那些以此为灵感的歌剧、乐曲和绘画一样。正是俄耳甫斯爱她至深,才导致了他们的悲剧——她的第二次死亡,他的第二次失去。如果他的爱意能减少一分,或者至少不那么急切,他们就能重

---

① 西西弗斯(Sisyphus),希腊神话中的人物。他是科林斯的建成者和国王,因触怒众神而受到惩罚,必须将巨石推上陡峭的山顶,而巨石又会滚落下去,如此循环往复。

返人间,再次自由地生活和相爱,享受在婚礼当天就被迫终止的婚姻。但如果他的爱意减少了一分,他就不会踏上前往冥界的旅途了。从他启程的那一刻起,失败就已经注定。其中蕴含着一个沉痛的真相,即造成不幸的元凶往往是我们自己,因为那些让我们勇敢、充满希望或爱的品质,同样带来了毁灭。奥维德的俄耳甫斯没有被疯狂的冲动攫住,而是被恐惧所折磨。这恐惧最终压倒了他,让他所恐惧之事成了真。

欧律狄刻没有责怪她的丈夫,奥维德写道。除了爱她太深,她能对丈夫抱怨什么呢? [12] 她只来得及说声再见,而她的声音已然遥远。这一部分恰好是对维吉尔版的颠覆。维吉尔为欧律狄刻写了一段简短而凄美的独白,而让俄耳甫斯一直保持沉默,直到死后才呼喊出她的名字。但奥维德将重心转向了俄耳甫斯,而欧律狄刻在被卷入冥界的无边黑暗之前,就已经淡出了故事的重心。

奥维德继续把焦点放在俄耳甫斯身上,就像维吉尔在同一幕里所安排的那样。我们可以跟随欧律狄刻坠入冥府,但我们没有。相反,我们看到俄耳甫斯哀求船夫带他渡过冥河,却遭到了无情的拒绝。他又徒然地在岸边坐了7天,以悲痛和泪水为食。[13] 后来,他对女人失去了兴趣,转而向少年寻求爱情。这一卷剩下的部分都是他在歌唱其他神话人物的故事。关于俄耳甫斯之死的更详细的描述要等到第11卷的开头部分:他被酒神的狂女们撕碎,因为她们嫉恨他的痴情。

他的头颅一直漂到莱斯博斯岛(Lesbos)的岸边,一条蛇企图袭击它,但阿波罗出手把蛇变成了石头。这事可没有人为欧律狄刻做过。俄耳甫斯又再次来到冥府,只是这次他回不去了。这是他的旧游之地,他记得每一处。他走过乐土,找到了欧律狄刻,深情地和她拥抱。他们从此就在冥界的乐土上并肩漫步,奥维德写道[14],有时候她在前面走,俄耳甫斯跟在后面,也有时候他走在前面,再也不怕回头看看他的欧律狄刻了。这个悲剧的结尾是如此美好浪漫,以至于我们几乎没有注意到,当所有的关注点都放在俄耳甫斯如何克服了再次失去欧律狄刻的恐惧时,没有人关心欧律狄刻是否更希望不必走在他身后。他的痛苦太过夺目,于是她的痛苦就被忽略了。

* * *

维吉尔和奥维德这两位罗马诗人塑造了俄耳甫斯和欧律狄刻的故事,但这并非他们的原创。这个故事首次被明确提到要追溯至公元前438年欧里庇得斯的戏剧《阿尔刻提斯》。[15]这是一部少见的以大团圆为结局的悲剧,讲述的是阿尔刻提斯的故事。她的丈夫阿德墨托斯得到了阿波罗的恩惠:当阿德墨托斯命数将尽的时候,只要能找到另一个人代他去死,他就能继续活下去。这个恩惠显然是把双刃剑:谁会主动替你去死呢?只能是个爱你胜过爱生命的人。但若真有这样的人,你很可能也对其抱有同样的感情。在本剧情节发生前的数月或数年里(希腊悲剧的情节通常发生在一天之内),阿德墨托斯一直没有找到愿意替他去死的人,除了他的妻子阿尔刻提斯。

这一天正是阿尔刻提斯的死期。死神已经登场,准备将她引入冥府。但在此之前,阿尔刻提斯做了一番深情独白,讲述了她对阿德墨托斯和他们年幼的孩子们的期望。她要他牢记自己的牺牲,不可再娶:她不希望自己的孩子们受一个恶毒继母的折磨。这差不多是"恶毒继母"这个经典形象的初登场。但我们可以理解阿尔刻提斯此刻的悲伤,毕竟她就要死了。阿德墨托斯毫不犹豫地答应了下来。

在妻子替他去死的情况下，他也不可能不答应。阿尔刻提斯于是转向她的一双儿女说道："你们已经听见了父亲的许诺，他绝不会再娶别的女人。"[16]

整个画面令人心碎：一个年轻的女人，一个临终的母亲，一个丈夫明白他的妻子做出了伟大的牺牲，并以自己的牺牲作为回报。阿波罗的恩惠带来了可怕的后果。阿德墨托斯不想英年早逝（他的父亲仍健在，他应该还算年轻），这是可以理解的，但接受了阿尔刻提斯替他去死的提议，就等于夺走了孩子们的慈母，也夺走了自己的爱妻。不仅如此，他还失去了再婚的权利，因为他刚刚当着歌队和孩子们的面，向垂死的妻子发誓绝不再娶。刻薄一点说，他早该想到这一切，而不是等到妻子在孩子们面前陷入昏迷的时候。但古希腊的悲剧中就是充满了对灾难后知后觉的人，因此期待阿德墨托斯能更有远见或许有点苛求了。这时，她的儿子开口了："母亲呀，他说，你这一死，我们的家就衰败了。"但他的母亲已经听不见了。我保证这部剧会迎来大团圆的结局，尽管目前还没有任何迹象。

阿德墨托斯的父亲斐瑞斯（Pheres）随即赶来哀悼儿媳，并对痛失爱妻的儿子表达了同情。但阿德墨托斯对他言语不善，直言不欢迎他来参加阿尔刻提斯的葬礼。"现在这里不需要你了，"他说，"在我性命难保的时候，你本该替我忧伤。"[17]由此可见，阿德墨托斯应该是生了什么重病，阿尔刻提斯才提出用自己的死换他健康长寿。在我看来，这倒使他成了一个更值得同情的角色。如果他只是轻飘飘地接受了让阿尔刻提斯替他去死，以此来规避未来某天会降临的厄运，我们自然会觉得他配不上这份牺牲。然而，我们肯定都能理解一对相爱的夫妇是如何走到这一步的：一个女人觉得与其看着心爱的丈夫日渐憔悴，不如自己替他去死，而饱受病痛折磨的男人接受了这慷慨的奉献。但是，阿德墨托斯接下来却极为傲慢地把父亲斥责了一通。当他濒临死亡的时候，他想得到的不只是同情，而是献身。阿德墨托斯深感委屈，因为他的父亲没有主动提出要替他去死，而是把这个艰难的决定留给了阿尔刻提斯。"我该把她当作我的父亲和母亲才对，"他冷冷地说道。[18]这还没完，他继续发表了一番高论："你都这么老了，已经到了生命的尽头。你已经当过了国王，还有这样好的一个儿子继承王位，你的人生已经圆满了。""事到如今，"他又补充道，"快不要耽误了，你再生几个儿子吧，等你死时，他们可以给你穿上寿衣，我是绝对不会亲手来埋葬你的。"老人总说想死，抱怨年寿太高、生命太长，等死神真来了，又不愿意死，长寿对于他们也并不是负担了。

哪怕是最热衷于代际战争的斗士也会觉得阿德墨托斯的观点有点太激进了。觉得某人，比如父母，应该爱你胜过爱生命是一回事，但要求对方爱你胜过爱生命就完全是另一回事了。我们对痛失爱妻的阿德墨托斯的同情在迅速消退。除了一个极度自私自利的怪物，还有谁会到处要求所爱之人给自己当替死鬼呢？这反过来又让我们质疑起了阿尔刻提斯的牺牲是否值得。孩子们跟无私的母亲在一起，难道不比和贪婪的父亲在一起要好吗？

然而，斐瑞斯也毫不示弱地驳斥了他。"我抚养了你，让你继承这王位，"他说道，"可没有替你死的义务。"[19]没有哪个习俗或法律规定，父亲应替儿子去死。"你热爱生活，你以为当父亲的就不热爱生活吗？"他继续谴责阿德墨托斯为了躲过注定的命运，让妻子替他死去。"你害死了她，"他说。[20]歌队上来劝架，但父子二人不予理睬，继续对骂。

这场激烈的争吵是全剧的核心，它提出了一些没有正确答案的问题：我们应该对父母、子女和配偶抱有怎样的期望？许多人可能觉得，自己会甘愿为爱赴死，但真到了那一刻，我们或许也会像斐瑞斯和阿德墨托斯那样，紧紧抓住生命不放。这会让我们显得自私吗？还是仅仅是人之常情？

阿德墨托斯的观点与《变形记》中俄耳甫斯恳求珀耳塞福涅归还欧律狄刻时提出的论据如出一辙：她死时正值青春妙龄。他们不光被强行拆散，而且她的生命还被不公正地过早终结了。假如这对不幸的恋人年纪更大一些，他们的故事是否就会少一分悲情？假如他们虽是新婚燕尔，却已年过八旬，我们可还会感叹命运的不公？英年早逝总比寿终正寝更让人伤心：当一个人走完了丰富而漫长的人生旅途时，即使他们备受爱戴，同时被深刻怀念，我们也不会觉得这是一个悲剧。当然，这仍是一种巨大的悲痛，但不会像面对一个孩子或年轻人的死时，那种悲痛中还伴随着强烈的不公之感。

在这两种情况下，我们感到的是不同类型的悲伤。对于一个年少早逝的人，我们会觉得他们（包括我们）原本拥有的潜力被剥夺了。当另一个年轻人达成了某项我们所爱之人未能达成的成就时，我们会从中窥见本应属于他们的未来。而当年迈之人去世时，我们则会感到失去了一段经历，他们在我们生活中留下的种种痕迹也随之而去了。如果我们更不幸一些，这份悲痛甚至让我们无法快乐地回忆起与他们共度的美好时光。

但斐瑞斯也有他的一番道理。你想活下去，我就不想吗？我们不能因为他们已经活够了，现在轮到我们了，就逼着老人去死。如果得到阿波罗的恩惠的是阿德墨托斯的儿子，他会作何感想？他会为了让儿子活下去而挺身赴死吗？或者说，在这个天平上，只有当你是年轻的一方时，更长的预期寿命才比更短的有价值？

我确实保证过这部剧会有一个圆满的结局,所以这就来了:赫拉克勒斯前来造访。他还不知道阿尔刻提斯已经死了,因为阿德墨托斯命令奴隶们不许提起此事。最终,一个奴隶说出了实情,赫拉克勒斯立即行动起来。他匆匆赶到阿尔刻提斯的墓前,打败了死神,最后带着一个蒙着面纱、口不能言的女人回来了。经过一番推拒,阿德墨托斯接受了妻子回到他身边的事实。赫拉克勒斯夺回了阿尔刻提斯,跟俄耳甫斯一样,他也进入了冥界并安然返回,我们必须记住这一点。但是阿尔刻提斯在3天内不能开口说话,在完成净化仪式之前,她仍然属于冥界诸神。

那么,这个故事跟欧律狄刻又有什么关系呢?欧律狄刻的故事最早就见于这部剧,尽管其中并没有提到她的名字。当阿德墨托斯对阿尔刻提斯的临终遗言做出许诺的时候,这份悲痛的气氛被推向了高潮。他说:"若我能有俄耳甫斯的歌喉与琴声[21],能去感动珀耳塞福涅和她的丈夫,我一定到下界去,把你从冥府救回来。在我还没有把你的生命送还阳世之前,地狱的猛犬和冥河的船夫也挡不住我。但我做不到那些,只好请你在那里等候。"

鉴于俄耳甫斯最终没能成功夺回欧律狄刻,阿德墨托斯以他为榜样就很值得思考了。尽管这是我们可以确定的最早的出处,但想必欧里庇得斯的观众早从现已失传的作品中熟悉了这个故事。阿德墨托斯只提到了关键情节,使得这更像是对观众提起一个耳熟能详的典故,而不是讲述一个大家闻所未闻的故事。

这部剧能有一个大团圆的结局,全要归功于赫拉克勒斯能做到俄耳甫斯做不到的事:成功地从死神贪婪的魔爪中夺回一名年轻女子。当然,这也因为赫拉克勒斯夺回的是别人的爱人。他似乎对阿德墨托斯夫妇都怀有热烈的友谊,但不同于欧律狄刻之于俄耳甫斯,阿尔刻提斯并不是赫拉克勒斯的一生挚爱。然而，哪怕赫拉克勒斯不是一个能跟死神摔跤并取胜的强者，哪怕他没有立刻动身追随着她去冥界（他在墓前就找到了她，而不必像完成他的最后一项伟业时那样，亲自前往冥界带回三头犬），他夺回阿尔刻提斯的机会仍然比俄耳甫斯夺回欧律狄刻的机会大。试想一下，如果赫拉克勒斯也被命令在走出冥界前不得回望，那必然无事发生。他没有俄耳甫斯那样强烈的情感，也就没有随之而来的毁灭性焦虑。他是那种可以溜到冥界去偷一只怪狗的人，而不是一个会被永失所爱的恐惧折磨的英雄。

提到英雄，我们得知道，至少对部分古希腊人来说，阿尔刻提斯比俄耳甫斯更像一位英雄。上一章提到过，柏拉图在《会饮篇》中描述了一场晚宴上的宾客们就爱的本质进行的辩论。不同于凡人的夜生活，这场晚宴更严谨也更富有哲学性，虽然席间阿里斯托芬因为打嗝不得不让另一位先讲——我们永远能指望喜剧人提供一点欢乐。

第一个发言的是斐德罗（Phaedrus），他说爱情的一个显著特点是只有相爱的人才愿意为对方付出生命，[22]无论男女都是如此。有阿尔刻提斯这一个例子已经足够，只有她肯代替丈夫去死，即使当时她的丈夫双亲健在。她的爱超越了父母的爱，让父母之于儿子犹如路人。不仅凡人，连诸神也钦佩她高尚的行为，准许她死而复生。而俄耳甫斯就没有这种待遇，他补充道，诸神把他打发走了，只给了他一个幻影，一个他妻子的亡魂，因为他太懦弱了，缺乏勇气，作为一个琴师，这倒也不足为奇。他不肯像阿尔刻提斯那样为爱情而死，只是设法活着走入冥府。所以诸神给了他应得的惩罚，让他死在女人们手里……

很显然，斐德罗对琴师的怨念颇深，但除此之外，从这段话中还能看出什么呢？首先，《会饮篇》的创作时间比《阿尔刻提斯》的上演时间晚了50年甚至更久，甚至柏拉图本人都是在首演十几年后才出生的，但他对剧情依然记忆犹新。由此可以得出结论，《阿尔刻提斯》是一部广受好评的作品，当时仍在定期上演。至少柏拉图认为他的读者会熟悉这个例子。但他对这部剧的了解似乎超过了普通观众。斐德罗的论证很简短，但他在斐瑞斯父子的争执中完全站在了阿德墨托斯一边。尽管阿德墨托斯赤裸裸地希望父亲或母亲替他去死，斐德罗对此竟没有任何批判，事实上，他也觉得这样很合理。他对阿尔刻提斯的英勇牺牲大加赞扬，对于接受了这份牺牲的阿德墨托斯也没有丝毫的责备之意。

然而，他倒不怯于指责俄耳甫斯的牺牲不够大。哪怕俄耳甫斯以音乐打动了亡灵，以言辞说服了冥王、冥后，斐德罗依旧不以为意。对他来说，俄耳甫斯就是懦夫，因为他没有为爱而死。

这可能反映了作者的偏见，而不是人物的观点。柏拉图对许多艺术形式都极不宽容。在他看来，只有哲学写作才是真正的创作，其他形式的创作本质上都是可疑的。但这也揭示了一种不见于其他文本的有趣观点，即俄耳甫斯的问题不在于他对欧律狄刻爱得太深，才情不自禁地违反约定回望她，而是在于他爱得不够深，没有为爱献身。因此，诸神以及斐德罗，都认为他是个懦夫，至少柏拉图如是说。他不配得到欧律狄刻，所以他也没有得到她。柏拉图笔下的俄耳甫斯根本没有一丝机会——他看到的欧律狄刻只是一个亡灵，而不是一个可以被带回人间的女子。

阿尔刻提斯回到阿德墨托斯身边时肯定不是鬼魂。但她蒙着面纱，又不能言语，确实有几分像鬼。即使阿德墨托斯能看到她，也接受了她已重返人间的事实，他还是对她不能讲话这点感到困惑。赫拉克勒斯告诉他，此时的她仍属于冥界，必须在3天内保持沉默。当然，这已经超出了舞台的时间限制。

同样的内容如果换个人来写，我们或许会觉得作者对阿尔刻提斯的反应根本不感兴趣，或者，就像在欧里庇得斯之前，尤其是之后的许多男作家一样，因为对女性不甚关心，也就懒得为她们多写几行台词了。但是，正如我在本书其他地方说过的（只要有机会，我还会继续说），在传达女性的声音方面，欧里庇得斯是古代，坦率来说，也是戏剧史上最伟大的作家之一。他总喜欢从女性的视角来创作，而他最爱做的事莫过于给她们写出精彩的台词，给观众带来震撼、痛苦或惊恐。阿尔刻提斯的归来引发了一个问题——这一切真的是她想要的吗？剧中并没有给出答案。这部剧虽以她的名字命名，但赫拉克勒斯勇斗死神的战绩是否遮蔽了她为爱赴死的英勇？当然，在未来的日子里，阿德墨托斯和阿尔刻提斯可能会继续幸福地生活下去：因为她的爱情和牺牲，众神给了他们第二次机会。但是，在未来的某个夜里，当她看着丈夫熟睡的身影，是否会有那么一瞬间的犹疑——对于这个明显在乎自己多过在乎她的男人，她又能爱他多深呢？与其他大多数悲剧相比，《阿尔刻提斯》的结局是圆满的，但这可能只是因为在真正的悲剧上演之前，帷幕便已经落下。

* * *

有趣的是，如今欧律狄刻和俄耳甫斯的故事比阿尔刻提斯和阿德墨托斯的更有名，而在古希腊，情况看起来恰恰相反。连欧律狄刻这个名字，最早也只能追溯到一部可能创作于公元前1世纪的晦涩作品《彼翁悼歌》（Lament for Bion）。这首诗曾被当作一位年代稍早的诗人摩斯科斯（Moschos）的作品，但现在人们普遍认为它是出自意大利南部的一位无名作家之手。[23]其创作时间距《阿尔刻提斯》在雅典首演已有3个半世纪,离柏拉图《会饮篇》中斐德罗批评俄耳甫斯爱得不够深也有三百年了。但直到这一刻,欧律狄刻才有了名字,因为诗人写道,珀耳塞福涅允许俄耳甫斯带着欧律狄刻返回人间。[24]她的故事确实起源于古希腊,但她到底何时得名却难以确定。最早的记载就来自这首诗,而诗人自己的名字也早已湮灭无闻。几个世纪后,(伪)阿波罗多洛斯在他的《书库》[25]中也提到了欧律狄刻的名字。与早期版本一样,欧律狄刻被蛇咬死了,俄耳甫斯用琴声把她赢了回来,只不过这次要求俄耳甫斯不得回望的不是珀耳塞福涅,而是冥王普鲁托①本人。他甚至比他的妻子还更苛刻:在两人回到家里之前,俄耳甫斯都不能看欧律狄刻一眼。

这个故事曾多次被改编为歌剧,从中可以看到一些来自古代版本的启示与回响。格鲁克(Gluck)在1774年创作的歌剧《奥菲欧与尤莉狄茜》(Orphée et Eurydice)②中就采用了不少《阿尔刻提斯》的剧情。格鲁克早年就曾创作过以《奥菲欧与尤莉狄茜》为题的歌剧,而1774年的这部歌剧是改编版,剧本是由拉涅里·德·卡尔扎比吉(Ranieri de' Calzabigi)所写的,他还为格鲁克的另一部歌剧《阿尔西斯特》写了剧本。歌剧前半部分遵循了我们熟知的故事:尤莉狄茜死去,奥菲欧来到冥界,返程的旅途,回望的瞬间,以及第二次的失去。然而之后,爱神被二人的忠贞和悲恸所感动,让他们再度团聚。正如歌词所唱的那样,爱战胜了一切。与阿尔刻提斯不同的是,这个

---

① "普鲁托"(Pluto)是古罗马神话中冥王的名字,对应古希腊神话中的哈迪斯。
② 此处采用的是对歌剧名的通用翻译,实际上,"奥菲欧"对应的是"俄耳甫斯","尤莉狄茜"对应的是欧律狄刻。下文的《阿尔西斯特》(Alceste)同样如此,其对应的是阿尔刻提斯。

欧律狄刻不必怀疑丈夫爱她不及她爱丈夫——他爱她爱到追随她来到地狱,爱到因恐惧失去她而失去她,爱到让爱神亲自下凡来成全他们。这才是真正圆满的结局。

1993年,菲利普·格拉斯(Philip Glass)将让·科克托(Jean Cocteau)拍摄于1950年的电影《奥菲欧》(Orphée)改编成了一部狂野的歌剧,剧中重拾了"离开冥界很久之后才能回看"这一约定,并在上面大做文章。在英国国家歌剧院于2019年上演的版本中[26],跟电影一样,奥菲欧和尤莉狄茜即使回到自己家中也无法对视。于是这个悲恋故事急转直下,变成了滑稽闹剧:尤莉狄茜躲在门背后,奥菲欧藏到桌布底下,两人为了躲避致命的对视使尽解数。不出所料,他们失败了(这能不失败吗?)尤莉狄茜再次魂归地府。奥芬巴赫(Offenbach)于1858年创作了一部轻歌剧《地狱中的奥菲欧》(Orpheus in the Underworld),标题里甚至没有尤莉狄茜的名字,这一点倒是与最早的那个古希腊版本殊途同归了。然而,奥芬巴赫给尤莉狄茜的戏份却远远超过奥菲欧,在第四幕中还让她在冥界跳起了康康舞。[27]

不难看出为什么作曲家们都更喜欢俄耳甫斯而不是欧律狄刻。谁不想挑战一下创作出让山石树木都移步倾听,把冥府最深处的亡灵都吸引过来的音乐呢?在讲述音乐的力量如何打动人心方面,这个故事是无可超越的。尽管对欧律狄刻来说,音乐几乎没起作用,就算有也不是好作用。

2018年,阿奈·米切尔(Anaïs Mitchell)创作的音乐剧《冥界》(Hadestown)在伦敦首演[28],这部作品为原有的故事带来了一个富有创意的美国式诠释。俄耳甫斯是一位苦苦挣扎的作曲家,他自认为找到了一种特殊的旋律。当他与欧律狄刻相遇时,欧律狄刻正处在一个缺衣少食的状态。从音乐和舞美风格来看，故事应该是发生在大萧条时期，但始终没有给出明确的时间。二人相爱了，眼看着就要过上幸福的生活，但俄耳甫斯沉浸在音乐中，没有注意到妻子依然饥寒交迫，而对完美旋律的追求也并不能用来取暖。欧律狄刻被唱着男低音的哈迪斯引诱，自愿前往高度工业化的冥界，等她意识到自己犯了个错误时，已经无法脱身了。俄耳甫斯终于发现妻子走了，于是跟随她来到冥界，想用自己的旋律将她带回去。他的音乐打动了哈迪斯和珀耳塞福涅，让他们想起了自己当年坠入爱河的情景。珀耳塞福涅向丈夫求情，希望让这对恋人能够团聚。然而，这位哈迪斯和以往一样狡诈，当俄耳甫斯忍不住回头的时候，这对恋人不得不再度分离。在终幕时，赫耳墨斯提醒我们，俄耳甫斯和欧律狄刻的故事是"一首老歌，一首从古到今传唱不休的老歌"，悲剧是早已注定的。《冥界》在音乐上是完全现代化的，但这个故事的魅力就在于它被反复讲述，结局却不会改变。不过，赫耳墨斯还是说，"可事情就是这样的/明知会怎样结束/依然会从头唱起/仿佛这次能有不同的结局"。恒久不变的故事会给人带来慰藉，哪怕故事本身是个悲剧。

然而，冒着与信使之神[1]意见相左的风险，俄耳甫斯与欧律狄刻的故事可以，而且确实以各种意想不到的方式发生着变化。例如，音乐天赋并不一定只能被一个人所拥有。在马塞尔·卡缪（Marcel Camus）于1959年执导的巴西电影《黑人奥菲欧》（*Orfeu Negro*）[29]中，音乐才能被平等化了。奥菲欧［布雷诺·梅洛（Breno Mello）饰］是一位才华横溢的音乐家，但是在狂欢节期间，整个里约到处都是美妙的音乐和才华横溢的音乐家。影片的开头带我们来到里约附

---

[1] 即赫耳墨斯。

近的贫民区,也就是故事发生的地方,这里洋溢着歌声、乐声,以及本片的一大特色——舞蹈。在这里,音乐不仅仅是用来听的,更是要随之舞动的。片头字幕放完后,镜头来到了港口,一艘渡轮正在靠岸。尤莉狄茜乘船来到里约[玛佩莎·道恩(Marpessa Dawn)饰]投奔表姐,因为有个男人逼得她从家乡出逃。对这个男人,我们目前还知之甚少,但他无疑是个危险人物。

尤莉狄茜跳上一辆电车,车上的每个人都在弹琴唱歌,而奥菲欧正是这辆电车上的售票员。即使是在拥挤的城市里萍水相逢,我们也知道他们注定要相恋。一支游行乐队正在街上演奏,为第二天的狂欢节排练。在这部影片中,音乐同时代表着秩序与混乱。它既是高度个性化的,人们为所爱之人演奏和起舞,或独自一人自娱自乐;同时是面向所有人的,是一种表演。

巧的是,尤莉狄茜的表姐就住在奥菲欧的隔壁。她很快就融入了这个社区。一个叫贝内迪托(Benedito)的孩子送了她一个手制护身符。"你死后也会留着它吗?"他问道。这是片中出现的第一个暗示,尤莉狄茜的结局可能不会太好。当二人再次相遇并获悉了对方的名字时,奥菲欧欣喜若狂。"我已经爱上你了,"他笑道。"但我不爱你,"她回答道。"没关系,"他说,"你不必爱我。"

他们是古代的俄耳甫斯和欧律狄刻转世到了现代的巴西吗?有一种强烈的感觉告诉观众,他们就是,这对20世纪50年代的恋人正在重演一个轮回了无数次的故事。在电影的开头有这样一个暗示,一组希腊浮雕人物出现在画面上,随后一群巴西音乐家冲破浮雕跳了出来。俄耳甫斯和欧律狄刻不仅仅是雕像,他们是这个鲜活的故事的一部分。

在狂欢节的前夜和当天,尤莉狄茜被一个可怕的死亡幻影追逐着,她无法摆脱这个戴着黑白面具的男人。她四处躲藏,穿上华丽的狂欢节戏服假扮成她的表姐,而死神始终紧紧跟随着。她跑进一栋废弃建筑的上层,为了不掉下去,她只能抓住一根电缆。死神等候在一旁,而她动弹不得。奥菲欧也追来了,他拉下了墙上的电闸。缠绕在尤莉狄茜手上的电缆被通上了电,她立刻触电,坠楼身亡。不难发现,在这段叙事中,除明显的欧律狄刻故事的特征外(把电缆作为蛇的意象特别巧妙),还有一丝阿尔刻提斯的影子——死亡作为一个角色出场,他静候在旁,等着带走一个年轻女子。

奥菲欧被警察推搡着离开了现场,但他无法接受尤莉狄茜的离去。他拼命地在失踪人口办公室寻找她,却被官僚主义来回踢皮球。他来到一间堆满卷宗的房间门前,清洁工告诉他,她不在这里,他必须召唤她,她才会来。清洁工带他来到了另一个地方,他们从叫刻耳柏洛斯的看门狗身边走过,不过这次它只有一个头。接着,清洁工引导奥菲欧来到一个仪式上,在这里召唤了尤莉狄茜。清洁工的角色无疑会让人联想到冥界的船夫卡戎(Charon),他负责将亡灵送往冥河的对岸。尤莉狄茜灵魂的一部分被召唤了过来,但奥菲欧不能转身,否则他就会发现是一位老妇人在用尤莉狄茜的声音说话。从仪式中离开的奥菲欧最终在停尸房找到了尤莉狄茜的尸体,他抱着她回到了贫民区。当他走到悬崖边时,他的未婚妻米拉(Mira)见他抱着尤莉狄茜,在狂怒中朝他扔了一块石头,石头击中了他的头部,他踉跄着摔下了悬崖。奥菲欧和尤莉狄茜终于又在一起了。破晓时分,贝内迪托的小伙伴泽卡(Zeca)弹起了奥菲欧的吉他。他们相信,奥菲欧能用音乐让太阳升起,现在泽卡必须接替他的位子。一个小女孩看着他说,现在你就是奥菲欧了。唯愿这位奥菲欧的故事能有一个更美好的结局。

《黑人奥菲欧》上映后大受好评，1959年获得了戛纳金棕榈奖，次年又被评为奥斯卡最佳外语片。单是片中充满活力的巴萨诺瓦[①]就能驱散一切阴霾，这是希腊神话与巴西音乐的一次完美融合。影片充满了诙谐的隐喻和象征，比如奥菲欧的朋友叫赫耳墨斯，他指引尤莉狄茜找到了她表姐的住处，就像他的希腊名的含义一样，他既是神使，又是引路人，负责护送灵魂前往冥界。影片也让尤莉狄茜拥有了跟奥菲欧一样多的叙事空间，这在此前的版本中很少见。故事的前半部分在尤莉狄茜和奥菲欧之间交替进行：我们跟随她下船，看她帮一个盲人指路，看她被表姐和贫民区的居民接纳。其中还穿插着奥菲欧和他的女友米拉的情节，米拉执意要奥菲欧给她买一枚结婚戒指，而他只关心从当铺里取回吉他——这是他唯一成功取回的爱物。俄耳甫斯和欧律狄刻的故事在这里变得更有戏剧性了，他们是两个独立的人物，而不是乐师和他的缪斯（这个设定在歌剧中很常见）。我们知道二人注定会相恋，也注定会死去，他们是这一代的俄耳甫斯和欧律狄刻，虽然前有古人，后有来者。我们需要把他们看作独立的个体，而不仅仅是构成悲剧的齿轮。总而言之，在这部影片中，激情且多彩的音乐、服装和舞蹈，将这个熟悉的故事提升到了超越悲剧的层面。

* * *

　　每当要把这个故事搬上舞台时，作曲家和剧作家们几乎都是从"假如我是俄耳甫斯"这个前提出发的。假如我是举世无双的音乐

[①] 巴萨诺瓦（bossa nova），指巴西音乐，融合了巴西的桑巴舞曲和美国的酷派爵士乐的"新派爵士乐"。

家、至死不渝的痴情人、言辞动人的说服者,以及不够完美的英雄,会怎么样呢?不难理解为何他们都会代入俄耳甫斯的视角:这个故事天生就适合用音乐来讲述,而俄耳甫斯本人正是音乐家。因此,当故事以绘画而非音乐的形式被讲述时,这种迷恋自然也持续了下去,因为给故事带来关键性转折的,实际上正是男性凝视的力量。

19世纪的德国艺术家埃米尔·内德(Emil Neide)描绘了一个正在走出黑暗、走向光明的俄耳甫斯。[30]他右手抱着一个装饰精美的金色七弦琴,左手拄着一根坚硬的手杖,昂首挺胸地走在前面,深色斗篷在身旁飘扬。欧律狄刻走在他身后的阴影中,她的左上臂戴了一个蛇形的金色臂环,提醒着观看者她是如何死去的。光线照亮了她的下半张脸,上面是否隐约透出一丝不耐烦?她那位趾高气扬的丈夫看起来十分自得,仿佛这次营救行动纯粹是一场作秀。从表面上看,她是在躲避光线,以免他回头时看到她。然而有一个念头总是挥之不去:她是否在想着要躲进阴影里,好一个人安安静静地回冥府去。

当我们看到一个注定马上要失败的人如此自信满满地昂首阔步时,一个关于俄耳甫斯的问题也冒了出来。失败是否正合他意呢?他是更希望欧律狄刻重回自己的怀抱,还是更想成为永远的悲剧音乐家,用失去缪斯的故事来赢得不朽的荣耀?换句话说,如果失去欧律狄刻意味着他可以创造一个理想的她,而不必被现实玷污了艺术,他是否情愿让真实的她就此死去?在维吉尔的版本中,说话的人是欧律狄刻,而不是俄耳甫斯,直到他被砍下的头颅沿河而下,也只喊出了她的名字。当欧律狄刻能够开口讲话的时候,俄耳甫斯没有言语,只有音乐和歌声。而一旦她不在了,他便掌握了话语权。

读者要等很长时间,才能等到由欧律狄刻自己讲述这个故事。

而一些最值得铭记的现代演绎，正是让她站到了叙事的中心。美国诗人希尔达·杜利特尔（Hilda Doolittle，笔名为H.D.）在20世纪初写下了《欧律狄刻》这首诗，并于1925年发表在她的《诗集》（*Collected Poems*）中。[31]这位欧律狄刻并没有安静地离去。这首诗以一种冰冷的愤恨开头："于是你把我推了回去/我本可以与大地上鲜活的灵魂同行。"造成她悲剧的原因有两个："你的傲慢和你的无情。"奥维德轻飘飘地写道，欧律狄刻没什么好抱怨的，俄耳甫斯只是太爱她了。虽然这种浪漫的糊弄之辞完美地契合了当时的语境，但却总让我陷入沉思：这是真的吗？她没什么可抱怨的吗？她被蛇咬死，坠入冥府，又从黑暗中被拽出来，拖着一只伤脚，在苛刻的条件下被交还给俄耳甫斯，在即将重获自由之际，又被拖回了冥府，重新死去。这一切真的没什么可抱怨的吗？如果暂且把俄耳甫斯撇开，只去想一想她的经历，会发现她其实有很多可抱怨的。她只是没有机会诉说，因为从未有人问过她的感受。

当故事到了H.D.手中，她让欧律狄刻重新发出了自己的声音：这首诗以第一人称写成，根本没有提及俄耳甫斯的名字。这完完全全是一首关于欧律狄刻的诗。她的第二次死亡才是真正的伤害："我已从倦怠变得平静/如果你肯让我在亡灵中安息，我已忘记了你/忘记了过去。"至今为止几乎所有的版本，都是从俄耳甫斯的视角来描绘他永失所爱的一刻，这意味着另一方的感受被忽略了。对欧律狄刻来说，曾被许诺过的救赎又被残忍地夺走了。俄耳甫斯只留下满怀悲痛和一把七弦琴，欧律狄刻则什么也没留下。不过，正如H.D.所言，这并不一定是坏事，因为"地狱并不比你的人间更糟"。这首诗充满了愤怒，仿佛欧律狄刻等待了上千年才有机会一抒胸臆；但诗却并没有以愤怒终结，而是以一个宣言告终，它的最后一节写道:"在我迷失之前,地狱必须打开。"欧律狄刻或许不在人间,但她依然骄傲且自我。

欧律狄刻一旦找到了自己的声音,就不会放弃发声。1999年,卡罗尔·安·达菲(Carol Ann Duffy)出版了诗集《野兽派太太》(*The World's Wife*)①,以女性的视角重新讲述了那些通常由她们丈夫讲述的故事。在《欧律狄刻》中,她描绘了一个光彩照人、性格刚烈的欧律狄刻,她对于身处冥界感到十分愉悦:"这完全适合我。"[32]她邀请我们想象她的样子,"接着想象我的容颜在那个/永恒安息之地/在那里你认为女孩不会/被那种到处跟在/她后面写诗的男人骚扰——"在这个欧律狄刻眼里,俄耳甫斯只是一个自以为是的跟踪狂,当她发现他跑来冥府想让她重返人间时,她感到惊恐万分。俄耳甫斯的才华打动不了她,正如她所说:"那全都是我亲手打字的,我应该最清楚。"她没兴趣当他的缪斯,也从来不是他的缪斯:"若时光可以倒流/请放心,我宁可为自己发声。"

达菲指出了欧律狄刻在传统版本中的问题:没有人问过她想怎样。她在自己的故事中毫无主动权,我们甚至不知道她对这一切有何感受。俄耳甫斯为了寻找她展开了一场声势浩大的冥界之旅,我们被他的一腔深情和美妙琴声迷得晕头转向。但为什么欧律狄刻就非得对他怀有同样的感情呢?她的沉默让人理所当然地这样认为。在这部出色的作品中,达菲用了一个巧妙的逆转,重新演绎了俄耳甫斯的回望和欧律狄刻再次死去的那一幕。她笔下的欧律狄刻拼命想让俄耳甫斯回过头来,这样她才能安然返回冥界。经过了数次努力

---

① 本书的译名及以下译文均参考[英]卡罗尔·安·达菲著,陈黎、张芬龄译,《野兽派太太:达菲诗选》,外语教学与研究出版社2017年版。

("我必须怎么做,我说/才能让他知道我们已经玩完了?"),她终于找到了办法。她碰了碰他的脖子告诉他,自己想再听听他的诗。这句话带来的满足感让俄耳甫斯难以抗拒,他转过了身,而她"挥了挥手就消失了"。她终于得到了渴望已久的宁静,远离了这个男人,他的傲慢和美名都让她厌烦。欧律狄刻知道这位天才背后的真相,而事实证明,她宁愿选择死亡。

---

1. Gantz, p.721.
2. Virgil, *Georgics* 4 453ff.
3. Ibid 458.
4. Ibid 483.
5. Ibid 519-20.
6. Ibid 460.
7. Ovid, *Metamorphoses* 10 7ff.
8. Ibid 10 32.
9. Ibid 10 49.
10. Ibid 10 52.
11. Ibid 10 54.
12. Ibid 10 61-2.
13. Ibid 10 75.
14. Ibid 11 64-6.
15. Gantz, p.722.
16. Euripides, *Alcestis* 371-3.
17. Ibid 633.
18. Ibid 646.
19. Ibid 682.
20. Ibid 696.
21. Ibid 357ff.
22. Plato, *Symposium* 179b.
23. https://www.theoi.com/Text/Moschus.html.

24. *Lament for Bion* 114.
25. Pseudo-Apollodorus, *Bibliotheca* 1.3.2.
26. https: //www.eno.org/operas/orphee/.
27. https: //www.eno.org/operas/orpheus-in-the-underworld/.
28. https: //www.nationaltheatre.org.uk/shows/hadestown.
29. https: //www.imdb.com/title/tt0053146/?ref_=fn_al_tt_1.
30. http: //www.sothebys.com/en/auctions/ecatalogue/2018/european-art-n09869/lot.79.html.
31. Bruzelius, M. (1988), "H.D. and Eurydice" in *Twentieth Century Literature*, vol. 44, no.4, pp.447−63.
32. Carol Ann Duffy, "Eurydice".

第八章
淮德拉

邪恶的继母是叙事中最古老的母题之一。如果没有恶毒的继母和残忍的继姐们，灰姑娘的故事要怎么展开？这个故事在多个层面上吸引着我们：一个不幸的少女的命运发生了剧变（伴随着从头到脚焕然一新），而那些欺负她的坏女人也得到了报应。除此之外，再加上真爱和一双漂亮的鞋子。

然而，在忒修斯之妻淮德拉的衬托下，连灰姑娘的继母都显得十分慈爱了。淮德拉爱上了继子希波吕托斯，被后者拒绝后，她上吊自杀，还留下了一张字条，指控他强奸了自己。忒修斯发现妻子自杀身亡，儿子被控有罪，便对希波吕托斯施下了诅咒，最终导致了这个青年的死亡。淮德拉实现了所有恶毒继母的隐秘目标——铲除情敌的后代。不仅如此，她还证实了社会上许多人暗地里怀有的（有时也会公开发表的）偏见，即女人会谎称被强奸，因为她们心怀不轨，企图陷害或惩罚无辜的男人。

这样概括淮德拉是准确的，但不完整。它无视了大量关于她的原始资料，却掺杂了不少偏见：对继母的偏见，对女性欲望的偏见，当然，还有对控诉男性的女人的偏见，不管她们是不是诬告。淮德拉的弥天大谎带来了灾难性的后果。然而，至少在这部公元前5世纪的杰作《希波吕托斯》中,她并不是一个反派角色。在这出悲剧中,她占了一半的篇幅,而悲剧并不能等同于邪恶。

欧里庇得斯于公元前428年创作了这部作品,而在详细探讨剧中对她的刻画之前,得先来了解一下她的家史。身为克里特国王米诺斯和王后帕西法厄的女儿之一,淮德拉的家庭关系不是区区"复杂"二字可以概括的。与杀死弥诺陶洛斯的忒修斯私奔的阿里阿德涅是她的姐姐,她们俩跟弥诺陶洛斯(也叫阿斯忒里翁)又同出一母。[1]关于这个故事,比较流行的版本是,帕西法厄对一头英俊的公牛产生了变态的迷恋,于是让工匠代达罗斯(Daedalus)用木头做了一个母牛的壳子,迷惑公牛与她发生关系,而弥诺陶洛斯正是这场畸恋的产物。但这样一来,帕西法厄就变成了过错方,还有谁会产生这种兽性的冲动,然后钻进一个诡异的牛形装置里呢?事实上,正如(伪)阿波罗多洛斯所言[2],帕西法厄是米诺斯的贪婪和渎神行径的受害者。米诺斯想要向克里特的民众证明他是神赋王权,证据就是他可以向神祈愿并如愿以偿。他祈求波塞冬让一头公牛从海浪中升起(这是淮德拉故事的重要主题,尽管她本人并没有召唤过)。作为回报,他承诺将把这头公牛作为牲礼献祭给波塞冬。波塞冬听到了他的祈祷,给他送来了一头美丽的公牛(希腊语"*diaprepē*"通常翻译为"杰出的、卓越的",听起来好像这头公牛如精英一样戴着单片眼镜,但这显然不可能)。然而之后米诺斯耍了一个显而易见的把戏,他把海神的公牛据为己有,只献祭了一头陆上的普通公牛。为了惩罚他,波塞冬让帕西法厄对公牛产生了强烈的感情。所以她才说服代达罗斯帮她打造了一个带轮子的母牛外壳。我们就当公牛信以为真好了,因为他们生下了一个后代弥诺陶洛斯。对于这个可怜的怪物而言,它的存在之苦和牢狱之灾都要归咎于代达罗斯,因为后者还建造了用于囚禁它的迷宫。由此可见，故事的通俗版本往往会缺失一些关键信息，当然这也不是第一次了，而缺失的这部分内容至少可以为不幸的帕西法厄免除部分责任。是米诺斯的欺诈和波塞冬的复仇导致了她这份错配的激情。渎神有风险是贯穿本章的一个要义，在这段故事中尤其如此。而帕西法厄的经历也会时时提醒我们，众神在复仇过程中鲜少会关心他们伤害的人到底是谁。

众所周知，忒修斯在阿里阿德涅的帮助下杀死了弥诺陶洛斯。阿里阿德涅给了他一个线团，让他在迷宫中找得到路，关键是，完事之后找得到出来的路。两人一起私奔了。《奥德赛》第11卷讲到，忒修斯想把她从克里特带回雅典，[3]但是没有成功，因为阿耳忒弥斯受到狄俄尼索斯的怂恿杀死了她。而在另一些版本中，忒修斯将阿里阿德涅遗弃在了纳克索斯岛（island of Naxos）上，而且方式很不光彩——趁她熟睡时偷偷溜走。[4]另有一些资料显示，狄俄尼索斯想和阿里阿德涅结婚，普鲁塔克则给出了不同的说法[5]：当阿里阿德涅发现自己被忒修斯抛弃后自缢身亡了，而忒修斯抛弃了她是因为他爱上了另一个叫埃格勒（Aigle）的女子。

罗马作家卡图卢斯（Catullus）在他的第六十四首诗中描述了阿里阿德涅在纳克索斯醒来后看到忒修斯弃她而去的场景。她抛下了父母姐妹的亲情，他写道[6]，而忒修斯却在她熟睡时抛下了她。有趣的是，卡图卢斯使用了"丈夫"（coniunx）一词，婚姻关系可并非儿戏。他还用了"健忘的"（immemoris）一词来形容忒修斯。很难想象忒修斯一觉醒来把阿里阿德涅给忘了，更可能的是，他对她漠不关心，或者把她的贡献抛诸脑后。若非有她协助，他怎可能活着逃出迷宫，难怪阿里阿德涅在发现自己被抛弃时悲愤欲绝。卡图卢斯让她发出了愤怒的控诉："背叛者，你要带着虚伪的誓言返乡吗？"这段控诉长达几十行,但最尖锐的部分(也跟淮德拉的故事相关)就在开头处——"愿不再有女人相信男人的承诺,愿不再有女人相信男人的誓言。"最后,阿里阿德涅呼唤蛇发的厄里倪厄斯,也就是复仇女神,去惩罚忒修斯。"不要让我的悲痛烟消云散,"她说,"让他怀着与抛弃我时同样的心情,去戕害他自己及其家人吧。"但是,如果她知道这个负心汉将来要和谁结婚,她是否会在说出"他自己及其家人"(*seque suosque*)之前停下来呢?当然,阿里阿德涅在发出诅咒的时候不可能知道,有一天她的妹妹淮德拉会变成忒修斯的家人。

忒修斯继续驶向雅典,并蹊跷地又忘了一件事。当他启程前往克里特时,他答应父亲埃勾斯,若能平安归来,就把黑帆换成白帆。忒修斯原本将这一约定牢记在心,但不知怎么突然就忘了,好似一阵风吹散了山顶的积云。埃勾斯远远望见船上的黑帆,误以为儿子已死,悲痛之中投海自尽。对此,卡图卢斯评论道,因为粗心大意,勇猛的忒修斯给自己带来了与米诺斯的女儿同样的悲痛。卡图卢斯明确地表示,阿里阿德涅也承受了刻骨的丧亲之痛,可见爱上忒修斯的确是一件十分危险的事。

鉴于二人复杂的家史,淮德拉与丈夫之间的关系想必是矛盾重重的。往轻里说,忒修斯也曾与她姐姐合谋杀死了她的异父弟弟。我们可能惯于将弥诺陶洛斯视为怪物,但只要读一读博尔赫斯那篇优美的短篇小说《阿斯忒里翁的家》("The House of Asterion"),我们自会意识到,并非所有人都这么看他。即便撇开淮德拉可能对阿斯忒里翁怀有的手足之情不谈,她在婚姻中缺乏安全感也是显而易见的。忒修斯选择带阿里阿德涅一起离开克里特,而不是带她。没有人喜欢当次选,事实上,因为这是忒修斯,所以她可能连次选都排不上。

此外，忒修斯的妻子们没有一个能得享天年的。阿里阿德涅有没有自缢暂且不说，但安提俄珀（有时也称希波吕忒），即那位要么是与忒修斯私奔，要么是被忒修斯绑架的亚马孙女王的死亡是有据可查的。读者们或许还有印象，在某些版本中，安提俄珀是被另一个亚马孙人杀死的；但在另一些记载中，她是在亚马孙人为了夺回她而发动的战争中被忒修斯杀死的。根据普鲁塔克的记载，现已失传的史诗《忒修斯传》[7]中曾写道，亚马孙人和安提俄珀在忒修斯迎娶淮德拉的当天袭击了他，而安提俄珀本人也在这场战斗中被赫拉克勒斯所杀。普鲁塔克对此嗤之以鼻，认为这纯属虚构（他将这些故事视为正史而非神话）。

当然，我们得留心不要以今人的标准来评判古人：指望几千年前的人能对女性生活中的细节跟我们有同样的感受，简直是浪费时间。所以值得一提的是，即便是普鲁塔克本人，也认为忒修斯的人品相当有问题。普鲁塔克表示，关于淮德拉和希波吕托斯的故事，历史学家和悲剧作家的说法基本一致，因此这很可能是真实发生过的事情（不像他前面对血色婚礼的怀疑）。顺便说一句，他并不认为淮德拉是坏人或罪犯。他将这段故事描述为"一场灾难"（*dustuchias*）[8]。为了与淮德拉形成对比，接下来他列举了忒修斯的种种劣迹。忒修斯还有过多次婚姻，他写道，每一次都是开局不利，结局不幸，只是没有被搬上舞台而已。[9]他继续罗列道：据传，忒修斯诱拐了阿纳克索（Anaxo）……又杀死了西尼斯（Sinis）和刻耳库翁（Cercyon），抢走了他们的女儿们；娶了珀里波亚（Periboia）……然后又娶了菲里波亚（Pheriboia）和伊菲克勒斯（Iphicles）的女儿伊俄珀（Iope）；因为爱上了埃格勒而抛弃了阿里阿德涅……又绑架了海伦，使阿提卡（Attica）饱经战乱。

让我们花点时间来看看这一长串犯罪记录。忒修斯是一个公认的渣男,但他的所作所为还远不止如此。我不禁好奇他前后娶了珀里波亚和菲里波亚,会不会是因为二人名字相似,记起来比较省力。他先后绑架了阿纳克索和海伦,希腊语的原文中甚至没有用委婉的词帮他遮掩一下。忒修斯是一个连环强奸犯,一而再、再而三地将女性掠夺为战利品。他倒是没有诱拐西尼斯和刻耳库翁的女儿,他只是先杀死了她们的父亲,随后又强奸了她们。普鲁塔克说得很清楚,他是用"武力"(*bia*)占有了她们。这就是强奸。读者们可能还记得,海伦被忒修斯劫走时只有7岁或10岁。在某些版本中,她在被狄俄斯库里夺回之前,已经生下了忒修斯的女儿。

　　普鲁塔克在这份罪行清单的开头提出了一个简明但重要的观点,即忒修斯性侵史中的"其他故事"并没有被搬上舞台。伊迪丝·霍尔(Edith Hall)教授明确指出,她厌恶欧里庇得斯的这部《希波吕托斯》,因为它把关于强奸的神话正当化了。[10]通过将一个女人诬告强奸的故事戏剧化,我们对淮德拉的关注远远大于对忒修斯接二连三犯下的强奸、强娶、绑架和强暴幼女等罪行的关注,而这些至今都从未被戏剧化过。萨拉·凯恩(Sarah Kane)的《淮德拉之爱》(*Phaedra's Love*)是一个罕见的例外,这部作品以残忍的方式对原神话进行了重述,故事的结局是希波吕托斯被阉割后又被开膛,而忒修斯则在强奸了自己的继女后割断了她的喉咙。普鲁塔克写作的时代离妇女获得选举权尚有两千年,然而即使是他也意识到了这个问题——哪些故事被讲述,哪些故事被隐匿。希腊神话中很少有妇女诬告强奸的故事,最有名的便是淮德拉和斯忒涅玻亚(Stheneboea)。但关于强奸的案例却多达数百个,受害者大多是女性,偶尔也有年轻男子。

第八章 淮德拉 193

在翻译和重述中,尤其是在为儿童讲述希腊神话时,人们往往会回避这些尴尬的情节。当然,没有人想给一个初次接触希腊神话的孩子留下心理创伤,但问题在于,"净化"掉这些内容会带来认知上的偏差。当我们读到一个萨堤尔想"带走"一位宁芙,或"抓住"一个水仙女时,这实际上都是对"强暴"的委婉表达。

来看一个鼎鼎恶名的例子:我们经常读到冥王哈迪斯"绑架"了珀耳塞福涅,虽然她还是被伤心的母亲得墨忒耳接了回去,但母女在一年中只能团聚几个月,其余时间她都必须留在冥界。因为珀耳塞福涅在停留于冥界期间吃了石榴籽,所以她每年都必须回到哈迪斯那里。这就是在死者之地进食所付出的代价。即使是对希腊神话知之甚少的人一般也知道这个故事,因为在童年时代都曾读到过。但"绑架"这个词只讲述了故事的一部分。它让整个遭遇听起来更像是一场冒险(结局是珀耳塞福涅获救后得到了部分自由),而不是一场持续的性侵犯和强迫婚姻。吃石榴籽的细节让珀耳塞福涅显得像个共犯,甚至要为自己年复一年地被迫返回冥界负有部分责任。《荷马赞歌:致得墨忒耳》(*Homeric Hymn to Demeter*)是讲述珀耳塞福涅故事最早的几个版本之一,只要读过这首诗就会发现,是哈迪斯骗她吃下了石榴,他偷偷地(*lathrē*)把石榴给了她。[11]而她并不知道,这将让她失去自由。在与母亲得墨忒耳重逢时,她才知道后果。对此,她解释说,是哈迪斯把果实放进她的嘴里,强迫她吃下去的。[12]少女被绑架犯强行喂食,以确保能继续囚禁她,真是令人作呕的画面。该颂歌中还写道,宙斯与哈迪斯合谋,让后者违背珀耳塞福涅的意愿将她带走。读到这里,我们不可能还觉得珀耳塞福涅没有被强奸,"违背她的意愿"这意思十分明确。宙斯是她的父亲,哈迪斯是她的叔叔,两个无所不能的男性神祇同时掌管着阳间和阴间,他们合谋将一个年轻女子劫到冥界,强奸了她,然后尽可能长时间地瞒着她的母亲。对于这个故事,这样的描述更准确,只是不怎么讨喜。

必须要说明的是,我绝不否认古代世界充斥着厌女倾向。高度的父权制赋予了一小撮富裕男性巨大的权力,而流传至今的文学和艺术作品正是在这种社会环境中创作出来的。可我们更常读到的,是近现代时期的厌女观念。在这首荷马时代的颂歌中,珀耳塞福涅是被迫吃下了石榴,原诗并没有掩盖这一点,反倒是现代的重述者们习惯性地将它无视掉。且看罗杰·兰斯林·格林(Roger Lancelyn Green)于1958年出版的广受喜爱的《希腊英雄传说》(Tales of the Greek Heroes)中是如何讲述忒修斯的事迹的。他用轻快的笔调描绘了忒修斯杀死西尼斯和刻耳库翁(以及其他"恶棍"),却没有提到忒修斯还强奸了人家的女儿,而普鲁塔克都知道这一点值得写进书里。对于现代作家们来说,杀几个恶棍不算什么,但强奸他们的女儿这部分必须被隐去。当然,我们会觉得给儿童看的经典读物中不应该出现"强奸",对此我并不反对。然而,这些神话原本就充满了暴力,我们至少应该质疑一下,为了能让男人成为无可争议的英雄,就要抹去受到暴力侵害的女性吗?

在格林的版本中,对忒修斯的故事就是这样处理的。在阿里阿德涅来到纳克索斯岛的这段故事里,狄俄尼索斯看到了她,并用魔法让她陷入沉眠,"当她醒来时,已经忘记了忒修斯,也忘记了自己是如何来到此地,而是心甘情愿地成了酒神的新娘"。[13]谁不希望自己的黑历史能被如此轻易地遗忘呢。到了下一页,克里特的新国王就"把淮德拉送来与忒修斯成婚,如此一来,尽管他失去了阿里阿德涅,但还是娶到了米诺斯的一个女儿"。天啊,看到这里,我简直要担心忒修斯才是真正的受害者了。

格林把故事讲得很吸引人。它们曾经（现在依然，这本书仍在不断重版）为许多人打开了希腊神话和古典世界的大门。由于读到这些故事时我们还小，尚不能用批判的眼光来评价它，而是倾向于将其视为一个中立的、权威的版本，认为其他版本都是对它的偏离。而且，像所有书籍一样，它们反映的都是当时的价值观。因此，虽然我无意劝阻各位给孩子们读这些故事，但还是强烈建议抵制其中隐含的偏见。

如果你以为只有儿童读物才会做这样的改动，好让男性角色的形象显得更高大，同时减少女性角色被伤害的情节，其实不然，罗伯特·格雷夫斯（Robert Graves）在他的《希腊神话》（Greek Myths）中也经常这样做。让我们回到珀耳塞福涅和哈迪斯的故事上。格雷夫斯的版本中没有提到哈迪斯逼着珀耳塞福涅吃石榴。相反，她被"哈迪斯的一个园丁阿斯卡拉福斯（Ascalaphus）"[14]告发，说她"从您的果园里摘了一颗石榴，吃了7粒石榴籽"。这里应是借鉴了（伪）阿波罗多洛斯的《书库》的版本。但据我所知，《书库》并没有提及阿斯卡拉福斯的职业是园丁，这应该是格雷夫斯自己编的。（伪）阿波罗多洛斯写道，阿斯卡拉福斯看到了哈迪斯/普鲁托让珀耳塞福涅吃下了一颗石榴籽。他揭发了她，并得到了来自得墨忒耳的报复，被困在了冥界的一块石头下面。[15]奥维德在《变形记》第5卷中写过珀耳塞福涅自愿吃下了7颗石榴籽，同样，她是在之后才被告知不能吃冥界的食物。但格雷夫斯省略了最后一个细节，改变了石榴籽的数量，并将此事定性为珀耳塞福涅不问自取，而不是被哈迪斯强迫。阿斯卡拉福斯身为园丁这一点更增加了可信性，毕竟园丁这个职业看起来是如此正派可靠。这些改编看似微不足道，但格雷夫斯却让自己的作品显得具有学术性和中立性。它确实是学术性的，但绝对不中立:格雷夫斯选择跳过那首《荷马赞歌》,将(伪)阿波罗多洛斯和奥维德的版本糅杂在一起,还删掉了关键性细节,让珀耳塞福涅显得更像自作自受。单个的例子看似渺小,但在这部两卷本的作品中,这些单例会聚沙成塔。而可悲的是,格雷夫斯在编辑素材的时候,很少会选择那些对女性有利的内容。

* * *

珀耳塞福涅只是用来阐明观点的诸多例子之一。希腊神话中发生的无数强奸跟希波吕托斯无关,他本人是无辜的。他被杀是因为继母诬告他强奸。与其他人物相比,我花了更多时间思考是否要将淮德拉也纳入进来,正是由于诬告强奸是一个很难深入探讨的话题,而且可能还会在无意中增加问题。诬告强奸的案例非常罕见,因为罕见,所以得到了远远超过其应有的关注度。尽管她的故事写起来很困难,但跳过她会显得很虚伪。而且正如本书讨论的其他女性人物一样,她的故事也被人反复讲述。

当然,问题在于淮德拉可以被用来把"许多女人谎称被强奸"这一说法正当化。然而,事实却截然不同。根据内政部的数据,英国只有4%左右的强奸指控后来被证实或怀疑是诬告。[16]也就是说,96%的强奸指控被内政部认为是确凿的,即便如此,其中也只有极少数被定罪。下面的这些数字很重要:根据国家统计局的数据,英格兰和威尔士每年约有85 000名女性和12 000名男性遭到强奸或强奸未遂。其中只有15%的人向警方报案。换句话说,85%遭受性侵犯和强奸的人从未报案。比起占比极低的虚假指控,这一令人震惊的统计结果才应该受到更大的关注。每一起虚假指控的背后,就有199起强奸或性侵是真实发生的,而其中还有约170起没有报案。我们应该讨论淮德拉，但不能因为她的存在而忽视现实。现实情况就是，强奸案发生后，没有报案的情况要比诬告的情况多出很多很多倍。

* * *

在这个前提下，让我们回到淮德拉本人。具体来说，是回到她在欧里庇得斯笔下的形象。事实上，这部《希波吕托斯》其实是第二版，第一版现已佚失。[17]然而，第一版的相关史料表明，淮德拉的形象在两个版本中大相径庭。在第一版中，她被描绘成一个引诱者和通奸者，一个怀有强烈欲望，并付诸行动的坏女人。[18]但这一部未获好评，于是欧里庇得斯重写了一遍，这次描绘了一个更令人同情的，遭受无妄之灾的女性。

故事以阿芙洛狄忒的独白开场。她宣称，众神喜欢被凡人崇敬，因此她会眷顾那些尊敬她的人，同时惩罚那些轻视她的人。[19]她尤其讨厌一个名叫希波吕托斯的年轻人，他是忒修斯和亚马孙人的儿子，因为他说阿芙洛狄忒是"众神中最坏的"（kakiste'ndaimono'n），而且，他还整日和著名的处女神阿耳忒弥斯混在一起。她继续说道，他对我犯了罪，我在今天就要惩罚他。[20]许多事情都已经准备好了，不需要我再做很多麻烦事。

接着她更详细地讲道，两年前，淮德拉第一次见到了希波吕托斯，按照阿芙洛狄忒的计划，她的心被可怕的爱情占领了。[21]她为阿芙洛狄忒建造了一座神庙，并以希波吕托斯之名命名。这个可怜的女人因为爱情的苦闷，正在默默死去。[22]没有人知道她得了什么病。但阿芙洛狄忒会把一切都告诉忒修斯，他将用诅咒杀死儿子，那是波塞冬给他的恩惠，他可以向海神祈祷3次。阿芙洛狄忒称希波吕托斯是她的敌人，而淮德拉虽能保住自己的名誉，但总也得死。女神看到希波吕托斯正向这边走来，于是留下了这样的结语：冥府之门已经大开，这将是他最后一次看见太阳。说罢，她离开了舞台。

哪怕是就欧里庇得斯而言，这个开场也是十分激烈的。作为现代观众，我们该如何看待这位任性又狭隘的女神？公元前428年的雅典观众又会如何理解她呢？一个弱小的凡人不想结婚，也不想有性关系，强大的女神对此的回应是杀了他，还要让他死在自己父亲的手里。她在开头刚说过，会眷顾那些尊敬她的人，惩罚那些不敬她的人，而仅仅几十行之后，她又轻快地表示，淮德拉这个为她建了一座神庙的女人，将因她对希波吕托斯的报复而死去。事实上，淮德拉已经遭受了长达两年的苦恋的折磨。这绝非一个微不足道的烦恼，除非你已经忘记了对一个爱而不得的人魂牵梦萦有多么苦闷。

而这所有的痛苦都是阿芙洛狄忒强加给淮德拉的。诸神在希腊悲剧中扮演着多重且复杂的角色，其中一个角色究其本质其实就是"心理因素"。我们可能会说自己爱上了或迷上了一个错误的人，但古希腊人则倾向于将这种体验产生的原因归结为外力作用。比如说，我们是坠入爱河，而他们是被爱神的箭射中。在欧里庇得斯的时代，缜密的心理学话语尚未出现，因此对现代人来说是内化的东西，古希腊人则认为是外力导致的。

从这段开场白中可以看出，阿芙洛狄忒生性狠毒，复仇计划也制订得十分周密。为了毁灭希波吕托斯，她花了两年时间来准备，至于这场复仇的次要受害者，也就是淮德拉和忒修斯，她根本毫不在意。他们只是无法避免地附带伤害。我们还可以看出，尽管那些指责淮德拉是反派的人可能会感到郁闷，但她也是这场阴谋的受害者，就像希波吕托斯一样。在这篇冷酷无情的独白中，有一句"她始终缄默"（*sigē*）最让人心痛。难道淮德拉没有向女奴或友人倾诉吗？（当然不可能告诉她姐姐,如果阿里阿德涅还活着,她也是忒修斯的前任之一)她没有,她只是默默地独自承受着。想来她是对这份不伦的痴情深感羞愧,一个狐狸精、通奸者是不会这样的。她并没有沉醉其中,而是饱受折磨,被痛苦吞噬着。

希波吕托斯登场了。他极力赞美着阿耳忒弥斯,一个随从劝他不要轻视阿芙洛狄忒,但希波吕托斯对此嗤之以鼻。"礼敬你的女神吧,"他轻蔑地说。[23] 没有迹象显示阿芙洛狄忒会因为凡人的态度改变就放弃她的复仇计划,但希波吕托斯似乎还在不遗余力地冒犯她。

接着,女性歌队登场,详细讲述了淮德拉的状况。她把自己关在屋里,已经3天没有进食,[24] 她不肯透露自己痛苦的原因,一心求死。歌队猜测着她的病因,是否冒犯了神灵,是否受到了惩罚?她们没有猜到是阿芙洛狄忒导致了这一切。她们又疑惑着,莫非是忒修斯移情别恋,或者从克里特传来了坏消息?淮德拉的病让她们困惑不解,但她们爱戴她,希望能帮到她。

淮德拉和她的乳母来到了台上。淮德拉已经无法行走,被使女们抬着登场。她发着高烧,却渴望去林间猎鹿。她是否想起了自己在克里特度过的童年?那时她还不是雅典的王后。或许她只是想象自己与希波吕托斯在一起的情景,他喜爱打猎,终日与狩猎女神为伴。或许她更进一步,把自己想象成了希波吕托斯?她有多少欲望是因他而起,又有多少是想成为他?神志清醒后,她祈求诸神的怜悯,让她死去。然而从阿芙洛狄忒那里我们已经知道,诸神毫无怜悯,尤其是对她。

歌队向乳母询问淮德拉到底生了什么病,难道连她也不知道吗?"我不知道,"乳母说,"虽然追问她,可她总不肯说。"但她又做了最后一次尝试,想找出真相。她转向淮德拉,残忍的话语从她口中冒出:"若你死了,会害了你的孩子们。"²⁵ "他们继承不到父亲的财产,而他会,那位亚马孙女王的私生子希波吕托斯,将凌驾于你的儿子们之上,当他们的君王。"淮德拉痛苦地叫喊出来。"这可触动了你的心吧?"乳母问道。"你可害了我,"淮德拉答道,"凭着诸神,我请求你,别再提到那个人了。"乳母见她恢复了清醒,乘机追问道,"难道你不想救你的孩子,也不想救自己的命吗?"乳母的步步紧逼迫使淮德拉承认了导致她重病的源头。当然,从阿芙洛狄忒的独白中我们已经知道,这是一种心病。淮德拉使用了"miasma"这个词²⁶,它既指"疾病",也指"污秽"。在乳母的追问下,她最终承认她爱上了希波吕托斯。

这部剧的前1/4对人物的塑造,即便是以欧里庇得斯的标准来看,也算得上技法高超。淮德拉的形象并不像后世的戏剧和歌剧中那样是个狐狸精。她是一位矜持且内敛的女性,两年来独守着一个羞耻的秘密,甚至对最亲近的人(不代表是最可信的人)也未曾透露分毫。当我们面对这个女人时,阿芙洛狄忒对她的痛苦和死亡的不屑一顾就显得愈加残忍。从剧中对阿芙洛狄忒,以及之后对阿耳忒弥斯的描写中可以看出,欧里庇得斯对神权有些批判性的思考。他并不质疑神的存在,但他肯定质疑神的本性。这些女神完全不讲道德,在她们看来,自己的欲望即正义,任何挡路的人都将被毁灭。

毫无疑问,淮德拉会把她对希波吕托斯的感情带进坟墓,绝不会吐露半分。她并不想行动起来满足自己的欲望,只想一了百了。乳母抓住了她的痛点,就是她对自己死后孩子们的前途的担忧。就像阿尔刻提斯担心阿德墨托斯的后妻会虐待她留下的一双儿女一样,欧里庇得斯在这里写出了同一枚硬币的反面——一个继母产生了强烈的焦虑,担心自己死后,亲生儿子们的地位会被丈夫的长子,也就是那个乳母口中的私生子所取代。[27]这种恐惧是非常现实的,希波吕托斯比她的孩子们年长,他很可能会继承忒修斯的一切,而那时候淮德拉已经不在了,无法为自己的后代争取权益。在前文中我们已经看到,面对不要渎神的劝告,希波吕托斯充耳不闻。如果他对社会习俗也是这般油盐不进,那么淮德拉确实要担心他可能会剥夺异母弟弟们的继承权。

淮德拉的独白开始了,她告诉歌队和乳母自己是如何竭力保持沉默,压抑着欲望,祈盼着死亡。她不想辱没了丈夫和孩子。[28]如果说欧里庇得斯在上一版中把她写成了一个无耻的荡妇,那么在这一版中,他完全颠覆了之前的形象。对这位淮德拉来说,恋情暴露的耻辱是不可承受的,为此她宁愿死去。所以后面到底出了什么岔子呢?

乳母提出了一个狡黠且不道德的观点,阿里斯托芬看了一定会得意地暗示这就是欧里庇得斯本人的想法。她问:"你既是个凡人,怎么能抗拒爱神的力量呢?阿芙洛狄忒能让诸神之王宙斯都屈服于她的意志,而你却不肯承受么?这无非只是你的傲慢,想要自己胜过那些神。"[29]总之,男人解决不了问题,女人必须找到答案。这位乳母可能正如她的观点一样不道德,也许她确实如此。当然,她在无意中成了阿芙洛狄忒的帮凶,成了接下来一系列惨剧的助推者。要谴责她很容易,但我们必须记住,她是真诚地顾念着王后的性命。她把事情推向了最坏的展开,无论对淮德拉、希波吕托斯还是忒修斯都是如此,但她只是好心办了坏事。

淮德拉拒绝了她的建议,并要她别再说这种话了。"你说得好,但却是可耻的,"她这样回应道。[30]乳母表示准备去寻个药方来治淮德拉的病,而淮德拉恳求她不要去找希波吕托斯。"你别管吧,"乳母答道,"这事我会好好安排。"[31]然而,她所做的正是淮德拉所恐惧的——她径直去找了希波吕托斯,将淮德拉对他的情愫和盘托出,而希波吕托斯厌恶与任何人发生性关系,更别说与他的继母了。除了乳母,任何人都能想得到他的反应——他闻言大怒,淮德拉在台上都能听到他的咆哮。"她害了我",[32]淮德拉对歌队说道。

希波吕托斯走上了台,尽管他没注意到淮德拉,二人也没有交谈。但她仍能听到他的声音。在透露淮德拉的秘密之前,乳母设法让希波吕托斯发誓对一切保持沉默。他欣然做出了承诺,但现在却反悔了想毁约。"我的嘴立了誓,我的心却没有。"他这样说道。[33]

这句台词被阿里斯托芬当作典型来引用,以证明是欧里庇得斯这样的剧作家教坏了雅典人——既然希波吕托斯认为誓言并不意味着什么,那么人人都可以食言了。当然,观众一般没有那么容易被误导,而且这不过是希波吕托斯一时的气话,他后来还是信守了诺言。问题在于,当他宣称自己不会谨守誓言时,淮德拉相信了。

接着,希波吕托斯又发表了一大通厌女狂言,认为不仅他的继母是邪恶的,所有的女人都是邪恶的,她们全是荡妇。能让他遵守誓言的唯一原因就是害怕神会惩罚伪誓者。他将离开这里,直到忒修斯回来。然后他就走了。

啊,苦痛的不幸的女人们的命运啊,淮德拉哀叹道,[34]如今还有什么办法呢?她打发走了乳母,请求歌队发誓保密,而她自己只能从这场灾难里找到一条出路,好留给孩子们一个拥有好声誉的生涯。[35]她将自我了断,被阿芙洛狄忒所毁灭。至此,全剧已经过半,女神的阴谋进展顺利。淮德拉离开了舞台,歌队唱起歌来,当她们唱完时,宫殿里传来了使女的哭喊:王后死了。淮德拉悬梁自尽。

就在此时,忒修斯出场了,询问着发生了什么事。他赶到淮德拉身边,发现她手里有一张写给他的字条,控诉希波吕托斯是强奸犯,她因被其侵犯才决定自尽。忒修斯用波塞冬许给他的恩惠诅咒了自己的儿子（他似乎不太确定诅咒是否有效，但从阿芙洛狄忒的开场白中可知，利用海神的恩惠也是她计划的一部分）。希波吕托斯随后上场，发现淮德拉污蔑了他，而忒修斯对此深信不疑，并宣布将他流放。意外的是，尽管之前威胁要违背誓言，但希波吕托斯并没有这么做。他遵守了自己的誓言，丝毫没有提及淮德拉对他的热恋。但他也为自己辩护，说他厌恶情爱，何况淮德拉又不是世界上最美的女人。[36]他最后一次起誓，自己真的没有碰过淮德拉，也不知道为什么她会自杀。

这段独白写得非常出色。我们知道希波吕托斯是冤枉的，这一切都源于一个因他的不敬而怀恨在心的女神。然而，他的无情实在令人厌恶，即使我们明知他冤枉，也很难同情他。当从乳母处得知淮德拉对他的爱慕后，他那番可怕的怒吼言犹在耳：他不仅对情爱不感兴趣，甚至感到厌恶，对女性的欲望更是深恶痛绝。当然，这段独白的效果如何，在很大程度上取决于导演，如果让一位年长的女性来扮演淮德拉，那就会变成一个不伦故事，其背德之处不仅在于二人是继母和继子的关系，也在于二人悬殊的年龄差。不过，两人之间并不存在血缘关系，也就是说，如果忒修斯这会儿死了，那么他俩结婚是不存在任何阻碍的。对于古代观众来说，她的罪行是通奸未遂，而不是对年轻男子产生乱伦的欲望。两人甚至完全有可能是同龄人。淮德拉是阿里阿德涅的妹妹，而且她的孩子们也都很小。后世的一些版本中会安排忒修斯失踪多年，所有人都以为他死了，于是就消除了通奸的问题（对于古代观众来说是这样，现代观众可能仍会觉得不妥），直到他再度出现，因为他本来也没死。

故事的前半部分已经让我们对希波吕托斯产生了反感：当随从

建议他尊重一下阿芙洛狄忒时,他嗤之以鼻;当被乳母告知淮德拉的爱慕时,他充满憎恶。他鄙视的不仅仅是淮德拉,而是所有女人,这一点他已经详细解释过了。他威胁要违背秘不外传的誓言,而淮德拉坚信这会毁了她自己和她孩子们的未来。事已至此,欧里庇得斯为希波吕托斯写出了第二段精彩的独白,在这里,他说的句句属实:他是被冤枉的,他仍保有童贞,而再说下去,他就要违背誓言了。有那么一两句不是实话,比如他自夸敬畏诸神[37],但我们都知道阿芙洛狄忒不在其中,他还发誓自己不知道淮德拉为何自杀(他的誓言不允许他再多说)。

然而,在欧里庇得斯天才的笔力和对情节的把控下,希波吕托斯的形象已经相当负面,这导致即便他遭受了极大的不公,我们也很难产生多少同情。剧中人亦是如此:忒修斯坚信自己的儿子是个恶棍。我们可能会认为,这说明忒修斯是个好丈夫,相信自己的妻子。但他甚至没想过,比如说,淮德拉的遗书可能出自他人之手。顺便一提,在希腊神话中,书信基本上是不可信的,书写本身就值得怀疑。歌队也没有施以援手:她们认为忒修斯最终还是会相信希波吕托斯的,因此即使二人的争执升级,她们也没有急着对希波吕托斯表示赞同。忒修斯当场流放了儿子,并要手下把这个年轻人拖走。片刻之后,信使来报,希波吕托斯已经快死了,因为海中升起了一头巨大的公牛,让他的马匹在惊吓中四处奔逃,将他甩在了岩石上。波塞冬的诅咒应验了,而且一击必杀。

忒修斯并无悔意,但同意让人把他的儿子抬回宫殿,见上最后一面。最终,阿耳忒弥斯登场。她告诉忒修斯,淮德拉撒了谎,希波吕托斯是无辜的,而正是他的诅咒导致了希波吕托斯的死亡。阿芙洛狄忒才是幕后的主使,而她——阿耳忒弥斯——只能旁观,尽管希波吕托斯是她最喜爱的凡人。她补充道,忒修斯仍可以得到宽恕,因为他是在不知情的震怒中行事的。接着,奄奄一息的希波吕托斯被抬了上来,他原谅了忒修斯。阿耳忒弥斯解释说,这不幸的一天都是阿芙洛狄忒策划的,希波吕托斯则答道:"她这一手害了我们三个。"[38] 退场前,阿耳忒弥斯表示,阿芙洛狄忒杀死了她心爱的凡人,现在她要去以牙还牙了。希波吕托斯死了。

剧本呈现出一种令人悲伤的对称性:上半部以淮德拉之死结束,下半部以希波吕托斯之死终了。各方都将责任归咎于阿芙洛狄忒:淮德拉、希波吕托斯、忒修斯(他在剧中的最后一句话是对女神的斥责)和阿耳忒弥斯。毫无疑问,在他们看来,这场悲剧是阿芙洛狄忒一手造成的。而淮德拉是她在人间的执行者:她自杀了,并提出了致命的诬告。乳母也得承担部分责任,尽管她是出于好意,但正是她将实情告知希波吕托斯才导致了情况恶化。

一个棘手的问题在于,淮德拉是否有意害死希波吕托斯。她留下指控后便自杀身亡,这意味着没有人能质询她。尽管她应该清楚忒修斯生性狂暴(阿芙洛狄忒在开场白中提到,目前他们正逃亡在外,因为忒修斯杀了一大群年轻人),她能想到他会有如此过激的反应吗?忒修斯自己也不确定波塞冬的诅咒是真是假。他将儿子流放,意味着他心存疑虑:如果他相信儿子片刻后就会死于神罚,那又何必流放他?因此,或许可以把淮德拉想得好一点,姑且认为她相信希波吕托斯只会被流放,而不是直接被害死。

但从实际发生的情况来看,我们很难为她辩护:希波吕托斯确实死于一场可怕的马车事故。弥留之际的他比在剧中的任何时候都要善良、温柔:他没有责怪忒修斯残忍的诅咒,也没有责怪淮德拉的诬告。他责怪阿芙洛狄忒,或许也(稍微有一点)责怪波塞冬——

"波塞冬的礼物对于你,也就是他的儿子来说实在有些令人痛苦。"他对忒修斯说道。[39] 由此可见,虽然剧中无人替淮德拉的谎言辩护,但他们也不认为她有责任:每个人都相信是阿芙洛狄忒一手酿成了这场惨剧。在结尾处,阿耳忒弥斯甚至将二人的名字结合在一起,她向希波吕托斯许诺:"我将给你极大的光荣,你将在歌声中被铭记,淮德拉对你的爱恋也不会沉寂。"[40] 在希腊语文本中,"淮德拉"和"你"之间仅隔着一个"为"字。在死后,淮德拉终于得到了阿芙洛狄忒在她生前让她无比渴望的亲密关系。

* * *

对于欧里庇得斯来说,淮德拉和希波吕托斯的故事是一堂关于神的恶意的示范课。该剧在公元前428年的酒神节上被授予一等奖,显然,比起恶评如潮的第一版,评委们更喜欢第二版。然而,该剧并未受到大众的欢迎。前文提到过,阿里斯托芬曾多次对其进行戏仿,尤其是希波吕托斯对乳母说的那句台词:"我的嘴立了誓,我的心却没有。"这句话生动地提醒我们,价值观是如何随着时间的推移而改变的,如今的我们并不在乎希波吕托斯是否言行一致。我们生活在一个官僚化的社会中,如果有人违背承诺,我们有文书可依。但对于公元前5世纪的雅典观众来说(大多数人识字不多),誓言和承诺的约束力是巨大的。连宙斯都会亲自惩罚违誓者。如果人们到处发誓,又拒绝遵守,那么当时社会赖以生存的整个价值体系就岌岌可危了。亚里士多德甚至说过,[41] 欧里庇得斯曾因这句台词被指控为"不敬神明"。

那么,如果把诸神的戏份移除,故事会有什么变化呢?拉辛(Racine)回答了这个问题,对现代观众来说,他在1677年创作的剧本《淮德拉》(*Phèdre*①)可能比欧里庇得斯的《希波吕托斯》更有名。尤其是在英国,因为戴安娜·里格(Diana Rigg)和海伦·米伦(Helen Mirren)都在泰德·休斯(Ted Hughes)改编的版本中扮演过女主角。在拉辛的剧本中,诸神几乎完全没有出场,也不再是剧中的角色。尽管故事本身没有改变,但重点的转移却十分明显,尤其是自责和罪恶感给剧中人物带来的影响。

在《淮德拉》中,忒修斯失踪了,人们都以为他死了,而希波吕托斯则暗恋着一位名叫阿丽西亚(Aricia)的少女,她的家族是忒修斯的死敌。希波吕托斯的人设也改变了,他的洁身自好不是出于对女人和性爱的鄙夷,而是因为他只渴慕着一个在他看来不可能得到的人。他的朋友塞拉门尼斯(Théraméne)嘲笑他过去经常蔑视维纳斯,而现在终究成了维纳斯的牺牲品。不过,希波吕托斯并不是阿芙洛狄忒/维纳斯的奴隶,他希望能把父亲的情史从记忆中抹去(拉辛在此提到了珀里波亚、海伦和阿里阿德涅,普鲁塔克看了可能会倍感欣慰;但海伦被劫走时还十分年幼这一点再度被一笔带过了)。

如果说这里的希波吕托斯没有欧里庇得斯的戏剧中那么贞洁,那么淮德拉也是如此。她不仅为维纳斯建了一座神庙,并"花费了半数钱财,尽力装扮她。在她周围,我无时无刻不摆满祭牲,想以此追回失去的理性"。在这里,泰德·休斯显然参考了另一位失去爱人的悲剧女王:在维吉尔的《埃涅阿斯纪》第4卷中,狄多窥视着祭牲的内脏,仿佛自己是一位占卜师,能从这坨血肉中读出未来。淮德拉"假装厌恶继子",是为了掩饰自己的感情,她真的扮演了邪恶继母的

---

① 此为"淮德拉"的法语形式,可音译为"费德尔"(见上海译文出版社于1985年出版的《拉辛戏剧选》),此处为避免混淆,依旧翻译为"淮德拉"。

角色。就在此时,一个名叫柏诺帕(Panope,名字意为"全知")的仆人登场,带来了忒修斯的死讯。乳母[这里叫厄诺娜(Oenone),但为了避免混淆,我们还是叫她乳母吧]闻之大喜:这样一来,淮德拉就可以向希波吕托斯表白并跟他结婚了。她自由了。

希波吕托斯也接到了忒修斯的死讯,对他来说,这也意味着自由。他跑去释放被忒修斯囚禁起来的阿丽西亚。谁将接替忒修斯统治雅典,以及同时身为国王和潜在情人的希波吕托斯将何去何从,这个不断扩大的政治议题填补了由于女神们的缺席而留下的空白。希波吕托斯向阿丽西亚表白了爱意。随后淮德拉来了,以一种颇为迂回的方式告诉他,她爱他。具体来讲,她爱他与年轻时的忒修斯相像的模样。希波吕托斯被她的激情表白震惊了,淮德拉则表示"我痛恨自己甚于您对我的憎恨"。希波吕托斯带着佩剑,淮德拉请求他给自己一刀:因为"这颗心已经彻底朽坏"。乳母进来打断了这令人痛苦的尴尬场面。希波吕托斯对塞拉门尼斯说,他们必须速速离开。后者则告诉他,雅典人已经选择了淮德拉的儿子作为新国王——至少在政治上,希波吕托斯已经完败。

第三幕的开头,淮德拉因希波吕托斯毫不掩饰的厌恶而痛苦不堪。乳母安慰她道:"他讨厌所有的女人,至少你没有情敌。"但随后新的消息传来,忒修斯没死,而且随时会回来(跟古希腊戏剧一样,所有情节都发生在一天之内,有时节奏会快到令人目不暇接)。淮德拉顿时崩溃:她以为自己已经是寡妇了才向希波吕托斯告白,这下却变成出轨了。她尤其担心这将损害她儿子们的名誉。而就在此时,乳母心生一计。

忒修斯与希波吕托斯一同走上了舞台,但淮德拉拒绝与他交谈并转身退场。希波吕托斯不肯解释,于是忒修斯追着妻子去了解情况。到了第四幕开场时,忒修斯已经相信他的妻子被他的儿子强奸了。显然,乳母已经实施了她的计划,而忒修斯对妻子的责怪仅仅是因为她"迟迟不肯将他惩办"。这是对原作的一个重大改编:诬告者是乳母,而不是淮德拉。

忒修斯和希波吕托斯争执起来,忒修斯诅咒了自己的儿子,这与欧里庇得斯的版本一致,区别是淮德拉此时还活着。希波吕托斯愤然离去,淮德拉上台准备承认乳母的欺骗,并为继子的名誉辩护。但当忒修斯告诉她,希波吕托斯爱的是阿丽西亚时,嫉妒压倒了她。这个男人对她如此厌恶,却对另一个女人产生了感情——她终究还是有了一个情敌。原本她准备牺牲自己的名誉来保护那个她爱着的、纯然无辜的青年,现在她改主意了:"他只有对我不屑一顾!而我却冲上来想保护他!"

虽然我们可能还会同情在情感上遭到重创的淮德拉,但接下来她的所作所为却罪无可恕。她没有告诉忒修斯他弄错了,而是对乳母大发脾气,嫉妒让她想要唆使忒修斯杀掉阿丽西亚。泰德·休斯倾尽全力写下了这段独白:"我的双手颤抖/想掐死那个女人/把那无辜的鲜血从她尸身里榨干/我要她粉身碎骨,灰飞烟灭。"

在第五幕中,希波吕托斯和阿丽西亚商量着如何摆脱困境,他已被父亲诅咒,而且名誉扫地。希波吕托斯离开后,忒修斯来了,此时的阿丽西亚试图扮演欧里庇得斯版本中阿耳忒弥斯的角色。她告诉忒修斯,希波吕托斯是遭人诽谤,但忒修斯并不相信,他厌恶她的家族,而她也缺少女神的威仪。这时,那位全知的仆人柏诺帕来报告说,乳母已经投海自尽,淮德拉也要寻死。忒修斯意识到他的儿子可能真的是无辜的,便下令把他带回来。然而回来的只有塞拉门尼斯一人:海中出现了一头公牛,害死了希波吕托斯。国王的儿子死了。

他的遗言和欧里庇得斯笔下的几乎一样:"他低语道,'诸神夺走了我的生命'。"

只是塞拉门尼斯和忒修斯却没有那么宽容:他们把希波吕托斯的死归咎于淮德拉。"他是你的牺牲品。"忒修斯对她说道。她承认了谎言,说自己是个魔鬼,"因乱伦的欲念而疯狂"。她在忏悔中死去。忒修斯祈望她带来的恶果能随她而去。全剧以他将仇人之女阿丽西亚收为养女完结。

欧里庇得斯版的核心冲突本质上是线性的:在阿耳忒弥斯所代表的贞洁,与阿芙洛狄忒所代表的恣意狂野的情欲之间,我们该如何自处?对于希波吕托斯来说很简单,他选择守身如玉。而对于剧中的其他人物来说这个问题就更复杂了。但拉辛的剧本结构是多维的:淮德拉爱希波吕托斯,所以假装憎恨他;希波吕托斯爱阿丽西亚,所以假装漠视她;阿里西亚爱希波吕托斯,但被其父忒修斯所厌弃;忒修斯爱淮德拉,所以不信任希波吕托斯。还有乳母,她爱淮德拉,却无力自救也无力救她。国王死后,雅典该由谁来统治,而若国王归来,谁的秘密又会被揭穿,这些都是对欧里庇得斯版的重大改编。欧里庇得斯的淮德拉诬告的动机是担心孩子们的未来会被毁掉。拉辛的淮德拉当然也在乎自己的孩子,但她默认了诬告的原因是对阿丽西亚的嫉妒。

值得细想的是,我们可能会觉得,欧里庇得斯的淮德拉比拉辛的更值得同情。哪怕前者的诬告害死了一个无辜的年轻人,但面对高高在上的女神的阴谋,她是无能为力的,这让她显得更可怜而不是可恨。而拉辛的淮德拉则是出于嫉妒和情欲这些人类情感,尽管她没有直接污蔑希波吕托斯,只是卑劣地选择了顺水推舟,将错就错。

然而,如果我们带着对阿里阿德涅的遭遇,以及对忒修斯充满暴力的漫长猎艳史的了解,再来阅读欧里庇得斯的戏剧,又会怎样呢?这会改变我们对不幸的淮德拉的看法吗?乳母最终说服王后承认,是爱情,是对希波吕托斯的爱情,使她病入膏肓。而她能做到这一点,正是通过提醒淮德拉,她的幼子们会因她的早逝而被希波吕托斯边缘化。结局是淮德拉死了,希波吕托斯也死了,她的孩子们成了忒修斯唯一的继承人。她或许已经实现了自己的野心,尽管这份野心在她的意识中尚未成型。安提俄珀/希波吕忒的血统被抹去了,但我们不能忘了这位忒修斯的前妻、床伴,抑或是强奸受害者,她的身份取决于谁来讲述她的故事。一个健壮的长子被从权力争夺的序列中剔除了出去,于是淮德拉的儿子们得以继承父亲的财产和地位。考虑到忒修斯曾经对妻族造成的伤害(杀了她的哥哥阿斯特里翁/弥诺陶洛斯,把她姐姐遗弃在纳克索斯岛),这部《希波吕托斯》是否可以解读为一场淮德拉针对忒修斯的报复?其实当然可以。从这个角度看,即使淮德拉仍是阿芙洛狄忒手中的棋子(除了阿耳忒弥斯,全员都是),但她也进行了正义的复仇。这一解读并没有降低戏剧的张力,反而为其增加了一层深意。淮德拉亦被赋予了另一层意义——一个邪恶的继母,为了给孩子的未来扫清障碍,不惜牺牲自己的生命。

---

1. Pausanias, *Description of Greece* 2.31.1.
2. Pseudo-Apollodorus, *Bibliotheca* 3.1.3ff.
3. Homer, *Odyssey* 11 321-5.
4. Pausanias, *Description of Greece* 1.20.3.
5. Plutarch, *Life of Theseus* 20.
6. Catullus 64.
7. Plutarch, *Life of Theseus* 28.
8. Ibid.
9. Ibid 29.1.

10. http: //edithorial.blogspot.com/2015/05/why-i-hate-myth-of-phaedra-and. html.
11. *Homeric Hymn to Demeter* 372.
12. Ibid 413.
13. Green, R. L. (2009 reissue), *Tales of the Greek Heroes* (London: Puffin Books).
14. Graves, R. (1955), *The Greek Myths*, vol. 1 (London: Penguin Books).
15. Pseudo-Apollodorus, *Bibliotheca* 1.5.3.
16. Anon (nd.) Rape Crisis England and Wales, 'About sexual violence: statistics.' https: //rapecrisis.org.uk/get-informed/about-sexual-violence/statistics-sexual-violence/（参考日期为2020年3月）。
17. Gantz, p.286.
18. Ibid.
19. Euripides, *Hippolytus* 5-6.
20. Ibid 21-2.
21. Ibid 28.
22. Ibid 39-40.
23. Ibid 113.
24. Ibid 135.
25. Ibid 305.
26. Ibid 317.
27. Ibid 309.
28. Ibid 420-1.
29. Ibid 474-5.
30. Ibid 503.
31. Ibid 521.
32. Ibid 596.
33. Ibid 612.
34. Ibid 669.
35. Ibid 717.
36. Ibid 1009-10.
37. Ibid 996-7.
38. Ibid 1403.
39. Ibid 1411.
40. Ibid 1430.
41. Aristotle, *Rhetoric* 1416 a28-35.

第九章
美狄亚

"Hold up"的MV一开头是碧昂斯在一间装满水的房子里游泳。"我试着改变",她在画外音中说,"少说话、更温柔、更漂亮、别那么觉醒。"她似乎在为所有被告知"太强势"的女性发声。接下来,她列举的那些行为变得更极端,也更具象征性:禁食60天,穿白色衣服,用漂白剂沐浴。她像条美人鱼一样在水中游曳。"但我内心深处,依然盘旋着一个问题:你是否背叛了我?"镜头随后切换到一对巨大的门,两侧耸立着四根爱奥尼克柱①,这是一座新古典主义风格的大宅。碧昂斯猛地推开大门,水流从她身侧奔涌而出,沿着石阶流下。她穿着一身橘黄色的长裙,这是希腊神话中年轻女子常穿的颜色,在埃斯库罗斯的《阿伽门农》[1]中,伊菲革涅亚就穿着这种长裙。在希腊语中甚至有个专有名词"*krokotophoreo*",意思就是"身着黄裙"。她脚踩高跟鞋,手持棒球棍,昂首阔步地走在街上,沿路用球棒打碎了消防栓、监控摄像头和一排车窗。"嫉妒还是疯狂,哪个看起来更糟?"她唱道。最后,她敲碎了拍摄她的摄像机,把球棒扔在地上。嫉妒还是疯狂?或许她二者兼有。其中传达的信息很明确:胆敢背

---

① 爱奥尼克柱(Ionic column),源于古希腊,是古典建筑的代表柱式之一。

叛,后果自负。她的复仇将是公开而盛大的。正如17世纪英国剧作家威廉·康格里夫(William Congreve)所言:"爱化为恨,比天国之怒更危险;女人遭侮弄,比地狱之火更炽烈。"[2]

公元前431年,欧里庇得斯的《美狄亚》在雅典酒神节上首演。故事讲述了一个女人自问"是嫉妒还是疯狂",并得出了一个可怕的结论,当时的雅典人一定大受震撼,因为包含本剧在内的系列悲剧在三部参赛剧目中名列最末。一个女人残酷报复负心的丈夫的故事是否让观众们感到震惊? 一般来说,当一位大师开始改编一个广为人知的故事时,观众对将会看到什么大致上心里是有数的。然而,正如本书中常见的那样,神话是会变化的,很难说哪个是原版,其他都是改编。欧里庇得斯完全有可能对关键情节做了改动,才让观众大为惊愕。但这一点稍后再来讨论。

从克吕泰涅斯特拉的故事可以看出,古希腊男人最怕的就是聪明的女人搞阴谋,而美狄亚正是其中最聪明的那个。如果说克吕泰涅斯特拉是希腊神话中的终极毒妇,那么美狄亚则有资格成为终极恶母。但在她走到这一步之前(大约在公元前5世纪下半叶),就已经是一个危险的人物了:聪慧、女性、异邦人,还懂魔法。

在希腊人看来,美狄亚是蛮族女子(当时只要不是希腊人,统统都被算作蛮族),在黑海边的科尔喀斯(Colchis,位于今格鲁吉亚境内)长大。她是海洋仙女伊德亚和科尔喀斯国王埃厄忒斯的女儿,埃厄忒斯是太阳神赫利俄斯之子,女巫喀耳刻的兄弟(就是把奥德修斯的部下变成猪的那位)。因此,美狄亚起码是一位强大的女巫,能用黑魔法帮助朋友,对抗敌人。赫西俄德在他那部讲述诸神身世和世界起源的《神谱》[3]中提到过她,这意味着他将美狄亚归入了神族而不是凡人。美狄亚的身份在女神和女人之间摇摆,主要取决于谁来讲述她的故事。

跟阿里阿德涅一样,美狄亚也是帮男人完成使命的得力助手。她协助伊阿宋从她父亲那里赢取(或偷走)了金羊毛。伊阿宋的故事是一部经典的冒险传奇,被无数人反复讲述过。远的有荷马在《奥德赛》第12卷中讲过,喀耳刻向奥德修斯推荐了一条能避开"游岩"的航线,曾经只有伊阿宋平安通过;近一点的有1963年雷·哈里豪森的电影《伊阿宋与阿尔戈英雄》。但不变的是,在近现代的版本中,女性角色的作用往往还不如古代的版本。哈里豪森电影中的美狄亚当然也是如此,我觉得我的同龄人们起码把这部电影看过上百遍了。

跟荷马史诗一样,赫拉在这里也扮演了一个干预者的角色,[4]而饰演她的赫娜·布莱克曼(Honor Blackman)则证明了即使演的只是一个字面意义上的木雕(在电影里,赫拉以"阿尔戈号"的船头雕饰的形象出现),也能令其变得十分性感。不幸的是,电影遵循了好莱坞的潜规则,即多个男英雄和多个骷髅兵可以同时出现,但主要女性角色却只能有一个。美狄亚沦为了小配角,因为保护者和协助者的角色已经有赫拉了。

这是一个遗憾,它意味着这个伴随许多人成长的故事把最有意思的角色边缘化了。这也让我们相信,男人们是靠他们自己完成了冒险,而原本的故事远非如此。当然,每一个版本都有其合理性,只是女性被频繁地排除在外。这为那些选择相信"故事从来都是如此"的人们提供了证据。

我们可能还记得,影片中最惊心动魄的片段之一就是阿尔戈英雄们遭遇了青铜巨人塔罗斯。赫拉克勒斯从青铜岛(根据罗德岛的阿波罗尼奥斯的说法,应该是克里特)的宝藏中偷了一枚标枪大小的胸针,激活了这个青铜巨人。⁵塔罗斯开始攻击阿尔戈英雄们,面对这个没有弱点的敌人,他们束手无策。伊阿宋向他可靠的助手赫拉求助,赫拉告诉他,巨人的脚后跟有个塞子,那里是塔罗斯的阿喀琉斯之踵。伊阿宋依言打开了那个塞子,青铜巨人轰然倒地,伊阿宋则全身而退。赫拉克勒斯的朋友海拉斯(Hylas)就没有这么幸运了,巨人倒下时他逃脱不及,被压在了下面。

如果读过阿波罗尼奥斯创作于公元前3世纪的史诗《阿尔戈英雄纪》中的同一段落,我们就会发现,塔罗斯是被另一个人打败的:美狄亚。阿波罗尼奥斯写道,青铜巨人每天绕着岛巡视3次。⁶他刀枪不入,唯一的弱点是脚踝处的一根筋脉。他向阿尔戈英雄们投掷石块,把他们吓得要死。但美狄亚毫不畏惧。"听我的,"她说,"只有我能制服他,无论他是谁……在我打败他之前,让船远离他的攻击范围。"当男人们惊慌失措、惊恐万分时,美狄亚却镇定且勇敢,最重要的是,她很强大。她用魔法击溃了塔罗斯(阿波罗尼奥斯的原句是"用她所熟知的魔药之力")⁷,青铜巨人被自己手中尖锐的石块擦伤了脚踝。"灵液"(即神血)像熔化的铅一样从他体内流出。这个庞然大物倒下了。这是美狄亚的高光时刻:她用魔法驱使冥府之力,打倒了这个让一船男性英雄瑟瑟发抖的敌人。她采取的战术亦格外阴险。假使她用智慧或诡计打倒了对方,同样会令人赞叹不已。但她却偏偏叫他自我毁灭,正中自己唯一的弱点。这样的女人谁敢小看。

当然,美狄亚无法在哈里豪森的电影中担当这样的角色,因为情节被重新安排过了。在阿波罗尼奥斯笔下,"阿尔戈号"是拿到了金羊毛后,在返程途中遭遇了塔罗斯。而在电影中,这是阻碍他们前行的一关。此外,美狄亚的英勇战绩被抹杀了好几次,无关先后顺序。影片既然以伊阿宋命名,我们便会毫无疑问地认为他必须亲自完成所有的伟业,即便需要女神来协助指点。为了拿走金羊毛,伊阿宋与守卫着金羊毛的九头蛇搏斗。如果连一条多头巨蛇都杀不掉,那他还算什么英雄?品达在《皮提亚颂歌》之四中写到,伊阿宋在带走美狄亚之前杀死了一条灰眼杂色的蛇。[8]但在欧里庇得斯笔下,伊阿宋没有杀过蛇,不管是什么颜色、有几个头。你应该能猜到,杀死蛇的也是美狄亚。[9]剧中的这一段里,她正和伊阿宋激烈争吵,即便如此,伊阿宋也没有质疑她杀死了蛇的说法,她称其为"不眠之蛇"。所以,她并不是趁着这条巨蛇打盹儿的时候偷袭的。而电影版却安排她在伊阿宋奋战九头蛇时被一箭穿心,靠着金羊毛之力才得以复活。比起古代作品中的美狄亚,电影里的这位被大大弱化了,过去的那一位可不会被区区一支箭矢阻挡了步伐。

对于童年的我们,这部电影最恐怖的一幕大概是美狄亚的父亲埃厄忒斯将九头蛇的牙齿种进地里,然后从土里冒出一群骷髅兵,蜂拥而上地攻击伊阿宋。这些特效放到现在看起来可能有些粗糙,但在20世纪80年代却把人吓得不轻。阿波罗尼奥斯在《阿尔戈英雄纪》里也写了这个情节,只不过不是骷髅兵,而是一群从爱奥尼巨蛇的牙齿中生出来的巨人,这条巨蛇很久以前就被建立了忒拜城的卡德摩斯除掉了。在阿波罗尼奥斯笔下,伊阿宋在遭遇困难的时候经常是靠着美狄亚才捡回一条命。在巨人们从地里爬出来之前[10],美狄亚告诉伊阿宋如何略施小计来打败他们:只要往他们中间扔一块大石头,他们就会像野狗一样争抢,然后自相残杀。在《阿尔戈英雄纪》中,伊阿宋在这段情节之前,还经受住了另一个考验:埃厄忒斯命令年轻的英雄给一对会喷火的公牛套上轭,然后驾驭着它们犁地。想必你已经猜到是谁帮他完成了这个不可能的任务。美狄亚从装着各种药剂的匣子里翻出了一种药膏,涂在身上可以让他在一天之内刀枪不入。[11]品达的《皮提亚颂歌》之四也写到了同样的内容,[12]美狄亚给了伊阿宋一种药水,让他可以无惧烈焰。品达把美狄亚塑造成了一个浪漫的女主角,在他笔下,协助伊阿宋冒险的是阿芙洛狄忒,她令美狄亚爱上了他。阿波罗尼奥斯也是如此,在《阿尔戈英雄纪》的第3卷,美狄亚是一个情窦初开的少女。她在姐姐卡尔喀俄珀(Chalciope)的劝说下帮助了这个英俊的陌生人。这一卷的情节十分紧张,主要讲述了美狄亚因为爱上伊阿宋而决定背叛自己的父亲。

阿里阿德涅和忒修斯这一对的情况与美狄亚和伊阿宋颇为相似,都是一个女儿决定帮助陌生的勇士完成她父亲布置的危险任务,[13]伊阿宋为美狄亚讲述了这个故事,并请求她在考虑是帮助他还是服从父亲时以此为参考。美狄亚想知道更多关于阿里阿德涅的事情(阿里阿德涅之母帕西法厄和埃厄忒斯是姐弟,因此她俩是表姐妹),但伊阿宋明智地转移了话题,没告诉她阿里阿德涅在选择抛弃家庭与忒修斯私奔后发生了什么。因此,年轻时的美狄亚也是一个具有双重形象的女性。跟阿里阿德涅一样,她天真单纯,爱上了一个远道而来的英雄,在阿芙洛狄忒或姐姐的劝说下,帮助他完成了艰险的任务。但是,在《阿尔戈英雄纪》这部四卷本的史诗中,我们有时间见证她性格的发展,并意识到她并不是一个普通的公主。阿里阿德涅只需要背叛家族,给忒修斯一个线团,而美狄亚却有一整箱的魔药,自身实力亦十分强大。她不仅是一个纯真的少女,还是一个可怕的法师,阿尔戈英雄们在伊阿宋去向她求助之前就讨论过这一点了。阿尔戈斯告诉伊阿宋,他从母亲那里听说宫廷里有个女孩(即美狄亚)技艺高超,曾得到巫术女神赫卡忒的亲自指点。[14]她能定住奔腾的急流,让星辰、月亮停止运行。因此,美狄亚就具有了双重性:年少天真,同时强大有力。而且,正如阿尔戈英雄们与塔罗斯遭遇时那样,她能为他人所不能:她对黑魔法的了解以及与赫卡忒的关系使她成了"阿尔戈号"上的最强战力,即便这艘船上已经满载着各路英雄好汉。她与塔罗斯面对面地交锋(实际上,用希腊语的说法是"眼对眼")[15],用毒辣的手段将他击溃。

珀尔修斯、忒修斯、伊阿宋……这些英雄都曾踏上征途,挑战怪物并取得胜利,但他们在关键时刻都需要帮助。美狄亚却不需要:她从赫卡忒那里学到了魔法,在必要时可以召唤出自己的力量,不必等着神明下凡给她送来隐身帽或宝剑。然而在爱情方面,她不过是个天真少女,连她的表亲阿里阿德涅跟忒修斯私奔后落得个什么下场都不知道,至少阿波罗尼奥斯在诗里是这样写的。从这些关于美狄亚如何操纵魔法的描述中,我们可以强烈地感受到,她是一个极为有力的盟友,也会是一个极难对付的敌人。伊阿宋对此应该最清楚不过了。

然而,他还是背叛了她。而她对这场背叛采取的报复,让她在神话和悲剧中都成了令人难忘的人物。当欧里庇得斯写下她的故事时,他创造了那个时代,以及任何时代的最强烈、最富戏剧冲突的杰作之一。《美狄亚》至今仍在频繁上演,也是因为它为女性提供了一个戏剧史上最伟大的角色之一。尤其是当该剧在公元前431年首演时,女主角(以及古希腊戏剧中所有的女性角色)还是由男性来扮演的。

故事发生在科林斯,由美狄亚的保姆开场。她在独白中说道,希望"阿尔戈号"不曾起航,珀利阿斯(即伊阿宋的叔叔)不曾命令伊阿宋去取金羊毛,美狄亚和伊阿宋也不曾从科尔喀斯来到伊俄尔科斯(Iolcus)这个由珀利阿斯统治的城邦,他是篡夺了伊阿宋父亲的王位才当上了国王。如果这一切都没有发生,美狄亚也就不会诱劝珀利阿斯的女儿们杀害自己的父亲了。

"我希望我的女主人没有让那些姑娘害死自己的父亲",说真的,这样介绍一个角色实属不同凡响。美狄亚没有用魔法杀掉珀利阿斯,而是用了一个类似魔术的手法欺骗了他的女儿们。公元前455年,欧里庇得斯创作了一个现已失传的剧本《珀利阿斯的女儿们》(*Daughters of Pelias*),将这段故事搬上了舞台。[16]剧中,美狄亚告诉珀利阿斯的女儿们,她可以让一头老公羊返老还童,方法是把它砍成碎块,放进大锅里煮。片刻后,一只年轻的公羊从锅里跳了出来。美狄亚是真能通过肢解和煮沸让动物变年轻,还是只是趁公主们不注意把羊调了包?无论如何,她们信了,并准备用这个法子让年迈的父亲焕发新生。可是他并没有。这段情节可见于一些最古老的版本,比如品达就把她称为"杀害珀利阿斯的凶手"。[17]大英博物馆收藏的一个美丽的水罐上也描绘了这一幕。[18]这个黑绘水罐大约制作于公元前500年,当时品达还是个孩子。画面左侧坐着白发老迈的珀利阿斯,左手拿着一根拐杖,美狄亚站在大锅旁,回过头好像在和他讲话。一只生机勃勃的公羊正从大锅里跳出来,它的前蹄和长着犄角的头部看起来充满活力。在锅的右侧,珀利阿斯的一个女儿正凝视着公羊,显然在想着只有把父亲肢解煮熟才能改善他的身体状况。

因此,在欧里庇得斯的剧中,关于美狄亚,我们知道的第一件事就是她成功地哄着几个姑娘杀掉了她们的父亲,这一看就是不能轻易得罪的人。因为这一罪行,伊阿宋和美狄亚逃亡到了科林斯。在这里,她倒很受人爱戴,也事事都顺从她丈夫,除了谋划害死珀利阿斯这种小事,一切都很遂意。是这样吗?

才到第16行,我们就发现美狄亚的世界已经崩塌。伊阿宋背叛了她和孩子们,与科林斯国王克瑞翁的女儿开始了一段新感情〔这里没有提到她的名字,但通常叫格劳刻(Glauce),在此我们也沿用这个名字]。换句话说,美狄亚也沦落到了跟她可怜的亲戚阿里阿德涅相似的处境。她帮英雄获得了金羊毛,还帮他干掉了珀利阿斯,而现在她被抛弃了,被一个新的辅助取代了,尽管伊阿宋并没有在冒险。他仍然被伊俄尔科斯放逐,因此与科林斯国王结盟显然会很有利。不过,美狄亚和伊阿宋的关系比忒修斯和阿里阿德涅持久得多,此时他们已经有了两个孩子。

但是,没有人来让美狄亚进入甜美的梦乡,并在醒来后将这场婚姻忘却。保姆说道:她深感丢脸,祈求神明做证,是伊阿宋背弃了誓言。她悲痛欲绝,不吃不喝,躺在地上以泪洗面。朋友们来劝慰她,但她动也不动,就像石头或海浪一样。她为她亲爱的父亲悲叹,她原是为了跟那男人出走才欺骗和抛弃了父亲,而如今她也遭人背叛。

我们对美狄亚的同情到了极点,她是一个遭到重创的女人。尽管我们也被提醒过,她是个危险人物,对珀利阿斯和埃厄忒斯都是,但她也是脆弱的。她正流亡异乡,远离家人的关怀。她为一个男人抛弃了自己的家乡,而这个男人现在又抛弃了她,难怪她会如此崩溃。而接下来,保姆的一句话让人心里一惊:美狄亚甚至恨起她的儿子们来了,一看见他们就不高兴。保姆害怕她在谋划些什么,她是个令人恐惧的女人,与她为敌的人,绝不会轻易就把凯歌高唱。[19]

这是剧中的第一个暗示,开篇还不到40行,美狄亚的孩子们就已经有危险了。她的悲痛是具有毁灭性的,不仅是对她自身而言。这个躺倒在地水米不进的女人本身就是一个潜在的威胁。这个开场与3年后才会上演的《希波吕托斯》相去甚远。《希波吕托斯》的开头是一位女神宣称要主宰整个故事,并降祸给那些不敬她的人。《美狄亚》的开头却是富有人情味的:一个女人为她的女主人兼朋友担心,因为女主人丈夫的背叛毁掉了她的生活。这让现代的观众也能感同身受。至于公元前5世纪的雅典观众(可能都是男性)会如何看待美狄亚的困境,我们将在后文中讨论。

接着,孩子们在他们的保傅的带领下走上台来。于是我们对伊阿宋和美狄亚的了解又多了一点:他们的孩子已经到了可以学习的年龄。这再次说明,他们的关系远比忒修斯和阿里阿德涅更长久,但同时美狄亚能够失去的也就更多了。保姆对这位保傅讲起了美狄亚的悲痛,而这位保傅居然带来了更坏的消息:他听说克瑞翁打算驱逐美狄亚和她的儿子们。"伊阿宋肯让他的儿子们这样受虐待吗?"保姆问道。[20] 新欢取代了旧爱,这位保傅答道,他不再关心这个家了。

在现存的古希腊悲剧中,这段对白可算是最悲凉的之一。这两个孩子怎么会落到如此境地?母亲是个危险又绝望的女人,而父亲则毫不在意他们即将被驱逐。保姆和这位导师一致同意,最好不要跟美狄亚提及此事。

这时,美狄亚在屋内放声大哭,想要结束自己的生命。保傅领着孩子们进屋,再次跟保姆达成一致,让他们躲得远远的。美狄亚又哭喊道:"你们两个该死的东西,是一个怀恨的母亲生出来的,快和你们的父亲一起死掉,一家人死得干干净净!"[21] 保姆听了十分难过,观众也是一样。母亲一般不会希望自己的孩子死掉。保姆告诉歌队,做个普通人强过做个贵人。她说的没错,至少在希腊悲剧中的确如此:灾难往往降临在贵人们身上。如果你想在剧中活到最后,最好还是当个保姆或保傅。由科林斯妇女们组成的歌队对美狄亚表达了同情,在前面,保姆曾说她的女主人在此地颇受爱戴,这里可以看出此言不虚。歌队向保姆请求道:"但愿她来到我们面前,听听我们的劝告,也许她的怒火会减少,胸中的气愤会平息。她们自称是她的

'朋友'。"[22]

美狄亚来到了屋外。她已经承受了很多肉体上的痛苦：趴倒在地上，不肯起来，也不肯吃喝。我们也听过了她愤怒和伤心的哭喊。但当她出现在舞台上时，她却能冷静地表达，这也使她更令人生畏。美狄亚是一个感情深邃的女人，但她可以将极端的情绪掩盖在一番精心构建的话语之下。在整部剧中，美狄亚在每一次对话中都展现着不同的形象：懊悔的、愤怒的、顺从的、谦卑的、狂暴的。她将这些特质集于一身。难怪女演员们都渴望扮演她。美狄亚天生就是一位表演者。一旦有必要，她就会开演。

美狄亚接下来要说的这段独白，在以任何语言创作的戏剧之中，都是当之无愧的伟大篇章（后面她另一番审慎的独白亦同样出色）。她对歌队的妇女们解释道，她之所以出来跟她们对话，是因为不想自己因沉默寡言和喜爱独处，就被认为是傲慢或冷漠的人。人们就是爱评判他人，即使这个人什么都没做。尤其是她身为一个外邦人，更应同本地人亲密来往。[23]在对歌队（和观众）表明了她清楚自己的身份后，她恳请我们给予同情："我碰见了一件意外的事（伊阿宋的背叛），"她这样说道，口气就像一位律师刚刚注意到合同谈判中出现了一点小岔子。接着她说道，它摧毁了我的"psyche"（"精神""灵魂""生命"）。"这生命已没有一点乐趣，朋友们，我宁愿死掉。我那丈夫，我一生的幸福所倚靠的丈夫（他对此很清楚），已经变成这世间最恶的人。"

回过头来看看《希波吕托斯》中淮德拉首次出场时的表现：无法行走、发着烧、渴望死亡。而这里的美狄亚，被侮辱、被伤害的美狄亚，却平静地讲述着她被伊阿宋毁灭的人生。这份自持和她的崩溃一样教人心惊胆战。而她接下来要说的内容则更加振聋发聩，2 300

多年后，在争取妇女参政权的集会上还被人引用。她说，在一切有理智、有灵性的生物当中，我们女人算是最不幸的。首先，我们要用重金（指嫁妆）争购一个丈夫，他反而会变成我们的主人（原词是"*despotēn*"，意为"拥有者、主人"）。[24]而最重要的后果还要看我们得到的是一个好丈夫，还是一个坏家伙。因为离婚对于我们女人是不光彩的事，我们又不能把丈夫轰出去。

这对她来说就更难了，美狄亚继续说道，身为一个外邦人，处于一种新的习惯和风俗里，得需要用魔法才能懂得如何驾驭丈夫。如果一切顺利还好，否则还不如死了。一个男人如果厌倦了家里，还能出去找点乐子，可女人只能守着一个丈夫。当然，男人会说，他们还得拿起长矛上战场。"这种说法真荒谬，我宁愿提着盾牌打3次仗，也不愿生一个孩子。"

"可是这些并不适用于你们，"她继续对歌队说道。"这是你们的城邦，你们有亲人，有来往的朋友。我什么都没有，我的丈夫对我不屑一顾时，我就无家可归了。那家伙把我从蛮族之地抢来。我没有可以求助的母亲、弟兄及亲戚。我只求你们这样帮我：要是我想出了什么方法向我的丈夫报仇，请替我保守秘密。女人总是什么都害怕，战争到来时，总会心惊胆战；可是受了丈夫欺负的时候，就没有别的心比她更毒辣的了。"

让我们来分析一下美狄亚的这段话。甫一出场，她便向歌队表明，她愿意遵守她们的习俗，不想被视为冷漠或孤僻之人，由此获得了歌队的支持。接着她又诉诸她们的共同经历：付出高昂的嫁妆，只为买一个丈夫，而且不确定能嫁到什么人；男女的不平等，男人可以在外面鬼混，女人却只能困守家中，等丈夫回来；如果婚姻失败，离婚对女人来说是一种耻辱（不像男人，可以毫不费力地离婚，虽然得归还嫁妆)。你可能会怀疑是否漏看了某个版本,那里面写过她体面地跟伊阿宋结了婚,嫁妆和婚礼一应俱全。放心,并没有。这不过是她精湛的演说技巧,把自己的处境与科林斯妇女们的处境联系起来,让她们成为自己的盟友。盗取的金羊毛是她的嫁妆,水煮珀利阿斯是她的婚礼。她把自己描绘成一个普通的妻子,但她根本不是。谁会相信美狄亚在家里苦等丈夫?她连求婚都等不了,直接私奔了。谁也别想愚弄她。

那句"宁愿打3次仗,也不愿生一个孩子"更是神来之笔。有什么能比让歌队的妇女们回忆起此生最痛苦的生理体验更能增进感情的呢?而且美狄亚讲得完全正确:在古代,分娩是非常凶险的。母婴的高死亡率是人均寿命偏低(大概只有35岁)的原因之一。

接着,她又回到了最初的观点,即作为一个背井离乡的外邦人,这进一步激起这些一直生活在亲友之间的妇女们的同情。她得有魔法才能知道怎么驾驭丈夫,她这样说道,这谨慎地掩盖了她自己确实懂魔法的事实。正如我们在品达的诗中和瓶画上看到的那样,美狄亚是个女巫,或者说是女法师。喀耳刻是她的姑妈,因其在《奥德赛》中的亮眼表现,也是希腊神话中最著名的女巫。她说自己是被伊阿宋抢来的新娘,这可是闻所未闻,没有任何一个版本这样说过。倒是在每一个版本中,她都会爱上伊阿宋(即使是因为阿芙洛狄忒在背后促成)。

然后,我们迎来了真正盛大壮绝的一刻:"对你们来说,情况还不算太糟,"美狄亚说道,"你们有父亲、朋友和家庭,而我没有母亲,没有兄弟,没有能求助的人。"在某种程度上,这的确是事实。她没有可以依靠的父亲,是因为她帮伊阿宋偷走了父亲的金羊毛,然后逃离了家乡;她没有母亲,是因为她为了心爱的男人抛弃了家庭;她没有兄弟，是因为她把弟弟阿布绪尔托斯（Apsyrtos）杀死后分尸，扔进了海里，为了在他们逃跑时拖住她的父亲。因此，从理论上讲她确实没有兄弟了，但这只能怪她自己。

这篇演说在多个层面上都极为精彩：如果我们（跟歌队一样）相信了这番话，那么我们看到的是一个女人恳切哀婉地发出呼吁，寻求另一群女性的支持。值得注意的是，在公元前5世纪的雅典，所有这些角色都是男性扮演的。但如果我们熟知美狄亚的前尘往事，那么则会看到一场充满修正历史和修辞技巧的大师级表演。无论如何，她的目的达到了：她恳求歌队为她保守秘密，歌队也做出了她想要的承诺。不管她最后决定如何报复伊阿宋，她们都会保持沉默。观众无一不相信，美狄亚会策划出一场毁天灭地的复仇。

接着，科林斯国王克瑞翁登场，宣布了保姆和保傅一直闭口不提的消息：将美狄亚驱逐。"为什么？"她问道。"我害怕你，"[25] 克瑞翁答道，"你天生聪明，你威胁要报复伊阿宋和他的新娘，也就是我的女儿。因此，我要你在造成什么伤害之前就离开。否则我会懊悔不及。"听闻此言，美狄亚瞬间换上另一副面孔。这毫不费力。她反复唤着克瑞翁的名字，就像一个谈判专家试图跟绑匪套近乎。关于自己聪敏的名声，她轻描淡写地表示："声名曾害我不浅，我只怨恨我的丈夫，并不嫉妒你和你女儿的幸福。让我留在此地吧。"

但克瑞翁没有中计，他回应道："你的话听来很温和，[26] 可我总害怕你心里怀着什么诡诈。因为一个沉默而狡猾的人，比一个急躁的女人或男人还要难以防范。"这一幕看得人心痛。克瑞翁完全正确，但他仍然低估了美狄亚，没意识到若她一心复仇能干出什么事情来。她沉静、礼貌、谦逊，她让他相信自己比她强。她充分利用了这个智慧不足却傲慢有余的男人的弱点。他满意地走下了台，深信自己的目的已经达到：美狄亚仍会被放逐。不过，她说服了他宽限一天的时间，让她在离开之前收拾妥当。他最后的话说得冷漠："好吧，你可以再待一天。谅你也来不及搞些什么破坏。"[27] 别怀疑，她绝对可以。

克瑞翁刚一走远，美狄亚便扯掉了谦卑和顺从的面具，开始唾弃他的愚蠢。"若不是为了我自己的利益，我会讨好他？"她问道。她已经赢得了歌队的支持，现在可以把她们当同谋了。她有了一个计划，利用从克瑞翁那里讨得的这一日宽限，干掉她的3个敌人[28]：克瑞翁、他的女儿和自己的丈夫。她的脑海中闪过各种可能的方案：用火，用剑，还是用毒。她要确保自己在被抓之前先成功实施计划。而得出的结论是，毒药是最好的选择。

做出决定时，她没有任何道德顾虑，只关心其可行性。哪种方式成功率最高？至于相比伊阿宋的行为，复仇是否过当，则完全不在考虑范围。反正美狄亚已经翻篇了，但把科林斯的王室杀光后，她还能去哪？她盘算着，若能全身而退，便毒死他们；若不能，就只好亲自手刃了伊阿宋和格劳刻。哪怕随后就会被杀也无所谓。最后，她向赫卡忒起誓：绝没有一个人能白白伤害了她而不受到报复。

这就是欧里庇得斯所创造的美狄亚的本质。在剧中，无论她面对多少人，变换多少张面孔，这一点始终未变：谁敢伤害她，她就让谁追悔莫及。她的报复会超出你应得的报应，但没有人能说她放自己的敌人扬长而去。甚至可以毫不夸张地说，最令她痛苦的不是别的，正是眼看着敌人安然无恙。她提醒自己，她是一位国王的女儿，赫利俄斯的孙女。没有人可以侮辱了她，还毫发无伤。

对于被丈夫抛弃和离乡背井的处境，歌队深表同情。随后伊阿宋登场，不出所料是一副可厌的嘴脸，他夸夸其谈，满口都是他自以为是的常识。"你看看你一怒之下都干了些什么事情，"他说道，"你本来可以留在科林斯的,只要能闭上嘴老老实实地不闹事,可你却说出了许多愚蠢的话,叫人给驱逐出境。不过我不会亏待我的家人,你和孩子们不会空手离去。"

当一个男人决定另娶他人,还对孩子的母亲如此说教一通,那得需要相当厚的脸皮。美狄亚怒骂道"坏透了的东西!"(*pankakiste*)[29]欧里庇得斯写起辩论来无人可比,这一段对白尤为精彩:即使夫妇俩在猛烈地互相抨击,我们还是能感受到其中的性张力。美狄亚列举了她为伊阿宋所做的一切:"从喷火的公牛手中救了你的命,杀死了守护金羊毛的巨蛇,欺骗了我的父亲并抛弃了我的家庭,哄骗珀利阿斯的女儿们杀了自己的父亲。现在你新人换旧人,全然不顾我们还有两个儿子。"她接着说道,"若你因为没有子嗣,倒还可以理解,男人都想要继承人。但你的誓言呢?众神都知道你破坏了盟誓。你说你对我们仍旧友好,你觉得我现在能去哪里呢?是回到我父亲那里?还是回到伊俄尔科斯,住到珀利阿斯的女儿们家里?为了帮你,我已无家可归。"

伊阿宋对答如流且毫无歉意。他说:"你过分夸大了你对我的帮助,但那是阿芙洛狄忒的功劳,是她让你爱上了我。况且,你也没什么损失。你从那野蛮的地方来到希腊安了家。[30]而且,你在这里声名显赫。是的,你帮助了我,但正因此,你才有了这一切。至于我同公主结婚,也不是为了情欲。我们从伊俄尔科斯流亡到了这里,能跟国王的女儿结婚是一个转机。这并不是因为我厌弃了你,或者想换新人,也不是因为我渴望多生几个儿子。最要紧的是我们不能穷困潦倒地生活,我还想让儿子们好好成长,我认为这是个好主意,原以为你也会同意。若不是你沉迷于欲望,你绝不会责备我的。"

歌队表示他说得很好,但她们无法苟同。美狄亚也不认同:"如果你所言是真,那你早就会告诉我了。"随着争吵的持续,伊阿宋和美狄亚原本的长篇大论先是缩短为几行,再缩短为一行,变成了一人一句的节奏。

"我本想告诉你,但你肯定会发疯。"

"尽管辱骂我吧,我就要被驱逐了。"

"你咎由自取,怨不得旁人!"

"你以为我会怎么做?"

"算了,如果你需要帮助,尽管告诉我。"

"我才不需要你帮我。"

伊阿宋和美狄亚是神话中的英雄和半神女巫,他们的世界里有喷火公牛、魔法羊毛和巨蛇。然而,他们的争吵跟闹离婚的凡人夫妻没什么两样。为了强调这一点,歌队唱起了一首赞美阿芙洛狄忒的颂歌。因为,说真的,此时此刻,谁能不想起爱情的奇妙呢?

接着,雅典国王、忒修斯的父亲埃勾斯出场了。他刚去了一趟德尔斐,为自己至今无子一事请教神谕。美狄亚向他诉说了自己婚姻的不幸。埃勾斯对伊阿宋的行为感到震惊,尤其是他竟肯答应让自己的妻儿被驱逐出科林斯。美狄亚看到了自己的退路。她对埃勾斯说,"如果你发誓能让我去雅典避难,我就帮你解读神谕,凭我所精通的魔法,让你生个儿子。"埃勾斯表示,"当然可以,但没必要发誓,我们是老朋友了。"而她则答道,"可我有敌人,你发了誓,我们都会安全些。""你想得多周到啊,"埃勾斯感叹道。他还不知道这只是冰山一角。

埃勾斯一走,美狄亚就开始酝酿她的计划。她会求伊阿宋让孩子们留下,而她独自流亡。表面上看这是一种自我牺牲,实际上却远没有这么单纯。她要派孩子们捧着礼物——一件精致的裙子和一顶王冠——去送给那位公主。她会在这些礼物上抹上毒药。"在那些礼物被送出去时,"美狄亚说道,"我为我接下来必须要做的事感到痛苦悲伤,那就是我要杀害自己的孩子,谁也不能将他们从我身边夺走。"[31]

当你在舞台上看到这一幕时,那种震撼无以言表。保姆、保傅和美狄亚本人,都表达过对孩子们的担忧,但这些暗示都是模糊的、半遮半掩的。我们看到了美狄亚的聪明才智:她打动了歌队、麻痹了克瑞翁、吵赢了伊阿宋、跟埃勾斯讨价还价。我们喜欢她。而这一刻,就像遭到会心一击。这个迷人的、机智的、愤怒的女人,她所谋划之事已经大大超出了复仇的限度。杀掉伊阿宋、克瑞翁、格劳刻,这些都是血腥的罪行,但我们就像歌队一样站在了她这一边。伊阿宋油腻虚伪,克瑞翁骄傲自大,格劳刻只是一个名字,她都还没出场。这些人欺侮了美狄亚,她凭什么不想复仇?这可是古希腊悲剧,死的人越多,看的人越多。但是杀掉孩子?她亲生的孩子?她绝对不是真心想这么干。歌队试图跟她讲道理,但她心意已决。绝不能让她的敌人嘲笑她。"可是夫人啊,你竟忍心把孩子们杀死吗?"她们问道。"因为这样一来,才更能让我丈夫心如刀割。"她答道。原文中使用的动词是"咬"(daknō)。美狄亚叫保姆去把伊阿宋找来。歌队开始歌唱雅典和它的美丽。

伊阿宋再度登场,像之前一样油嘴滑舌、气定神闲。"我知道你看不起我,"他说,"但让我听听,你有什么新的请求?"美狄亚再次换了一副面孔,因此我们看到的肯定是他们过去争吵后又和解的场景回放。观众很难不把他们看作一对时常上演床头打架床尾和的夫妻。美狄亚的聪敏表现为她反应迅速,见人说人话见鬼说鬼话。这一次,她选择宽宏大量地放低身段。"伊阿宋,"她说道,"你知道我的脾气,我俩过去相爱过很长一段时间。我真傻,为什么仇恨克瑞翁,仇恨你，你娶这位公主是为我们好，为我们的儿子们添几个出身高贵的兄弟。我不知道自己怎么会发火。我应该帮助你的新娘筹备她的婚礼。"

  这部剧我大概看过30遍：英文版、希腊文版、背景放在青铜时代的和背景放在当下的。每次演到这里，我总担心剧情要崩坏了。即使是伊阿宋（他并不愚蠢，而且深知妻子的为人）也看得出美狄亚在耍他。《阿伽门农》里也有相似的一幕，只是阿伽门农根本没有意识到克吕泰涅斯特拉正在密谋干掉他。可不同的是，阿伽门农已经离家10年之久，他俩看起来也并不像一对恩爱夫妻。她在智力层面上碾压他，而他的脑子也刚好够用到能明白这一点，并因此而怨恨她。看着克吕泰涅斯特拉将阿伽门农玩弄于股掌之间，就像看一只心怀恶意的猫准备对一只蠢笨暴躁的狗发起全力一击。但伊阿宋和美狄亚这一对却不一样，我们能感受到他们依然爱着对方。伊阿宋一点也不傻，只是和美狄亚不在一个层次上。阿伽门农看不清克吕特涅斯特拉的意图，是因为他对她没兴趣，不会去想她是什么人，能做什么事。你可以指责伊阿宋犯了同样的错误，但我认为欧里庇得斯的处理其实别有深意。伊阿宋相信了美狄亚，是因为他想相信她。即使美狄亚说得天花乱坠（表示她可以去伺候格劳刻还是有点过火了），他还是希望她说的是真心话。他希望美狄亚能接受他给出的理由，把这看成是对她和孩子们的恩惠。他不想在婚姻中当个坏人，尽管他默许了妻儿被流放。而对此，美狄亚心知肚明。最好骗的人就是想被骗的人。

  她把孩子们叫过来迎接伊阿宋，告诉他们父母已经和好了。可当她看到孩子们时，她的眼泪流到了他们脸上，她知道自己下一步要做什么。歌队也知道，她们发出了简短的恳求，希望不要有比现在更大的灾难。面对假意顺从的美狄亚，伊阿宋美滋滋地原谅了她，看到这里，我恨不得把手伸进书里或舞台上给他一巴掌。"对于我另娶，你感到生气是很自然的，"他说道，"但我很高兴，你终于接受了这件事的好处，这才是懂事的女人该有的表现。"[32]他看着自己的儿子们，想象着他们会长成强壮的青年。美狄亚又落下泪来，他问她怎么了。她说："没什么。我只是在为孩子们忧愁。"

至此，美狄亚已经让伊阿宋卸下了防备，对儿子们充满慈爱，对她亦不乏同情，她要进行下一步了。她的眼泪出自真心，但她的大脑也没停止算计。即使一边落着泪，她也在为下一步棋布局。她恳求伊阿宋向他的妻子和克瑞翁说情，让他们的孩子留在科林斯。美狄亚自己愿意流亡，但孩子们应该留在父亲身边。伊阿宋基本同意了，但不确定能否说服克瑞翁。欧里庇得斯的这一笔写得很妙：我们已经见过美狄亚如何轻而易举地从克瑞翁那里得到了她想要的，即使克瑞翁对她又怒又惧。伊阿宋可没有这本事。

"叫你的妻子去恳求她的父亲吧，"她说道，"我会让孩子们给她送去结婚礼物，这是我的祖父太阳神留下来的。""你别犯傻了，"伊阿宋说，"她有一屋子的衣服，你留着吧。她会因我的请求而去的，只要她还在乎我。可不是因为你这点小恩小惠。"

这里是否有一丝感情不睦的暗示？可以感觉到伊阿宋与他的新娘之间并没有他与美狄亚之间那种深厚的纽带？当他说起她的宫殿里堆满了衣服和黄金时，口气里隐约有点不屑。别忘了伊阿宋本人曾被珀利阿斯篡夺了王位，身为一个白手起家的人，他对特权阶层或许有些厌恶。那个"只要"也颇值得玩味：只要她在乎他，她就会因他的请求而去。伊阿宋其实很清楚，美狄亚的礼物足以打动格劳刻，只是他更希望靠的是自己的魅力。格劳刻并不对他言听计从，这是否让他有点恼火？这位年轻可爱的未婚妻喜欢闪闪发光的漂亮东西，却不把他奉为真理的代言人。尤其是当你先娶了足智多谋城府颇深的美狄亚，再找到一个年轻又温顺的女人，却发现后者也没把你当成一个（你自封的）盖世英雄，这种感觉一定特别糟心。

但美狄亚深知不能在这一点上刺激到伊阿宋的自尊心。"这礼物连神明也能打动，"她补充道，"用黄金来收买人，远胜过千言万语。"[33] 她把礼物递给孩子们，让他们拿去送给格劳刻。"礼物必须要交给她本人，"[34] 她说道，"赶快去吧。"

伊阿宋和孩子们离开了，歌队唱起了哀歌："现在，这两个孩子的性命一点希望都没有了，一点都没有了……"她们为格劳刻、为伊阿宋、为美狄亚悲泣。保傅带着孩子们回来了，告诉美狄亚他们不会被驱逐了。她知道这意味着什么，于是哭了起来。保傅以为她是为自己的未来，为母子被迫分离而哭泣。她没有反驳，只是将孩子们紧紧抱在怀里。然后，她说出了本剧第二段伟大的独白。这段独白把美狄亚这个角色身上的两个对立面——对孩子的爱和不愿让敌人得逞的决心——表达得淋漓尽致。

"你们在这里还有一个城邦，有一个家，"她对儿子们说道，"但你们将被抛下，而我将变得不幸。我将永远看不到你们长大，永远看不到你们结婚。我付出的一切都是徒劳：白生养了你们，白受了生产时的剧痛。我曾梦想着你们为我养老，亲手安葬我，让所有人羡慕我。但如今，这甜蜜的念头完全被打消了。"[35] "因为失去了你们，就要去过那种痛苦的生活了。你们不能再拿这可爱的眼睛望着你们的母亲了。你们正向我微笑着，这最后的微笑。"

这几句台词所蕴含的双重含义令人不忍目视。尽管她发出了威胁，但她肯定做不到吧？这个女人爱她的孩子，她不可能杀死他们。

美狄亚转过身来,对着歌队问道:"我该怎么办?朋友们,看看他们这明亮的眼睛,我的心就软了!我绝不能这么做!我得取消先前的计划,我得带着孩子们离开这个城邦。怎么能为了叫他们的父亲受罪,而让我自己受这双倍的痛苦呢?"

我们感到了一丝希望,理智和母爱已经占了上风。美狄亚确实爱她的孩子们,而且显然比伊阿宋更爱。伊阿宋情愿看他们被驱逐,这样他就能攀上一门好亲事,组建一个新的家庭。他的父爱是有条件的,他愿意为儿子们忍受的麻烦是有限度的。但美狄亚却被爱束缚住了。即便不是,她也会算这笔账。比起伊阿宋,她对孩子们要爱得多。如果她为了伤害伊阿宋而杀了他们,那就是在加倍伤害自己。一个聪明的女人不可能认为这是一个理性的选择。

然而,就在她的母爱汹涌之际,她天性中的阴暗面突然抬头了。"我这是怎么了?难道我想饶了我的仇人,反遭他们的嘲笑吗?我必须得这么做!我竟这样懦弱,产生了这样软弱的念头!进屋去吧,孩子们。"接着她转向歌队:"那些认为不应当参加我这祭献的人现在尽管走开吧,我绝不会手软。"

然后,母爱又占了上风,她喃喃自语道:"哦,我的心呀,快不要这样做。[36]放过他们,可怜的女人啊,饶了孩子们吧。让他们活在世上,也好宽慰你。"

接着,愤怒又涌上来:"不,凭着冥府中黑暗的妖魔起誓,不能让我的仇人侮辱我的孩子们。为时已晚:那新娘已经戴上花冠,穿上裙子,正在死去了。我知道得很清楚。"

她向孩子们告别,但又动摇了:"这样细嫩的皮肤,这样芳香的呼吸!走吧,走吧!我不忍再看你们!我明白我要做的事情有多么可怕,但愤怒这人间的万恶之源已经战胜了我的理智。"

孩子们进入屋内,美狄亚还留在屋外,歌队唱起一首颂歌,称颂没有子女的好处。她们认为,没有孩子的生活,烦忧更少,能免于长久的恐惧和焦虑。歌毕,从王宫那里来了一个信差,他正是美狄亚所等候之人。他叫她赶快逃离科林斯。"发生什么事情了,要叫我逃走?"她问道。"公主死了,她的父亲也死于你的毒药。"信使答道。[37]他详细描述了那里的情景:公主从盒子里取出袍子和王冠,穿戴在身上,然后毒药就在她体内蔓延。王冠在她的卷发上喷出火焰,裙子腐蚀了她细嫩的肌肤。格劳刻的身体在极度的痛苦中化为灰烬,她的父亲冲上去抱住她,但毒药也侵袭了他,在经历了难以言喻的折磨后,父女俩双双毙命。

这段叙述很长,而且极为血腥,即便如此,歌队仍坚持她们之前的立场——伊阿宋今天遭受的苦难是"咎由自取"。[38]她们依然站在美狄亚这边。而她也不再动摇:"我必须尽快杀掉孩子们,再逃出科林斯。否则,就会有其他人,一个敌人来杀死他们。既然他们必须要死,那就让他们死在我的手里吧,因为是我生下了他们。我的心啊,快坚强起来。来吧,我这不幸的手啊,快拿起宝剑。拿起它。向你人生中这个可怕的时刻去吧。不要畏缩,不要想起他们是你的孩子。在这短促的一日之间暂且忘掉你的孩子们,以后再哀悼吧。他们虽是你杀的,你到底也爱着他们!"

"我真是个苦命的女人!"

带着这句话,她的身影消失在屋里,只剩下观众惊恐又无助地看着。美狄亚的逻辑就表面上而言是合理的,却引向了一个恐怖的结论。没错,她杀光了科林斯的王室之后,她的孩子们也可能成为复仇对象。她和伊阿宋在害死珀利阿斯之后,不得不逃离伊俄尔科斯。她的理由也不无道理:与其让科林斯的暴民们先找到她的孩子,还不如她亲手了结了他们,让他们少受点罪。然而,真会有这样的暴徒吗?在整部剧中,科林斯的妇女们一直同情她,为她保守秘密,支持着她。美狄亚对孩子们会死的担忧有道理吗?还是说,她就是想通过杀子来报复丈夫,这番类似于"为你好"的话只是在为自己开脱?

歌队为美狄亚的祖父太阳神赫利俄斯唱起了一首绝望的颂歌。他真的能俯视如此可怕的一幕吗?但是,即使将美狄亚比作了复仇女神,[39]她们还是用了"可怜""不幸"来形容她。她们对她依然有同情。接着,屋里传来了孩子们的呼救声:"我该怎么办,往哪里跑,才能逃脱母亲的手呢?"另一个孩子答道:"我不知道,亲爱的哥哥。我们俩都完了。"

母亲持剑追杀,孩子呼喊求救——这一幕尽管只闻其声,但冲击力却丝毫不减。歌队大骇,彼此询问着是否应该进去救孩子们。歌队通常是旁观者,只负责评论。而在这里,她们却想冲下舞台去解救孩子们,这种情况极为少有。孩子们再次哭喊道:"看在神的面上,快救救我们;我们正处在她的剑的威胁之下。"

这里必须要指出的是,希腊神话中男女的杀人手法是不一样的。女性通常会采取毒杀,正如美狄亚之前所做的那样。她是一个著名的女巫,精通各种药剂。当她想杀死情敌时,会使用传统的女性武器;但当要杀死自己的孩子时,她却一反常态,拿起了一把剑,这是男人的武器,除非是极其出格的情况,否则绝不会出现在家庭内部。她已经说过,这一天里她必须忘记他们是自己的孩子。而当她拿起剑的时候,她不仅忘记了自己是母亲,也忘记了自己是女人。

歌队明白,她们已经无能为力了,于是唱起了一首关于伊诺(Ino)的悲歌。这是她们能想到的唯一杀子的母亲,当时她已因赫拉的诅咒而陷入疯狂。只是伊诺在杀死孩子后,纵身跳下了悬崖。歌队的意思并不是美狄亚已经疯了,她们知道她非常清醒。但她的所作所为过于极端,她们唯一能找到的对标就是一个被逼疯的女人。

伊阿宋从王宫赶了过来,怒斥美狄亚。她杀了国王,不可能免遭惩罚。但他随后澄清了自己的感受:"我不关心她,我只是来救我的孩子们的性命,免得国王的亲族害了他们,为了报复他们母亲的谋杀罪行。"[40] 上一幕中,当美狄亚说她必须亲自动手,以免外人来寻仇时,我们怀疑过她的动机。但事实证明她是对的:伊阿宋也认为暴民们会这么做。"

歌队告诉他:"你还一无所知呢。"伊阿宋问道:"难道她也想杀我?"事到如今,他依然在低估这个女人。即使他比任何人都了解她,也依然想不到她会走向何种极端。歌队向他传达了噩耗:"你的儿子们被他们的母亲亲手杀死了!"

伊阿宋简直不敢相信,他唤人来打开房门,要亲眼确认。但已经没有必要了,因为美狄亚出现在了他的头顶,就在房子的上空,乘着她祖父赫利俄斯送的龙车。孩子们的尸首放在她身侧。

公元前4世纪,亚里士多德在其《诗学》中对这一幕提出了批评[41]:他不喜欢这部剧中"机械降神"的设置。这是一种舞台技术,通常是为在剧终时出场的男神或女神准备的(因此有"*deus ex machina*"一词,意为"机械上的神",希腊语为"*mekhanē*")。而我必须要强调,在这部剧中,龙车的出现是至关重要的。我们可能会觉得美狄亚过于凶残、不可原谅,但欧里庇得斯却向我们展示了诸神对她的认可。他们为她逃离科林斯提供了切实的帮助。

伊阿宋无法接受眼前的一切,骂她是"众神、全人类和我最痛恨的女人"。而她就站在那里,乘着神赐的战车俯视着他。他无助地站在下面,万念俱灰:他的未婚妻、他的国王、他的儿子都死了。客观来看——如果对一个情绪如此激烈的主题能做得到客观的话——谁才是那个被诸神鄙弃的呢?伊阿宋与美狄亚最后的交锋着实令人唏嘘。我们都没少见过闹离婚的夫妻互相攻击,拿孩子当武器伤害对方(尽管孩子们通常能在此过程中幸存下来,真是可喜可贺)。他对她破口大骂,她讥讽他的无能狂怒。他说她给自己带来了同样的痛苦,而她说这值了。他指责她恶毒,她指责他背叛。"神明知道是谁先起的头!"她说道。他要求把儿子们的尸体送去安葬。她拒绝了,她要亲自把他们带去赫拉的神庙里埋葬。带着最后的怒火,她预言了他的死亡:伊阿宋将被"阿尔戈号"(他自己的船)的碎片砸死。这可不是一个英雄想要的死亡,却让她显得更像一位女神:她现在甚至能预知未来了。

  他们最后又吵了几句:他骂她是杀害孩子的凶手,她叫他去埋葬他的新娘。他为失去了孩子们而哭泣,她提醒他,他将孤独终老。他想要再抱一抱孩子们,而她却记得他曾乐见他们被驱逐。他迟来的父爱打动不了她分毫。伊阿宋向着宙斯呼喊,但为时已晚;美狄亚绝尘而去,永远地离开了科林斯。剧终时,歌队叹道:神明总是做出许多料想不到的事情。确实如此。

  那么,这样一部无可争议的旷世杰作,为什么在首演时会引起巨大的争议呢?别忘了,在公元前431年的酒神节上,《美狄亚》只得了第三名。如此耳熟能详的故事,总不至于让观众感到震惊吧?但事实上,他们很可能对剧情没有那么熟悉。我们已知这个故事有两个不同的版本,其中美狄亚的孩子们以完全不同的方式死去。欧里庇得斯的观众对这些都很熟悉吗?这点难以确定,但可以在一定程度上解释为什么首演时观众们会大受震撼,尽管之后没过多久,这部剧反而变得大受欢迎了。第一个版本就像欧里庇得斯在剧中让伊阿宋和美狄亚同时担心的那样,孩子们被愤怒的科林斯人所杀。根据评注欧里庇得斯的学者们记载[42],科林斯人随后散布谣言,说是美狄亚杀死了自己的儿子们。还有一个几乎肯定是捏造的小故事:评注者说,公元前5世纪的科林斯人付给欧里庇得斯5个塔兰同①,让他把黑锅扣到美狄亚头上,帮他们脱罪。第二种说法是美狄亚其实是意外杀死了自己的孩子:孩子一出生,她就把他们带到赫拉的神庙,相信女神会赐予他们不死之身。[43]然而并没有,孩子们死了。

因此,虽然不能确定欧里庇得斯是不是第一个让美狄亚故意杀子的作家,但这也不是不可能的。若果真如此,也难怪他的观众会感到惊骇。他们本以为会看到一出抨击科林斯人的戏码,或是一个无助的女人被残酷的赫拉所折磨的故事。然而,呈现在他们眼前的,却是一个聪明、暴力、怒发冲冠的女人,一个所有男人噩梦中的妻子。

很重要的一点是,在欧里庇得斯的剧作中,美狄亚从来都是一个理性的人。她做出的决定或许很恐怖,但确实是经过长时间深思熟虑的。之所以强调这一点,是因为《美狄亚》的现代重制版一般都会在结尾安排她陷入疯狂。这种演绎完全可以理解,现代观众很难接受她能在完全清醒的状态下杀死亲生的孩子,给自己的余生带来无法磨灭的创伤。我们更愿意相信,一个人只有在彻底丧失理智的情况下,才能做出这种惨绝人寰的事情。另外一个问题是亚里士多德所批评的"机械降神"。如何向现代观众传达其中蕴含的所有象征意义?比如,这是表现美狄亚从一个伏地哭骂丈夫不忠的弃妇,转变为一个女神或半神的形象吗?再比如,弑子行为不但没有击垮她,反

---

① 塔兰同(talent)是古希腊的货币单位,1塔兰同等于今日的26公斤,1塔兰同等于这个重量的黄金或白银,虽然不确定科林斯人给的是黄金还是白银,反正是付了很大一笔钱。

而让她变得前所未有的强大吗？当然，这种怀疑也带有性别成分：在《非常嫌疑犯》(*The Usual Suspects*)中，当凯撒·索泽(Keyser Söze)决定杀了自己全家，以免遭人胁迫时，观众没有任何疑问就相信了他干得出这种事。在我们看来，一个女人只有陷入癫狂，才会杀死自己的孩子，因此很容易将龙车升空这一异状与美狄亚已经发狂的预设联系起来。这样一来，最后一幕就变成一个崩溃的女人在徒劳地冲着前夫咆哮。但对于欧里庇得斯，以及古代的艺术家们来说，美狄亚远非如此。

意大利南部的卢卡尼亚(Lucania)曾出土过一个精美的宽颈双耳杯（一种大型调酒碗），上面绘制了美狄亚乘战车逃离科林斯的场景。[44]这个陶器制作于公元前400年左右，也就是欧里庇得斯的《美狄亚》在雅典上演的30年后。画面里，孩子们的尸体被留在祭坛上，一位白发苍苍的老妇（大概是保姆）在旁哀悼。伊阿宋出现在画面左侧：他刚刚赶来，发现儿子们已经死了。他的前面是一只蹦跳着的小狗。美狄亚位于画面正中，坐在由两条金色巨蛇拉着的战车上。她华丽的服装和头饰提醒我们，这是一个蛮族女子。她面容肃穆地飞越天空，与一位真正的女神别无二致。战车周围有一圈巨大的光环，提醒我们这是神赐之物（这也解释了它为什么能飞起来，毕竟蛇没有翅膀）。"这是美狄亚杀子后，乘着巨蟒拉着的战车逃离现场的画面"，克利夫兰艺术博物馆的网站这样描述道，并将其归类为"趣闻"。[45]全世界的博物馆网站上都找不到比这更绝的文物评论了，对此，我深表敬意。

尽管我们的正义感会被刺痛，但美狄亚确实逃脱了罪责。正如她遇到埃勾斯时所计划的那样，她逃离了科林斯，直奔雅典。在某些版本中，当忒修斯来到雅典寻找他的父亲埃勾斯时，她曾与忒修斯作对。不过,在阿波罗尼奥斯的《阿尔戈英雄纪》的时间线上,忒修斯与阿里阿德涅的故事在前,伊阿宋和美狄亚的故事在后。在许多版本中,她还有别的孩子幸存:保萨尼亚斯列出了几个可能的名字[46],希罗多德也认为她有一个儿子活了下来。[47]西西里的迪奥多罗斯则表示,故事存在这些矛盾之处都要怪悲剧作家,他们就喜欢写些奇闻异事。[48]

长期以来,不管恰当与否,那些对后代施暴的女性经常被比作美狄亚。甚至还有一种与"盖亚假设"相对立的理论,即我们生活的地球不是滋养、珍爱我们的母亲,而是一个决意要毁灭我们的星球。这就是"美狄亚假说"。

托妮·莫里森(Toni Morrison)的普利策奖获奖小说《宠儿》(Beloved)也被认为是一种美狄亚叙事,因为它讲述了一个母亲杀死亲生女儿的故事。我比大多数人都更同情美狄亚,即便如此,我还是认为她不能与一个因不愿女儿沦为奴隶而杀死她的母亲相提并论。该小说主角的原型叫玛格丽特·加纳(Margaret Garner),在美国地下铁路自由中心博物馆里,有一幅题为《当代美狄亚》的油画作品,就是托马斯·萨特怀特·诺贝尔(Thomas Satterwhite Noble)在1867年以她的故事为主题创作的。[49]美狄亚说过,与其让孩子死在仇人手里,不如自己亲手来了结,如果此话当真,二者倒也存在着一定的相关性。然而,在欧里庇得斯笔下,美狄亚可是长篇大论地申明过,她杀子是为了报复那些肆无忌惮地欺侮了她的人。她断绝了伊阿宋的血脉,让他孤独终老,也没机会再婚——在听说了格劳刻的遭遇后,谁还敢嫁给伊阿宋呢?这与一个女人为了让孩子免于奴役而不惜杀死她的绝望之举完全不同。

美狄亚的故事是特别的,因为它很容易在当代生活中找到对照：大多数人不会经历杀父娶母，但大多数人都知道被抛弃和被背叛是什么滋味，虽然我们对此的反应会比美狄亚克制得多（但愿吧）。巨蛇、魔法、大锅炖活人，欧里庇得斯把一个原本非常脱离现实的故事演绎得如此贴近人性，使它至今仍在世界各地不断上演。日本著名导演蜷川幸雄制作了一部全男性班底的《美狄亚》，在日本各大城市上演了20年。他的既定目标[50]是向日本女性展示，她们也可以像美狄亚一样坚强和直率。尽管美狄亚的直率是对观众而言，并不是对剧中人物。我们总是知道她在想什么、感受什么、谋划什么，因为她告诉了我们。她是一个复杂的角色，被内心的纠结撕扯着，但正因为如此，她才显得如此真实，如此人性化。淮德拉被女神强塞给她的欲望所折磨，伊俄卡斯忒被残酷的命运所支配，美狄亚则不同，她的痛苦源于自己的内心。尽管她精通魔法，但仍是一个陷入危机的女人，在向那些伤害过她的人发泄愤怒。

这就是为什么哪怕美狄亚能召唤龙车，她的故事看起来依然非常真实。难怪女作家们能把她改编得如此出色，比如克里斯塔·沃尔夫（Christa Wolf）于1996年出版的，保留了原有框架的《美狄亚》（*Medea*），以及柳德米拉·乌利茨卡娅（Ludmila Ulitskaya）于同年出版的那部宏大的《美狄亚和她的孩子们》（*Medea and her Children*）。乌利茨卡娅笔下的美狄亚是一位无儿无女的女族长，她的无数侄子、侄女和他们的后代每年夏天都会到她的住所来朝圣。这个美狄亚是这个克里米亚村庄里的最后一位希腊人，在丈夫死后很久才发现了他的背叛。但她的反应不是摧毁自己的家族，而是向他们伸出手，寻求他们的安慰。也许她继承的是美狄亚最重要的特质之一——聪慧。乌利茨卡娅写道："美狄亚有一句话，妮卡常常挂在嘴边，她说：'聪慧可以掩盖一切过失。'"

让我们回到碧昂斯的 MV,当她身着橘黄色长裙,伴着水流从神庙沿阶而下时,看起来宛如一位赫卡特的女祭司。她问我们:"嫉妒还是疯狂,哪个看起来更糟?"对于美狄亚来说,这是一个极好的问题,关键在于碧昂斯使用的那个动词。她担心的不是"嫉妒"或"疯狂"哪个更糟,而是哪个"看起来"更糟。她和美狄亚一样,非常在意他人如何看待自己。克瑞翁一走,美狄亚马上告诉歌队,刚刚她只是假装卑微,贬低自己的聪慧,好让他上当。她不会让任何人看到她的软弱,除非她能立即用话语或杀戮,来纠正他们的误会。在歌曲的最后,碧昂斯说,最近时常遭人践踏,她说着,挥起球棒砸向车窗:"我宁愿选择疯狂。"

---

1. Aeschylus, *Agamemnon* 239.
2. Congreve, *The Mourning Bride*.
3. Hesiod, *Theogony* 992.
4. Homer, *Odyssey* 12 72.
5. Apollonius of Rhodes, *Argonautica* 4.1637.
6. Ibid 1644.
7. Ibid 1677.
8. Pindar, Pythian Ode 4.249.
9. Euripides, *Medea* 482.
10. Apollonius of Rhodes, *Argonautica* 3.1054.
11. Ibid 3.804-5.
12. Pindar, Pythian Ode 4.221.
13. Apollonius of Rhodes, *Argonautica* 3.997.
14. Ibid 3.529.
15. Ibid 4.1670.
16. Wright, vol.2, p.194.
17. Pindar, Pythian Ode 4.250.
18. https://www.britishmuseum.org/collection/object/G_1843-1103-59.

19. Euripides, *Medea* 36.
20. Ibid 74-5.
21. Ibid 113-14.
22. Ibid 182.
23. Ibid 222.
24. Ibid 233.
25. Ibid 282.
26. Ibid 316.
27. Ibid 355-6.
28. Ibid 374-5.
29. Ibid 465.
30. Ibid 536.
31. Ibid 792.
32. Ibid 913.
33. Ibid 964-5.
34. Ibid 973.
35. Ibid 1035-6.
36. Ibid 1056.
37. Ibid 1126.
38. Ibid 1232.
39. Ibid 1260.
40. Ibid 1304-5.
41. Aristotle, *Poetics* 1454b.
42. Gantz, p.369.
43. Pausanias, *Description of Greece* 2.3.11.
44. https://www.theoi.com/Gallery/M26.1B.html.
45. https://www.clevelandart.org/art/1991.1.
46. Pausanias, *Description of Greece* 2.3.6-11.
47. Herodotus, *Histories* 7.62.
48. Diodorus, *Bibliotheca Historica* 4.56.
49. http://www.thomassatterwhitenoble.net/new-page-1.
50. Smethurst, M. (2002), "Ninagawa's Production of Euripides' *Medea*' in *The American Journal of Philology*, vol.123, no.1, pp.1-34, https://www.jstor.org/stable/1561998?seq=1.

第十章
珀涅罗珀

如果说斯巴达的海伦拥有致命的魅力,全希腊的男人都想娶她为妻,而她被夺走,又足以让千帆起航,那么,我们能否想象有哪个女人(至少从男性凝视的角度来看)在她的光芒下不会黯然失色?怎么会有一个男人,明明为了海伦而来,最后却和另一个女人喜结良缘?

和其他希腊诸王们一样,奥德修斯起初也抱着有可能娶海伦为妻的念头,从他的家乡伊萨卡来到了斯巴达国王廷达瑞俄斯的宫廷。这里挤满了来自希腊各城邦的国王,每个人都怀着同样的希望。奥德修斯来了之后,很快看清了形势:求婚者众多,极可能发生争执和冲突。于是他退出了角逐,并想出了一个看似聪明的主意(他还有很多这种看似聪明的主意)。根据(伪)阿波罗多洛斯[1]的记载,奥德修斯提议所有的求婚者发誓,一旦海伦被人掳走,他们将誓死帮助她未来的丈夫将她夺回来。就当时的情况而言,这是一个绝好的点子:没有一个希腊人敢于冒着跟全希腊开战的风险轻举妄动。帕里斯的出现纯粹是千虑一失,他根本不是希腊人。当然,奥德修斯的妙计也不是免费的。他向廷达瑞俄斯献策,是为了换取后者的帮助,好让他赢得珀涅罗珀的芳心。海伦那半神般的绝世容颜足以引发战争,而这个男人见识过了海伦的荣光,却偏偏喜欢上另一个女人:伊卡里俄斯（Icarius）之女珀涅罗珀。

珀涅罗珀的追求者虽然没有海伦那么多（毕竟后者是宙斯之女），但根据保萨尼亚斯在《希腊志》[2]中的记载，她亦是不少男人属意的对象：伊卡里俄斯为她的追求者们安排了一场赛跑，奥德修斯拔得了头筹。也许是廷达瑞俄斯暗中帮了他一把，作为那条妙计的回报。通过略施小计来达到目的，这无疑很符合奥德修斯的性格。保萨尼亚斯还提到了另一个有趣的细节[3]：伊卡里俄斯不忍与已婚的女儿分离，企图说服奥德修斯留在斯巴达，而不是把新娘带回伊萨卡。说服未果后，他又跟随着珀涅罗珀和奥德修斯乘坐的马车，想劝说她留在自己身边。这是一个非常奇怪的场景：岳父追着女儿和女婿，恳求他们不要离开自己。奥德修斯忍耐了一段时间，最后让妻子自己选择去留。珀涅罗珀什么也没说，只是蒙上了面纱，这是她做出的第一个需要我们绞尽脑汁去解读的隐晦之举。伊卡里俄斯明白了这个无言的答复：她想和奥德修斯一起离开，又怕显得不庄重而不愿明说。于是，他应允了女儿随她丈夫离去，并为她树立了一尊象征"谦逊"的雕像，以纪念她人生中的这一时刻。我们可以看出，珀涅罗珀的智慧远超她的父亲，而奥德修斯与她正是佳偶天成，不管他赢得这份姻缘靠的是脚力还是脑力。他选择了她，她也选择了他。

这对幸福的夫妇有一个儿子，名叫忒勒马科斯，当帕里斯和海伦私奔到特洛伊时，他还是个婴儿。虽然奥德修斯退出了求婚者的行列，但当时立下的誓言仍然有效，因此他被迫离开伊萨卡，为夺回海伦而战。（伪）阿波罗多洛斯也记载了这一段故事[4]：当希腊人找上门来时，他企图用装疯来逃避参战。这一招差点就奏效了，但另一个名叫帕拉米迪斯（Palamedes）的狡黠的希腊人，怀疑他在演戏，便假装攻击襁褓中的忒勒马科斯。危急关头，奥德修斯不得不停止装疯来保护儿子。尽管记载有限，但这些关于二人新婚时期的故事告诉我们，他俩是天生一对。他们志趣相投，都好用含蓄的方式来达成目的。若有其他迂回的路线可走，他们绝不会迎头直上。很难想象这两个人会吵架，倒是很容易想象夫妻俩一起嘲笑别人的愚蠢。

关于奥德修斯和珀涅罗珀共同生活的故事非常少，但这并不是因为讲述他们的诗歌、戏剧和陶器已经消失（虽然大部分都是这个原因），而是因为在婚后大部分时间里，他们都分隔两地：当忒勒马科斯还是个婴儿的时候，奥德修斯就去了特洛伊。特洛伊战争打了10年，他在返程的路上又花了10年。千百年来，珀涅罗珀的形象因为她在丈夫离家期间所表现出的耐心、坚忍和忠贞而被文学和艺术作品理想化了。她独自抚育孩子，勉力维持着丈夫的城邦，哪怕所有人都认为奥德修斯已死，她也没有再婚。

这足以让你怀疑，理想的妻子是否就是那种很少相见，更不必真正相处的妻子。这一点似乎毋庸置疑，因为珀涅罗珀从来都是以完美妻子的形象出现的。然而，她的妇德具体是什么呢？如果要寻找长期伴侣，那么情感、心理和性爱方面的契合是相当关键的要素。尽管珀涅罗珀和奥德修斯短暂的婚姻生活可能会给我们留下这样的印象，但由于他们很快就分隔两地，而且分离的时间长达20年，因此几乎找不到支持这种印象的证据。在《奥德赛》中，珀涅罗珀作为妻子的美德体现在她的母性和贞洁上（同时在被人追求，这部分稍后再谈）。

珀涅罗珀的形象一直充满矛盾，她会根据当下的交谈对象和被施加的影响展现出不同的面貌。《奥德赛》的情节正是随着人物的多变而展开的，尤其是奥德修斯本人。雅典娜有时把他变成一个年老的乞丐，有时又把他变得俊美无比。而当他要自述经历时，有时说真话,有时说假话,有时甚至假扮他人,以他人的口吻来讲述自己的故事。奥德修斯本身的难以捉摸,也让我们不得不去揣摩珀涅罗珀对他知道多少或猜到多少,她讲话时何时是发自真心,何时是阴阳怪气,以及这份发自真心和阴阳怪气本身是不是演的。他的不可信也影响了我们对她的解读。也可能,他们之所以能做到夫唱妇随,是因为她和他一样喜欢信口开河。

珀涅罗珀的首次出场是在《奥德赛》的第1卷,当时她正在听一位游吟诗人唱到希腊人从特洛伊踏上归途,途中受到了雅典娜的诅咒。这里需要解释一下,特洛伊战争的10年间,雅典娜极力支持希腊人,与特洛伊人为敌。但在特洛伊城破后,她的神庙遭到了亵渎:比如,小埃阿斯强暴了紧抱着雅典娜神像的卡珊德拉,这说明他无视了神庙作为庇护所的功能,而强奸更是对雅典娜这位处女神的极大冒犯。结果就是雅典娜,与许多希腊人尤其是小埃阿斯反目成仇。(这位小埃阿斯与前文中那位砍杀畜群后自尽的大埃阿斯不是同一个人)。而当其他希腊人因滥用神恩而遭到报复时,奥德修斯却始终保有女神的青睐。但珀涅罗珀并不知道这一点,因此当她听着诗人的吟唱时,自然会深感忧虑。

荷马用了她的父名来介绍她:伊卡里俄斯的女儿,审慎的珀涅罗珀。[5]因此关于她,我们了解到的第一点就是头脑聪明,或者思绪缜密(希腊语中的"*periphrōn*"包含这两个意思)。荷马在诗中反复用这个词来描述她。无论我们要如何评价她,必须牢记这一点。她在楼上听到了吟游诗人的歌声,于是下楼来想听得更清楚些。两名侍女陪伴着她,而她的宫殿里,正如忒勒马科斯告诉假扮旅人的雅典娜那样,挤满了前来求婚的人。在奥德修斯归来之前的数年里,有上百个男人跑来向她求婚。很显然,这些人在战争期间并没有出现,因为从特洛伊定期传来的消息告诉他们,国王还活着,有朝一日将凯旋。但在战争结束后的10年间,消息却渐渐断了。雅典娜指点忒勒马科斯启程去寻找他失散多年的父亲,前往皮洛斯和斯巴达,向涅斯托尔和墨涅拉俄斯询问奥德修斯的下落。长诗的开篇就是众神的会议,会上,雅典娜要求宙斯允许奥德修斯返回家园,他被仙女卡吕普索困在遥远的奥古吉埃岛(island of Ogygia)上已有7年(是出于自愿还是被迫,这段故事还未有定论),在此期间,她一直把他视为有实无名的丈夫。雅典娜认为诸神必须放他回家。

由于7年来一直被仙女困在岛上,奥德修斯与伊萨卡音信断绝。很多人认为国王已死,于是众多求婚者蜂拥而至,想成为珀涅罗珀的继任丈夫。他们住进了她的宫殿,整日大吃大喝、寻欢作乐,挥霍着她的家财。她拖得越久,他们消耗得越多,她的财产(也是奥德修斯的财产和忒勒马科斯所应继承的遗产)也就缩水得越厉害。只要她选一个人再婚,就能结束这种困境。然而,即使所有人都认定奥德修斯已死,她却不肯放弃。

珀涅罗珀来到人群中间,看起来就像一位女人中的女神。[6]她蒙着面纱,站在柱子旁边。这个描述让人有些疑惑,女神是不会蒙着面纱的,那么蒙着面纱的她又怎么会像女神呢?求婚者们能看见她吗?她身材高挑吗?女神一般会比凡人高大。还是说,这只是一种文学上的修辞,作为英雄的妻子,她理应看起来像一位女神?

很显然,哪怕她十几岁就嫁给了奥德修斯,现在也不算年轻了。奥德修斯离家已有二十载,而他们的儿子忒勒马科斯也已经20或21岁了,尽管故事中的他常常显得稚气十足。这个设定是很必要的,因为他稚气未脱,所以才非常需要父亲。同样,如果他看起来更成熟,更能控制自己的行为和情绪,奥德修斯即便回来也无用武之地了。

因此，珀涅罗珀的年龄至少在35岁以上，甚至更大一些。在古希腊陶罐和雕塑上能看到许多少女（korai）的形象，而年长妇女（比如伊俄卡斯忒）的形象则很少，由此可见，她显然不处于适婚年龄。可她看起来就像一位女神。一个悲观的读者可能会认为，求婚者们的目的是当上伊萨卡的国王，娶王后不过是达成目的的途径，至于王后是谁，长什么样，根本不重要。但当珀涅罗珀首次登场时，却是以一种近乎神性的形象出现在我们面前。

然而，她的言辞却充满了人性。她请求吟游诗人不要再唱这首关于希腊人在返家途中被众神诅咒的歌曲。"你知道许多欢乐的歌曲，"她对歌手说道，"请从中任选一支来唱吧，别再唱这个令人心碎的故事了。"她已经非常想念自己的丈夫了，他在全希腊都声名远扬。

我们不禁要问，珀涅罗珀是否真心为丈夫的声名远扬而骄傲，还是说，这又是一种文学惯例——奥德修斯是这部史诗的主角，所以必须时时提醒读者他是个英雄。或者，这揭示了珀涅罗珀性格中更深层的东西：她爱奥德修斯，至少有一部分是爱他显赫的名声？这份荣耀是否能多少补偿一下她长年累月的独守空房？无论如何，她都不愿再听这首悲惨的歌了。

忒勒马科斯却斥责了其母亲。[7]"过错不在诗人，"他说道，"他不过是把真相唱给人们听。你应坚强起来，聆听这支歌曲。这是他最新谱好的曲子，为他赢得了最多的赞誉。而且，不只是奥德修斯一人没能返回家园，许多英雄都在那里亡故了。"如果我们要为这个年轻人对母亲不近人情的态度皱眉，接下来的话只会让我们的眉头皱得更紧。忒勒马科斯接着说道："回到你的织布机前去，吩咐那些女奴认真干活。谈话是男人的事情，尤其是我，因为我才是这个家的主人。"珀涅罗珀惊诧地看着他[8]，然后退回了内室。

我们该如何理解这段对话呢？青铜时代的男女地位与现在截然不同，但即便如此，忒勒马科斯对母亲的态度也过于粗暴了。难道他们母子不和？当母亲明显在为父亲的失踪而伤感时，他竟毫不在乎？从心理学的角度来看，这在一定程度上是可能的。珀涅罗珀思念的那个人，对忒勒马科斯来说是陌生的。他想念的是"父亲"这个概念，或许也想念他的名字、威望，以及一个强大的父亲带来的安全感。但他并不想念父亲本人，因为他对那个在他婴儿时期就离家的男人没有任何记忆。对这个缺席的父亲，他怎么会没有怨恨呢？正如前文提到的，忒勒马科斯看起来比实际年龄显得稚气，因此这无疑是一个十几岁的男孩对父亲的反应：有思念，也有怨恨。同样，他对珀涅罗珀的回应也暗含着某种矛盾。或许他是想照顾她，并把自己视为家里的顶梁柱。然而，这座宫殿里到处都是在各种意义上对他构成威胁的成年男子，他们妄图娶他的母亲，同时夺走他的王位继承权。史诗中甚至提到求婚者们曾密谋除掉他：他确实有理由感到恐惧。而恐惧往往会让我们对着全然无辜的人发泄情绪。忒勒马科斯没有选择去对抗一百多个求婚者，那可太傻、太天真了。相反，他当着他们的面斥责了自己的母亲。身为伊萨卡的王子，他感到自己的地位岌岌可危，于是将焦虑发泄在母亲身上。

　　忒勒马科斯的情绪也揭示了一个有趣的社会现象。前文中写到他与乔装打扮的雅典娜对话，女神曾流露出对珀涅罗珀的不满。"至于你母亲，"她说，"如果改嫁合她心意，就让她回到她父亲家里，他们会给她安排婚礼，筹备嫁妆。"换句话说，只要奥德修斯的宫殿和财产没有更名，只要忒勒马科斯仍然是王位的继承人，无论珀涅罗珀做什么，雅典娜都不会在意。这里似乎能感到女神对珀涅罗珀的一丝嫉妒，奥德修斯是她最钟爱的凡人，只是这份恩宠并不惠及他的妻子。但忒勒马科斯愤怒的话语中所隐含的恐惧表明,雅典娜的意见在现实中并不成立。求婚者们(和忒勒马科斯本人)显然认为,如果珀涅罗珀再婚,她的新丈夫将成为伊萨卡的国王,享有他的权力和财富。这个中年女子不会黯然返回她父亲的家里。她是伊萨卡的王后,谁娶了她,谁就是国王。

换言之,珀涅罗珀的权力和她的行为一样有争议。女神认为应该让她打包回娘家,但伊萨卡的凡人可不这么认为。至于忒勒马科斯,他那些粗暴的话在几百行之后似乎也被他自己的行为推翻了。在第2卷中,他遵从雅典娜的指点扬帆出海,去打探奥德修斯的消息。但他嘱咐老保姆欧律克勒娅(Eurycleia,她曾经照顾过他们父子两代)要对珀涅罗珀保密。他对保姆说[9]:"在她自己发觉我失踪之前,你得发誓不得把这件事告诉我亲爱的母亲,在这12天里保持沉默,免得悲哭损毁了她美丽的容颜。"

这是母子关系中一个耐人寻味的转变:前一分钟,忒勒马科斯还在无缘无故地训斥母亲;而现在,他却尽力想让母亲不要伤心。这种自相矛盾的态度反映了一个年轻人的心理斗争,他既想保护母亲,又对她感到恼火。他认为母亲在12天内都不会发现他失踪,这个念头也值得探究。是因为珀涅罗珀深居内院,所以母子数日见不到面也很正常?还是因为忒勒马科斯经常不打招呼就消失好几天?就一对共同居住的母子而言,他们的宫殿没有大到离谱,却能连续12天不见面,这无疑是很奇怪的。但我们得留心不要把自己的价值观照搬到荷马史诗的世界里,故事可是发生在青铜时代的伊萨卡,哪怕母子关系在心理学上与如今何其相似,当时的生活方式却与现在相去甚远。在第4卷[10]中,当珀涅罗珀得知儿子已独自远行时,她立刻痛哭不止。

接着,她感到了愤怒,一时间无法言语。她斥责侍女向她隐瞒这个消息。她说,如果她知道忒勒马科斯打算离开,她一定会把他留下来;若他实在要走,就得先跨过其母亲的尸体。欧律克勒娅承认是自己保守了秘密,并解释说忒勒马科斯不辞而别只是为了不让母亲伤心。听闻此言,珀涅罗珀稍感安慰,于是回到房间梳洗上床。之前对她颇为不满的雅典娜此时听到了她的哭泣和祈祷,态度稍微温和了些,并给她托了个梦。梦中,珀涅罗珀的姐姐伊弗提墨(Iphthime)告诉她,忒勒马科斯现在有雅典娜的指引。珀涅罗珀问她奥德修斯是死是活,但梦中的幻象无法回答。在第4卷的末尾,求婚者们密谋杀死忒勒马科斯,可见若非有雅典娜庇护,这个少年必定凶多吉少。

至于奥德修斯本人对20年未见的妻子抱着怎样的感情,我们要到《奥德赛》第5卷才知道。此时,他已经被卡吕普索困在奥古吉埃岛长达7年了。赫耳墨斯终于说服了这位仙女放奥德修斯回家。卡吕普索对此幽怨不已,尤其是奥德修斯不仅想回到故土,更想回到妻子身边这一点。[11]她说,"我比你的那位妻子更美丽、更高挑,凡间女子怎能与不死的女神相提并论。"(我得承认,此时此刻,我真心喜欢上了卡吕普索。谁不希望自己至少能比情敌高一点呢?)奥德修斯也承认了这一点。这是诚实(因为女神肯定比凡人美),还是一种话术?"她是凡人,而你是神祇。"他这样说道。[12]卡吕普索还提出,如果奥德修斯愿意留下来做她的伴侣,她便赋予他永生。但他还是选择去经历艰难险阻,回到珀涅罗珀身边。难怪卡吕普索只能用身高优势聊以自慰。

奥德修斯和珀涅罗珀之间有着非同寻常的纽带,但就肉体上的忠贞而言,二者显然是不对等的。卡吕普索不是奥德修斯的第一个情人,尽管他俩在一起的时间最长。他还跟喀耳刻同居过一年。就一年和七年而言，这已经超出了普通艳遇的范畴。可与此同时，珀涅罗珀则面对着一屋子在人数和力量上都碾压她的年轻男子。但在第1卷里，光是想到珀涅罗珀可能会改嫁，都能让雅典娜大为光火——她要是想改嫁，就先回她父亲那里去吧，女神如是说。文学层面和社会生活层面都奉行着一套双重标准，一套是珀涅罗珀必须严格恪守的，而另一套针对奥德修斯的则宽松得多。这不是第一次，也肯定不是最后一次。然而，从某种角度来看，奥德修斯确实对妻子忠贞不渝。他虽与别的女人同床共枕，但并不认为他们之间有未来可言。卡吕普索向他提出了极为优厚的条件——永生，这是所有英雄都孜孜以求的，但奥德修斯拒绝了。他只想回到他那位不及女神美丽的凡人妻子身边。在荷马的世界里，只要有一丝丝可能获得永生的机会，英雄们都会奋不顾身地去追求。特别是阿喀琉斯，他放弃了长寿而平凡的生活，选择了短暂而辉煌的一生，好让自己名垂千古（也算一种永生）。而就我们的奥德修斯而言，女神把永生的机会捧到他眼前，他竟拒绝了。这一切都是为了能回到那个已有20年未见的妻子身边。这怎么不算一种忠贞呢？虽然离婚律师可能不太同意。

遗憾的是，我们只能想象，如果珀涅罗珀听到丈夫和卡吕普索之间的对话，她会作何感想。她会因为丈夫轻易承认自己不如仙女美丽而伤心吗？还是说她会佩服丈夫的谋略：他还需要卡吕普索帮他造条船才能离开，哄她开心对他有益无害。珀涅罗珀会因为丈夫不如她禁欲而生气吗，还是说她本来也没指望过？他们毕竟是一对青铜时代的夫妇。她肯定会为丈夫拒绝永生，只为能再次起航（他已经经历过多次海难）回到她身边而感动不已。但愿她永远不会发现，奥德修斯在从奥古吉埃岛返回伊萨卡的途中遇到的第一个人是一位年轻的公主瑙西卡娅(Nausicaa)。她在海滩上发现了赤身裸体的他。

* * *

那么,当奥德修斯踏上前路未卜的归途时,珀涅罗珀在做什么呢?简单来说,她在织布。早在第1卷她刚出场时,忒勒马科斯就曾叫她安静点,别哭了,回房去织布。在荷马叙事中,这是对所有体面女性的建议:女人的工作就是织布。就连海伦也不例外,而她甚至并不是个贤妻(所有人都这么认为,她自己也承认)。但对珀涅罗珀而言,纺织在她的故事中扮演了至关重要的角色,使她摆脱了那些不请自来的求婚者——纠缠的丝线帮她解除了男人们的纠缠。正如克吕泰涅斯特拉用织机终结了阿伽门农的归途(他被紧身衣捆住动弹不得),珀涅罗珀也用织机为奥德修斯守住了家园。两位女性都利用了这种最传统的技艺来瞒天过海:只不过珀涅罗珀是为了帮助丈夫,而克吕泰涅斯特拉则是为了除掉丈夫。

在《奥德赛》中,珀涅罗珀织布的故事由3个不同的人用一模一样的语句在3个不同的时刻讲述了3次。仅从这一点来看,这段情节的重要性就已经不言而喻了。让我们深入了解一些细节。这段情节首次出现在第2卷,当时安提诺奥斯——众多求婚者中最可恶的一个——正在对忒勒马科斯大放厥词。"我们这些求婚者没有错,"他说道,"有错的是你那位母亲,她这人太狡猾了。"[13]他接着解释说,珀涅罗珀把求婚者们耍了将近4年:她许诺一旦为奥德修斯的父亲拉埃尔特斯织好了裹尸布,就会择人再婚。需要澄清的是,当她提出这个条件时,拉埃尔特斯还没有死,事实上,他一直活到了大结局。但对珀涅罗珀来说,为尚在人间的公公织裹尸布是一件无可指摘的正经事：这意味着他去世时会得到体面的安葬。反之则是非常不敬。

求婚者们同意了这个条件，珀涅罗珀便开始了工作。这个计划的巧妙之处在于：她白天织布，晚上再偷偷把布拆散。不可思议的是，这一招竟骗了求婚者3年多。人们不禁要问，他们怎么会被骗了这么久？难道他们以为这是一块超级大的裹尸布？还是认为织一块基本的衣料所花费的时间是实际所需的10倍、20倍？很遗憾，安提诺奥斯没有提到这一点。即使到了第4年，求婚者们依然被蒙在鼓里，直到珀涅罗珀的一个女奴向他们告了密。可能有人会猜测她是否对这些鸠占鹊巢的年轻人中的某一个有过那么一丝心动，对此，故事本身提供了一个非常站得住脚的答案——这些求婚者都太蠢了。而她已经习惯了跟奥德修斯这样绝顶聪明的人在一起，尽管那也是很久以前的事了。于是，在珀涅罗珀织了拆、拆了织的第4年，她在拆毁布匹时被求婚者抓住，不得不违愿把布织完。此时，她的缓兵之计已经失效了，她必须选一个人再婚。

这个故事有几个值得思考的地方。首先是一个经常被忽视的问题：织好的布料不像毛衣或钩针织物那样可以快速拆解，后者的每一针都是环环相扣的，所以只要将最后一针取下来，轻轻一拉就能拆掉。拆一块布料则麻烦得多，每一根线都必须用梭子上下挑开，怎么织的就得怎么拆。这是一项西西弗斯式的任务：每天织出几英寸的布，到晚上再全部拆开。这项吃力不讨好的工作要耗费相当大的精力，她必须每晚伏在织布机上，在火把下盯着线头。且不论这一过程中的心理压力——日复一日地纺织，再一遍遍将它拆毁。为了给奥德修斯守住这个家，珀涅罗珀实际上已经给自己判处了数年的苦役。

第二个问题是这块裹尸布到底是为谁织的。明面上，这是为拉埃尔特斯织的，但会不会实际上是给奥德修斯织的呢？当珀涅罗珀想出这个主意的时候,战争已经结束了五六年,而她也已经把再婚拖延了好几年。她很清楚自己不可能一直拖下去,再婚是不可避免的,她只能尽量争取时间,寄希望于奥德修斯能在她完工前归来。那么,这块裹尸布是为她与那个她爱着,或很久以前爱过的男人的婚姻而织的吗?在《奥德赛》中,她多次泪流满面,这充分说明了她承受着巨大的情感压力。前文提到过她与克吕泰涅斯特拉的相似之处。但后者是给丈夫织了个罗网,而她则是为了避免自己陷入罗网。

到了全诗的3/4处,这个情节再度出现,这一次是由珀涅罗珀亲口向一位不速之客讲述的。而这位不速之客正是乔装打扮的奥德修斯,雅典娜用神力改变了他的样貌,所以珀涅罗珀未能认出他。当然,在分别了20年后,即使没有乔装,她可能也认不出来了。珀涅罗珀以为他是一名老乞丐。"我便思虑用计谋,"她这样说道,[14]随后便几乎一字不差地复述了第2卷里的安提诺奥斯的话。没有比"我编织诡计"或"欺骗"(*dolous tolopeu*)更合适的词语,可以用来形容这对夫妇了。这是克吕泰涅斯特拉和珀涅罗珀的另一个不同之处:克吕泰涅斯特拉暗算阿伽门农是因为他们毫无相似之处,他可以牺牲伊菲革涅亚,而她绝对不会;他头脑简单,而她却诡计多端。但对于珀涅罗珀和奥德修斯来说,欺骗是他们的共同特点。既然奥德修斯的谎话张嘴就来,他的妻子又怎么会从无虚言?另外,她还补充了安提诺奥斯没有提到的一个细节:"现在我难以躲避婚姻,可又想不出其他办法,"她这样说道,[15]"父母亲也催我再嫁。"这两句话中包含着深深的孤独。她独自一人坚持了这么久,穷尽了一切办法。前文已经讲到,她的亲子关系不怎么和睦,忒勒马科斯对她撒谎,对她隐瞒行踪,还对她出言训斥。到这里,我们还发现,甚至她的父母也非常希望她再嫁。面对这一群求婚者、一个叛逆的孩子,以及事实上站在了敌人一边的父母,她得多么努力才能坚持下来。而与此同时,她还夜夜无眠,把织好的裹尸布拆开。难怪她会常常悲泣。

* * *

这个纺织的情节直接或间接地激发了许多以珀涅罗珀为主题的艺术创作。托斯卡纳的丘西考古博物馆(Archaeological Museum of Chiusi)藏有一件公元前5世纪制作的精美的红绘双耳深饮杯(*skyphos*)。[16]画面中,珀涅罗珀交叠着双腿坐在一张硬椅上,她身穿一件垂褶长袍,下摆盖住了脚面,只露出脚趾,头上还披着头纱,姿态和衣着都十分端庄。她把右手肘撑在右大腿上,低垂的头枕在右手上。她的眼皮耷拉着,显然已经精疲力竭。一个年轻人,也就是忒勒马科斯,手持一对长矛站在她对面。他是在跟她说话,还是想引起她的注意?陶罐外侧略有磨损,让我们看不清他的表情。但无论如何,他都在白费力气。导致她如此疲惫的原因就在她身后,那是一台织机,上面还挂着半截精美的布料,布料上织着从左向右飞奔的美杜莎和珀伽索斯,他们所表现出的动感和速度,与织机前珀涅罗珀的静默和疲惫形成了鲜明的对比,仿佛这份精力是从她身上转移到布料上的。

珀涅罗珀几乎总是以坐姿的形象出现。奥赛博物馆(Musée d'Orsay)里收藏着一尊19世纪中期由朱尔斯·卡维利耶(Jules Cavelier)创作的雕塑《珀涅罗珀》。[17]这座洁白莹润的雕塑在造型上与前文提到的陶罐遥相呼应,只是我们可以确定这一位是在熟睡。她也坐在直背椅上,双腿交叠着,手搭在膝盖上。她深深地垂着头,让人看着都替她脖子酸。她显然也是因为夜间的劳作而疲惫不堪,只能屈服于这份困倦,沉沉睡去。

美国艺术家戴维·利加雷（David Ligare）在他创作于1980年的画作中[18]，描绘了一位醒着的珀涅罗珀。这位现代版的珀涅罗珀依然坐在一张椅子上，椅子四条弯曲的腿在地砖上投下阴影。她坐在室外的向阳处，头转向观者，身后是平静的大海。她的表情看上去并非疲惫，而是若有所思。她摆出双腿交叠的经典姿势，但左脚踩在一块灰色小砖上。这幅油画有着摄影的质感，同时充满了对古代艺术的借鉴，比如说，她脚下的砖块是否戏仿了古代雕塑的基座？她坐的椅子是不是复刻了雅典国立考古博物馆所藏的一块墓碑上的浮雕？[19]那块墓碑据传是公元前5世纪的雕塑家卡利马科斯（Callimachus）所作，上面雕刻着一位名叫赫格索（Hegeso）的雅典妇女，坐在一张克利斯莫斯椅（*klismos*）上，这种椅子有着四条弧形的腿，与利加雷画中的那把一模一样。不管怎么说，该作品呈现了一位平静、沉思中的珀涅罗珀，她的双手庄重地放在膝上，洁白的裙摆下露出了她因站在地上而踩脏的右脚。

但也有两幅作品表现了她更有活力的一面，让她在画面中做着那件令她名垂千古的活计，而不是描绘她惦记着这件事，或完工后休憩的场景。第一个作品是多拉·惠勒（Dora Wheeler）创作于1886年的挂毯《珀涅罗珀在夜里拆开布料》（*Penelope Unraveling Her Work at Night*）。[20]画面上，一盏小灯从珀涅罗珀的身后照亮了整个场景，让她沐浴在金色的光线中。她穿的那件朴素的无袖白色长裙在火光下呈现出温暖的奶油色，一件红色的紧身胸衣把长裙从腰部束紧。她裸露的手臂大大地伸展开来，一头褐发随意地盘在脑后，棕色的眼睛里充满了专注。她没有看向观者，而是扭头朝向织布机。灯光从左侧照亮了她的下颌，让她显得坚定而刚强。这个珀涅罗珀正投入地工作着：她的两只手上都缠着经线，也就是从上到下纵贯织物的线。她右手的手指张开，防止松散的纱线缠绕在一起；左手则紧紧抓住布料，这可不是一项轻松的劳动。她的手臂和肩膀被这项繁重的作业锻炼得结实有力。能在纺织品上看到这个关于纺织的故事，令人发自内心地感到愉悦。这张挂毯是惠勒基于她在1885年绘制的一幅粉彩作品[21]而制作的，虽然经过时间的侵蚀已经有些老化，但仍然美丽动人。同样令人感动的是能看到珀涅罗珀专注劳动的身姿，而不仅仅是筋疲力尽地坐在那里。惠勒的母亲是一位纺织艺术家，因此，她显然对珀涅罗珀的工作以及具体的操作过程有着更深刻的理解，而不仅仅着眼于这项劳作给人带来的疲惫。

第二幅则是新西兰艺术家玛丽安·马奎尔（Marian Maguire）的《珀涅罗珀的劳作与等待》（*Penelope Weaves and Waits*）[22]。在这件创作于2017年的彩绘雕塑上，马奎尔用丙烯颜料画了一个红绘风格的珀涅罗珀，让人联想起古希腊瓶画上的人物。这位赭红色的珀涅罗珀坐在凳子上，黑色的卷发用发带盘成一个髻。她凑近织机，左手拈着纬线，纱锭从她右手中垂下。织了半截的布料上有飞鸟的图案，它的灵动和自由反衬着她的疲态。即便如此，她也没有停下来休息，而是专注地凝视着手中的线。马奎尔让珀涅罗珀坐在木制壁炉的中央，意味着她是这个家的核心。壁炉的两侧，也就是人物的面前和背后，各有10只朝她伸过来、想要攫住她的手。这些手代表着那些贪婪的求婚者，而珀涅罗珀用计谋把他们挡在了外面。在她头顶上，也就是壁炉的炉额上，悬着12双脚。这是被忒勒马科斯吊死的12名女奴。在《奥德赛》的最后几卷中，终于回到故乡的奥德修斯向所有背叛他的人展开了血腥的复仇，忒勒马科斯正是在此期间处死了这些女奴。珀涅罗珀被迫承受的一切都将报应在这些手脚的主人们身上。正如第2卷中安提诺奥斯所言，一个女奴向求婚者告了密，求婚者戳穿了珀涅罗珀的计谋，并逼着她把裹尸布织完。然而，他们所有人都会在她完工后死去。若能早些预见这结局，他们一定会求她慢点儿织。

* * *

这段故事第3次被讲述是在《奥德赛》的最后一卷。地点是冥界，安菲墨冬——被杀的求婚者之一——正在向阿伽门农讲述这个故事。如果有人之前没意识到珀涅罗珀和克吕泰涅斯特拉有什么相似之处，那么到了这里就很难再看不出来了：一个男人被不忠的妻子杀害，而另一个男人则是因为想娶一个忠贞的妻子，反被她的丈夫杀害。安菲墨冬与阿伽门农居然早在战前就已经相识。阿伽门农很奇怪，这么多年轻力壮的男子为何一起来到冥界，想必是遭遇了海难。而答案当然是奥德修斯和忒勒马科斯把他们一网打尽了。《奥德赛》的结局十分血腥：100多个求婚者被杀，12个被认为是同谋的女奴被吊死在一根绳子上。安菲墨冬从珀涅罗珀坐到织机前讲起，把整件事从头到尾给阿伽门农讲了一遍。当然，在他看来，织布和拆布的计谋最终变成了一个致命的陷阱。他抱怨说，珀涅罗珀不想嫁给他们中的任何一个，但又不愿让他们离开。虽然我们对他也有一丝同情（毕竟命已经没了），但同时会想起前两次听到这个故事的场景。珀涅罗珀对乔装的奥德修斯说，她已经无计可施，只能再嫁；安提诺奥斯对忒勒马科斯说，他们已经识破了他母亲的诡计，因为她的女奴告了密。这群求婚人密谋害死她的儿子，赖在她家里吃喝玩乐，肆意挥霍她的财富，消耗她儿子未来能继承的产业，她要怎样才能把他们统统赶走？若她以实相告，拒绝再婚，他们真的会就此作罢吗？而她自己的父母又能允许吗？

至于珀涅罗珀到底想要什么,我们必须自己得出结论,因为荷马把她描绘得充满矛盾。比如在第18卷中,她受到了雅典娜的神启,在求婚者面前施展自己的魅力。我们是否应该将她沉湎于众人的爱慕视为一种合理的欲望?抑或是将这一情节理解为,除非有雅典娜的授意,否则她宁愿躲着求婚者?是雅典娜想要众人爱慕奥德修斯的妻子,而珀涅罗珀本人并无此意?

然而,有一点是毋庸置疑的。拉埃尔特斯并没有用上珀涅罗珀为他织好的裹尸布。而且,因为这对幸福的夫妻已经团聚,这块布料也就不再象征着婚姻的终结。事实上,当这个故事最后一次被讲述的时候,已死的安菲墨冬强调道,这块裹尸布是为他,为其他求婚者,以及为背叛主人的女奴们准备的,他们都被奥德修斯父子屠戮殆尽。珀涅罗珀在织着布的时候,并不能预见到一场屠杀就在眼前。但当她完工后,死亡也随之降临。"恶神将奥德修斯引回了家"[23],安菲墨冬说道。归乡并不总是意味着美好的结局。

阿伽门农当然懒得去同情安菲墨冬,他一如既往地立刻把话题转移到了自己身上。他甚至都没有回应对方刚刚告诉他的内容,而是对并不在场的奥德修斯讲了一番话。"你真幸运,拉埃尔特斯的儿子,"他说道,"你有一位贞洁的贤妻,多年来都不曾把你忘记。她会获得不朽的美名,众神会为她谱写赞歌。"然后,在花了7行诗句来赞美珀涅罗珀并羡慕奥德修斯之后,他又讲回自己的事情——"不像我的那位妻子,杀害自己的结发丈夫",他如是说道。总之,听完了安菲墨冬的悲惨遭遇,阿伽门农的内心没有一丝波澜,反而羡慕起那个凶手,那个有一位忠贞的妻子在家等候的英雄。

《奥德赛》中还有几个跟珀涅罗珀有关的问题:她是何时认出了归来的丈夫?是在第21卷中,当她提议求婚者们比赛,为奥德修斯的弓上弦,并一箭射穿12把斧头的时候吗? 当她与那好心的乞丐交谈时,是否已经知道眼前的人就是她的丈夫? 她是否设法找到了他最需要的那件武器,好让他在面对人多势众的求婚者时不落下风? 抑或只是运气好,因为她知道那把大弓很难上弦(这主意本来也是雅典娜让她想到的)[24],于是想借此来转移求婚者的注意力,好再拖延一会儿。在第23卷中,当她要求欧律克勒娅去移动他们的婚床时,她是在戏弄他还是在考验他? 因为两人都知道,这婚床的床柱是多年前奥德修斯用王宫庭院里长出的一棵橄榄树雕刻而成,所以根本无法移动。她是否真的怀疑这个装成乞丐来到她家、倾听她的忧烦、与她儿子交好,最后对求婚者大开杀戒的人就是她丈夫? 雅典娜曾多次用神力改变奥德修斯的外貌,根据情况需要,有时变美有时变丑,所以也许她真的很难确定这个人就是自己的丈夫。她或许会担心来的是个冒牌货。还有一种可能,就是珀涅罗珀其实对奥德修斯很不满,因为儿子、保姆,甚至猪倌都比她先知道了真相,所以她不过是以其人之道还治其人之身罢了。凭什么二人的重逢必须要完全遵从他的安排呢?

珀涅罗珀之所以难以捉摸,其实也是荷马有意为之。荷马故意把她描绘得暧昧不清: 读者可能还记得,当她在第1卷里初登场的时候,就已经把脸藏在面纱后面了。她是一个谜,却被很多对她知之甚少的男人奉为贤妻的典范。在《奥德赛》的结尾部分,当阿伽门农称颂她的美德时,他是在说谁呢? 一个他在20年前有过一面之缘的女人,当时他为了逼奥德修斯参战,和帕拉米迪斯一起到访过伊萨卡。他到底是在赞美珀涅罗珀,还是只是在羡慕奥德修斯有一个跟克吕泰涅斯特拉截然相反的妻子? 顺便一提,早在克吕泰涅斯特拉痛下杀手之前,阿伽门农就已经移情别恋了:《伊利亚特》的第1卷中,他兴高采烈地告诉部下，他喜欢克律塞伊斯（他新获得的女俘）胜过他的合法妻子。

从男人们成篇累牍的溢美之词中找到真实的珀涅罗珀并不容易。他们描述的到底是珀涅罗珀本人，还是他们心目中的那个理想的妻子？他们所描绘的似乎是一个既能干又独立的女性，而且远在天边，不会碍事。对于她丈夫（在情感方面和其他方面）的冒险经历，她要么一无所知，要么知道了却毫无怨言，而她的丈夫在做这些事情时，好像完全不记得自己还有位妻子。与此同时，她还谨守妇道，绝不会做和丈夫一样的事。难道他们看重的只是她的贞操？或者更具体一点，是她面对众多追求者，仍然能坚守贞操？

如果她失去了贞操又会怎样呢？（伪）阿波罗多洛斯在《书库》中写到特洛伊战争的最后一段时曾提到过故事的其他版本。根据他的记载，有些史料说她与安提诺奥斯有染，因而被奥德修斯送回了娘家。一说她曾在阿卡迪亚（Arcadia）被赫耳墨斯引诱，并生下了潘。也有说奥德修斯在发现她被另一个求婚者安菲诺谟斯（Amphinomus）勾引后杀掉了她。男人们在评价珀涅罗珀时最看重的是她的坚贞，但她也有一些不那么完美、不那么坚贞的形象，只不过都被遗忘了。因为从古至今，人们都更喜欢那个从未动摇过的珀涅罗珀。

当然，阿伽门农对珀涅罗珀的称赞还有第二层意思。我们看到的是一种流毒千年的厌女传统：通过抬高一个女人来贬低另一个女人。珀涅罗珀是一个能令其他女性相形见绌的典范。对阿伽门农而言，她是一位完美的贤妻，拥有他自己的妻子所不具备的一切品质。通过大肆吹捧珀涅罗珀，他找到了一个新的途径来发泄他对克吕泰涅斯特拉的怨恨。尽管珀涅罗珀的这些美德都是他听来的，但这并不意味着他的赞美不真诚或不准确,只不过跟真实的珀涅罗珀没什么关系罢了。

一位古代作家和一位现代作家,分别为珀涅罗珀的形象增加了更多细节。奥维德在《女杰书简》中以珀涅罗珀的口吻给尤利西斯(Ulysses,奥德修斯的拉丁语名)写了一封信。这个珀涅罗珀的面目不再模糊,她的价值也不再有赖于男人对她的忠贞和无害的赞扬。在信的开头,她写道:"久久不归的尤利西斯,你的珀涅罗珀寄上此信,我不要你回信,只要你回家。"她对《伊利亚特》第10卷中奥德修斯与狄俄墨得斯夜袭色雷斯人营地的英雄事迹不以为然,还责备他在以身犯险时把家人全抛到了脑后。[25]"尽管战争早已结束,"她写道,"但对我而言,还像特洛伊仍在时一样,永无止境地苦盼丈夫归来。"[26]她毫不掩饰自己的渴望、焦虑以及父亲逼迫她再婚的压力。她痛诉自家的仆人与求婚者合谋,吃光了家里的牲畜。她也提醒他,他们的儿子还在稚龄,需要父亲的帮助和庇护。在信的最后,她埋怨道:"你离开的时候,我还是个女孩;而今,即使你马上归来,我看上去也已是个老妇。"

如同奥维德笔下的其他女性,这位珀涅罗珀也是一个非常细腻的人物。她表现出了一个女人在这种处境下的真实情感:愤怒、恐惧、担忧、焦躁、自怜。很难想象阿伽门农会请求众神为这个珀涅罗珀谱写一首赞歌,因为她不再是一个贤妻良母的符号,而是一个女人,有着自己的情感和诉求:"回家吧,尤利西斯,我需要你。"

在玛格丽特·阿特伍德那部精彩的短篇小说《珀涅罗珀记》(The Penelopiad, 2005)中,我们也看到了与奥维德类似的创作冲动,即为珀涅罗珀塑造了一个立体且清晰的形象,有别于荷马那个遮遮掩掩的谜团。书名显然仿效了《伊利亚特》和《埃涅阿斯纪》。这是一部短小精悍的史诗，以女性为主角，并由女性来讲述。跟《奥德赛》最后一卷中的阿伽门农和安菲墨冬一样，这位珀涅罗珀也是在冥界讲述她的故事；同时，跟奥维德的珀涅罗珀一样，她也是以第一人称在讲述，让我们得以听见这位神秘女性的心声。这部小说重述了《奥德赛》中那些熟悉的情节：求婚者们、织布拆布、一波三折的夫妻相认。单从章节标题上就能看出珀涅罗珀那种幽默诙谐、以自我为中心、犀利尖刻的世界观，比如"海伦毁了我的生活""求婚者们大吃大喝""冥府的居家生活"。这才是我们渴望见到的女人，她一点儿也不圣洁，就喜欢暗中观察，点评周围人的言行。然而，无论她此刻对死去的求婚者们如何阴阳怪气，女奴们被处死一事却让她饱受内心的折磨，甚至死后都不得安宁。阿特伍德在注释中提到，这一幕（也出现在玛丽安·马奎尔的雕塑上）一直让她本人耿耿于怀。[27]

或许，与其将这部作品称为荷马史诗的重述，我更愿意将其视为一种必要的补充。荷马用了四百多行的篇幅描述了求婚者被屠杀的过程，奥德修斯父子把求婚者杀光后，又逼着女奴们把尸体抬到室外，再把家具上的血迹清理干净。等她们干完了这一切，忒勒马科斯用一根绳索把她们全部吊死；荷马只用了10行诗句就交代了她们的结局。

当人们提出"为什么要以女性为核心重述希腊神话"时，这个问题本身就蕴含着一个奇怪的假设。其潜台词是，女性在这些故事中并不重要，神话总是以男性为中心，女性只是配角。这就忽视了一个事实，即神话从来都不存在一个"真实"或"正确"的版本，因为它们源自多个地区、多个作者，在反复讲述中跨越了漫长的岁月。我们在《伊利亚特》或《奥德赛》中读到的内容，并不会因为它年代更早，就比公元前5世纪的戏剧或瓶画上的版本更可信。公元前8世纪的荷马借鉴了更早的版本,公元前5世纪的剧作家欧里庇得斯或雕塑家菲狄亚斯(Phidias)也是如此。欧里庇得斯以女性角色为中心创作了一系列关于特洛伊战争的剧本,比如安德洛玛刻、厄勒克特拉、海伦、赫卡柏,伊菲革涅亚(甚至有两部,赋予了她两种截然不同且相互矛盾的命运)。有时,以男性为中心的故事更受到学者们的重视。长期以来,人们一直认为《伊利亚特》比《奥德赛》更宏大、更壮美,因为前者是关于战争的,而后者则充满了女性角色和个人冒险。19世纪的作家塞缪尔·巴特勒(Samuel Butler)甚至提出(应该不是认真的)《奥德赛》一定出自女性之手,才会有这么多女性角色。我们到底为什么会觉得,在《伊利亚特》里当配角的海伦,会比在欧里庇得斯的剧本里当主角的海伦更正统?既然奥维德已经意识到以女性视角讲述的希腊神话也能同样精彩,后人为什么反而忘了这一点呢?当人们质疑为什么要从珀涅罗珀或喀耳刻的视角来讲述我们熟悉的《奥德赛》时,他们其实已经假定了故事"应该"从奥德修斯的视角展开。正因如此,这个问题的答案永远都是:因为她也在故事里。那么,为什么不听她讲讲呢?

---

1. Pseudo-Apollodorus, *Bibliotheca* 3.10.
2. Pausanias, *Description of Greece* 3.12.
3. Ibid 3.20.10.
4. Pseudo-Apollodorus, *Epitome* 3.7.
5. Homer, *Odyssey* 1 329.
6. Ibid 1 332.
7. Ibid 1 346ff.
8. Ibid 1 360.
9. Ibid 2 372.
10. Ibid 4 705.

11. Ibid 5 210.
12. Ibid 5 218.
13. Ibid 2 88.
14. Ibid 19 137.
15. Ibid 19 157-8.
16. http: //www.beazley.ox.ac.uk/XDB/ASP/recordDetails.asp?id=F322BAD4-652B-4E56-AFE7-E51A636F2E81&noResults=&recordCount=&databaseID=&search=.
17. https: //www.musee-orsay.fr/en/collections/works-in-focus/search/ commentaire_id/penelope-23467.html?no_cache=1&cHash=0c0b8e3261
18. davidligare.com/paintings.html.
19. https: //www.namuseum.gr/en/collection/klasiki-periodos-2/.
20. Held by the Metropolitan Museum, New York: https: //www.metmuseum.org/art/collection/search/16951
21. Peck, A. and Irish, C. (2001), *Candace Wheeler: The Art and Enterprise of American Design, 1875-1900* (New Haven: Yale University Press), p.145: https: //books.google.co.uk/books?id=n2r1mG-zoUAC&pg=PA147&lpg =PA147&dq= Penelope+tapestry+new+york&source=bl&ots=gQLNphwqxq&sig=ACfU3U0C kHVYd1qaLuMYU3SQfS3YEZ-qPA&hl=en&sa=X- &ved=2ahUKEwj7rqm4qs zmAhWSiVwKHUqrCIEQ6AEwEXoECA0QAQ#v=onepage&q=Penelope%20 tapestry%20new%20york&f=false.
22. https: //www.marianmaguire.com/2017---odysseus--penelope.html.
23. Homer, *Odyssey* 24 149.
24. Ibid 21 1.
25. Ovid, *Heroides* 1.41.
26. Ibid 51.
27. Canongate paperback edition, p.xxi.

尾　声

我们通常认为,潘多拉的罐子一开,邪恶就遍布了人间。正如第一章所讨论的,对于古代作家们而言,罐子里装的未必都是坏东西,在某些版本中,甚至可能是好东西。然而这些版本并没有成为主流叙事,可能是因为人们更容易觉得今不如昔。我们总是不由自主地被某种"衰落论"所吸引,相信世界正在一点点崩塌。而且,当宙斯为了报复普罗米修斯为人类盗取了神火,而把潘多拉送到凡间时,他也确实是打算让她招点祸端。

但问题仍然存在。是她招致了祸端?还是她本身就是祸端?潘多拉是第一个女人。根据赫西俄德的记载,因为她的到来,人类无忧无虑的黄金时代就此终结。但是不好意思,一个没有女人也没有火,只有男人的世界,简直不能更无聊了。当然,这样的世界肯定是无忧无虑的,但这种时代又有什么好在乎的?

潘多拉是变革的推动者,也是宙斯意志的化身。打开罐子这件事为她带来了恶名,让人以为她是一个不折不扣的恶女。但她并不是,她只是具有双面性:既美丽又丑陋,既善良又邪恶。潘多拉带给凡人的正是这种复杂性。本书中的其他女性也是如此:有些被描绘成毒妇,比如克吕泰涅斯特拉和美狄亚;有些被描绘成牺牲品,比如欧律狄刻和珀涅罗珀;还有些被彻底妖魔化,比如美杜莎。而实际上,她们比这些过度简化的标签要深邃得多。她们的故事值得被阅读、观看、聆听,完完整整地了解那些艰难的、混乱的、血腥的细节。它们并不简单,因为有趣的东西从来都不简单。

  我们的世界并不是善恶分明的,如果你觉得是,那可能需要好好思考一下,是不是看问题还不够透彻。神话是一面镜子,如果只看一半而拒绝看另一半,甚至没有意识到另一半已经缺失,那我们就无法理解我们的故事,也无法理解自身。我写这本书,正是想尝试着去填补那些空白的部分。

致　谢

乔治·莫莉（George Morley）是你能找到的最聪明的编辑，同时是一个各方面都很出色的人。我很高兴她想做这本书。彼得·施特劳斯（Peter Straus）则是一位理想的经纪人，他接手的那天，我感到超级幸运，至今依然是这种感觉。他完全不承认自己有多棒，所以如果你碰到他，请尽管告诉他。

这本书是在疫情隔离期间编辑的。在这种情况下，即使有更好的人选，也很难胜过现在的这群人。罗丝林·贝尔（Roslynne Bell）、保罗·卡特里奇（Paul Cartledge）和帕特里克·奥沙利文（Patrick O'Sullivan）都在隔离期间阅读并修订了我的原稿。他们无数次帮我改掉了粗心、愚蠢，以及既粗心又愚蠢的错误。当然，如果还有错误，那都得怪我。珂洛艾伊·梅（Chloe May）是超级耐心的内容编辑，玛丽萨·康斯坦丁努（Marissa Constantinou）和乔治共同审读了原稿，苏珊·奥佩（Susan Opie）是技术编辑。

埃迪丝·霍尔（Edith Hall）、菲利帕·佩里（Philippa Perry）、蒂姆·怀特马什（Tim Whitmarsh）、蒂姆·帕金（Tim Parkin）、艾玛·布里奇（Emma Bridges）、蒂姆·马洛（Tim Marlow）、弗朗西斯卡·斯塔夫拉科普卢（Francesca Stavrakopoulou）、亚当·卢瑟福

（Adam Rutherford）和肖恩·怀特塞德（Shaun Whiteside）毫无保留地提供了他们的专业知识。书中提到的每一个版本的《欧律狄刻》，我都是和朱莉安·巴恩斯（Julian Barnes）一起看的（有一次我们没有看第三幕，而是提前溜出去喝鸡尾酒了，我很肯定没有在书里提到这个版本）。一大帮书呆子——古典学家、作家、音乐家、历史学家、科学家——在我为了书中的这些女性征求建议时，都给出了他们个人最喜欢的版本。我真希望能有足够的篇幅来囊括一切，但即使没有写入书中，它们无疑影响了我对素材的选择。他们有时会提醒我忘了哪些东西，有时会把一些我不知道的作品介绍给我。他们以这种绝佳的方式拓展了本书的视野，我对此感激不尽。

波琳·洛德（Pauline Lord）像机器一样高效地管理着我的日程安排，没有她，我可能会坐在陌生的火车站长椅上不知道该干吗。玛蒂尔达·麦克英罗（Matilda McMorrow）打理着我的社交媒体，克里斯蒂安·希尔（Christian Hill）出色地运营着网站，20年来一直如此。没有他们，我会不知所措。在撰写此书期间，玛丽·沃德-洛厄里（Mary Ward-Lowery）和我为BBC广播四台制作了两辑《娜塔莉·海恩斯讲古典学》。当广播剧院关闭时，詹姆斯·库克（James Cook）让我们按自己的方式去做。长期以来，我一直都是独自工作，能与如此敬业的人们一起合作完成一个项目真是太好了。

我每写完一章，丹·莫什（Dan Mersh）都会读一遍。他一定以为现在终于可以解脱了，但是并没有。我想说，谢谢你，一直都非常感谢。海伦·巴格诺尔（Helen Bagnall）是一位神奇的友人，她总是充满创意和想象力。达米安·巴里斯（Damian Barris）才华横溢，而且极为慷慨。罗伯特·道格拉斯-费尔赫斯特（Robert Douglas-Fairhurst）是我写作的试金石。我也需要海伦·阿莱特-科埃（Helen

Artlett-Coe）这样的不羁之人。米歇尔·弗劳尔（Michelle Flower）用发猫咪图片的方式表达着关怀,这对我的身心健康至关重要。在本书的写作和编辑期间,我受到了许多朋友的关心和照顾。那段时光虽然是独自一人度过的,但我很少感到孤独。

要是没有萨姆·索普（Sam Thorpe）、珍妮·安东尼奥（Jenny Antonioni）以及TMAP的每一个人,一边写书一边为前作办70场巡回读书会绝对会让我崩溃。当我们没有办法搞线下活动时,他们也没有停下脚步,而是将其搬到了线上。毕竟,女战士总得在什么地方学会战斗。

我可爱的家人们也让我保持着平和的心态:感谢我的妈妈（如果你参加完某次书展后读到这段话,那你已经见过她了）,也感谢我的爸爸,还有克里斯（Chris）、杰姆（Gem）和克兹（Kez）。

延伸阅读及其他资料

关于文本和资料来源的几点说明。首先，你们应该已经注意到了，我在希腊语和拉丁语人名的转写和翻译上并不拘泥于某种规则。有时，我采用希腊语转写的形式［比如"Heracles"（"赫拉克勒斯"），虽然实际上应该是"Herakles"］，有时我采用拉丁化的版本［比如"Oedipus"（"俄狄浦斯"）］，有时干脆用英文版［比如"Helen"（"海伦"）］。这里既没有系统性，也没有一致性，只是多年来在思考这些人物和作家时习惯了他们的某一个名字，然后不太想改变了而已。

书中的译文都是我自己翻译的：如非必要，我很少采用正式的译法。尤其是在翻译埃斯库罗斯和欧里庇得斯的作品时，我选择更现实的日常用语，而不是高雅的戏剧语言（我的意图就是希望能把它们翻译成未来的舞台剧用语）。我拥有很多希腊文和拉丁文的藏书，但还有更多都能在网上免费获取："Perseus"是我的首选，此外还有许多网站。感谢学术界人士提供了这些优质资源，让研究变得更开放和民主。我不会列出我采用了哪些版本或文本，因为这不是一部学术著作，也没有人向我索要更进一步的信息。

不过，经常有人问我，哪些译本比较好。这个问题很难回答，我个人更喜欢用那些从高中或大学时代就开始陪伴我的译本，毕竟它们就在手边。偶尔，我也会用新译本代替旧译本。比如艾米莉·威尔森（Emily Wilson）译的《奥德赛》太棒了，于是我就把旧译本丢掉了。"丢掉"只是说说而已，反正我有4个不同的译本。而且就前12卷而言，我有希腊文版的实体书，剩下的部分都是"Perseus"上的免费资源。我的藏书就是这么乱七八糟的。一般情况下，我会用企鹅经典系列（Penguin Classics）和牛津世界经典系列（Oxford World's Classics），它们通常都很不错。我也有几十本洛布古典丛书系列（Loeb Classical Library），尽管它们的翻译质量参差不齐，但在对付棘手的希腊语难点时总能派上用场。很多古老的译本在网上都能找到免费资源，只不过会相当晦涩难懂。

本书用到的现当代作品如下：

Emma Bridges & Djibril al-Ayad, *Making Monsters*;

Lillian E. Doherty, *Gender and the Interpretation of Classical Myth*;

Timothy Gantz, *Early Greek Myth*;

Edith Hall, *Greek Tragedy*（以及她关于淮德拉和伊俄卡斯忒的所有论文和博客文章）;

Mary R. Lefkowitz, *Women in Greek Myth*;

Adrienne Mayor, *The Amazons*;

Matthew Wright, *The Lost Plays of Greek Tragedy*;

Froma I. Zeitlin, *Playing the Other*.

想把一生的阅读量浓缩成一份简短的书单实在有点不合理，所以这里只列出了在写作本书时，长期占据了我书桌的部分书目。其余的书只是占据了我大脑的部分内存，而就这部分而言，我本来可以有别的用处。现在说这些已经太晚了。

以下是书中所提到的艺术作品的完整清单（包括其所在地）。罗兹（Roz）做了大量的工作,在此向她致谢。如有遗漏,还请海涵。

第一章

Cousin, Jean (ca. 1550), *Eva Prima Pandora*, Paris, Louvre, inv. RF 2373.

Howard, Henry (1834), oil on mahogany panel, *The Opening of Pandora's Vase*, London, Sir John Soane Museum, inv. SM P6.

Rossetti, Dante Gabriel (1871), oil on canvas, *Pandora*, private collection.

Athenian *kylix* attributed to the Tarquinia Painter (ca. 460 bce) depicting the creation of Pandora, London, British Museum, inv. 1881,0528.1.

Bonasone, Giulio (1531–76), engraving, *Epimetheus opening Pandora's Box*, New York, Metropolitan Museum, inv. 64.682.102.

Athenian red-figure *calyx-krater* attributed to the Niobid Painter (ca. 460–450 bce) depicting Pandora, London, British Museum, inv. 1856,1213.1.

Athenian red-figure volute *krater* attributed to the Group of Polygnotos (ca. 450–420 bce) depicting the creation of Pandora, Oxford, Ashmolean Museum, inv. AN1896-1908.G.275.

第二章

Athenian red-figure *kylix* attributed to the Painter of Oedipus (ca. 470 bce) depicting Oedipus and the Sphinx, Vatican Museums, inv. 16541.

Sicilian red-figure *calyx-krater* attributed to the Gabil Gabib Group (ca. 330s bce) possibly depicting Oedipus, Jocasta and their daughters, Syracuse, Museo Archeologico Regionale Paolo Orsi, inv. 66557.

Apulian red-figure *loutrophoros* attributed to an artist close to the Painter of Laodamia (ca. 340 bce) depicting Alkestis and her children, Basel, Antikenmuseum, inv. S21.

Cabanel, Alexandre (1843), oil on canvas, *Oedipus Separating from Jocasta*, Capentras, Musée Duplessis.

Toudouze, Edouard (1871), *Farewell of Oedipus to the Corpses of his Wife and Sons*, Paris, École nationale supérieure des Beaux-arts.

第三章

Tintoretto (ca. 1550–55), oil on canvas, *Leda and the Swan*, Florence, Galleria degli Uffizi, inv. 3084.

Leonardo copy, e.g.: da Cesto, Cesare (ca. 1505–10), oil on wood, *Leda and the Swan* (after Leonardo), Salisbury, Wilton House, Collection of the Earl of Pembroke.

Copy of a lost painting by Michelangelo (after 1530), oil on canvas, *Leda and the Swan*, London, National Gallery, inv. NG 1868.

Rossetti, Dante Gabriel (1863), oil on panel, *Helen of Troy*, Liverpool, National Museums.

第四章

Winged gorgoneion, bronze shield apotropaion/decoration (first half of the sixth century bce), Olympia, Archaeological Museum, inv. B 110.

Athenian red-figure Panathenaic amphora, attributed to the Berlin Painter (ca. 490 bce), Medusa, Munich, Staatliche Antikensammlungen, inv. 2312.

Athenian red-figure pelike, attributed to Polygnotos (ca. 450–440 bce), Perseus beheading the sleeping Medusa, New York, Metropolitan Museum, inv. 45.11.1.

Klee, Paul (1939), pencil on paper, *Forgetful Angel* (Vergesslicher Engel), Bern, Zentrum Paul Klee.

Athenian red-figure kalpis *hydria*, attributed to the Pan Painter (ca. 460 bce), Perseus flees with Medusa's head, London, British Museum, inv. 1873,0820.352.

Apulian red-figure bell *krater*, attributed to the Tarporley Painter (ca. 400–385 bce), Athene holding Medusa's head, Boston, Museum of Fine Arts, inv. 1970.237.

Canova, Antonio (1800–06), marble, *Perseus Triumphant*, Musei Vaticani, inv. 969 and New York, Metropolitan Museum, inv. 67.110.1.

Cellini, Benvenuto (1545–55), bronze, *Perseus with the head of Medusa*, Florence, Piazza della Signoria, Loggia dei Lanzi.

Garbati, Lucuano (2008), fiberglass and resin, *Medusa*.

Donatello (1455–60), bronze, *Judith and Holofernes*, Florence, Palazzo Vecchio.

Gentileschi, Artemisia (1611–12), oil on canvas, *Judith slaying Holofernes*, Naples, Museo Nazionale di Capodimonte.

West pediment, Temple of Artemis at Corcyra (ca. 590–580 bce), limestone, Medusa, Chrysaor and Pegasus, Corfu, Archaeological Museum.

第五章

Athenian white-ground alabastron (ca. 480 bce), attributed to the Group of the Negro Alabastra, Amazon, London, British Museum, inv. 1864, 1007.253.

Athenian red-figure volute *krater* (ca. 450 bce), attributed to the Painter of the Woolly Satyrs, Amazonomachy, New York, Metropolitan Museum, inv. 07.286.84.

Apulian red-figure volute *krater* fragment (ca. 330–310 bce), attributed to the Baltimore Painter, Hippolyta and the Amazons with Heracles, New York, Metropolitan Museum, inv. 19.192.81.1.7,42,46,55.

Athenian black-figure neck amphora, signed by Exekias (ca. 540), Achilles and Penthesilea, London, British Museum, inv. 1836,0224.127.

Athenian black-figure *hydria*, attributed to the Leagros Group (ca. 510–500 bce), Achilles carrying the body of Penthesilea, London, British Museum, inv. 1836, 0224.128.

第六章

Athenian red-figure *calyx-krater*, attributed to the Dokimasia Painter (ca. 470 bce), The death of Agamemnon, Boston, Museum of Fine Arts, inv. 63.1246.

South Italian red-figure *calyx-krater* (late fourth century bce), The death of Agamemnon, St Petersburg, The State Hermitage Museum.

第七章

Neide, Emil (1870s), oil on canvas, *Orpheus and Eurydice*.

第八章

Red-figure *hydria* (fifth century bce), showing Phaedra on a swing, Berlin, Antikensammlung.

第九章

Athenian black-figure *hydria* (ca. 510–500 bce), attributed to the Leagros Group, Medea and the Rejuvenation of the Ram, London, British Museum, inv. 1843,1103.59.

Lucanian red-figure *calyx-krater* (ca. 400 bce), near the Policoro Painter, Escape of Medea/Medea in a Chariot, Cleveland OH, Cleveland Museum of Art, inv. 1991.1.

Noble, Thomas Satterwhite (1867), oil on board, *Modern Medea*, Cincinnati, National Underground Railroad Freedom Center.

第十章

Athenian red-figure *skyphos* (ca. 440 bce), attributed to The Penelope Painter, Penelope and Telemachus at her loom, Chiusi, Museo Archeologico Nazionale, inv. 1831.

Cavelier, Jules (1842), marble, *Penelope* (or *Penelope Asleep*), Paris, Musée d'Orsay.

Ligare, David (1980), oil on canvas, *Penelope*, collection of the artist.

Athenian grave stele of Hegeso (late fifth century bce), marble, Athens, National Archaeological Museum, inv. 3624.

Wheeler, Dora (1886), silk embroidered with silk thread, *Penelope Unraveling Her Work at Night*, New York, Metropolitan Museum, inv. 2002.230.

Maguire, Marian (2017), acrylic on wood, *Penelope weaves and waits*.

图书在版编目（CIP）数据

潘多拉的罐子：希腊神话中的女性 /（英）娜塔莉·海恩斯（Natalie Haynes）著；鹿半译. -- 上海：上海社会科学院出版社，2025. -- ISBN 978-7-5520-4765-3

Ⅰ. B932.198.4

中国国家版本馆CIP数据核字第2025HG5031号

PANDORA'S JAR: WOMEN IN THE GREEK MYTHS by NATALIE HAYNES
Copyright © NATALIE HAYNES 2020
This edition arranged with ROGERS, COLERIDGE & WHITE LTD(RCW) through Big Apple Agency, Inc., Labuan, Malaysia.
Simplified Chinese edition copyright © 2025 SHANGHAI ACADEMY OF SOCIAL SCIENCES PRESS
All rights reserved.
上海市版权局著作权合同登记号：09-2024-0384

潘多拉的罐子：希腊神话中的女性

著　　者：［英］娜塔莉·海恩斯
译　　者：鹿　半
责任编辑：张　晶
封面设计：周清华
出版发行：上海社会科学院出版社
　　　　　上海顺昌路622号　邮编200025
　　　　　电话总机021-63315947　销售热线021-53063735
　　　　　https://cbs.sass.org.cn　E-mail: sassp@sassp.cn
排　　版：南京展望文化发展有限公司
印　　刷：上海盛通时代印刷有限公司
开　　本：890毫米×1240毫米　1/32
印　　张：9.25
字　　数：221千
版　　次：2025年8月第1版　2025年8月第1次印刷

ISBN 978-7-5520-4765-3/B·551　　　　　定价：68.00元

版权所有　翻印必究